요즘 우아한 AI 개발

우아한형제들 지음

우아한테크

추천사

AI로 만드는 더 나은 서비스

AI 기술은 우리의 일상과 산업 전반을 빠르게 변화시키고 있습니다. 자율 주행 기술은 운송 및 물류 시스템을 혁신하고 있으며, 자동 번역 기술은 언어 장벽을 허물고 있습니다. AI는 의료 분야에서 질병 진단과 신약 개발을 돕고 있으며, 제조 분야에서는 생산성을 높이고 품질을 향상시키는 데 활용되고 있습니다. 이제 AI가 만든 음악을 듣고 AI가 그린 그림을 감상하는 것은 일상이 되었습니다. 궁금한 점을 AI에게 질문하고 답변을 얻는 방식으로 더 나은 해결책을 탐색하기도 합니다. 이러한 변화는 단순한 기술적 혁신을 넘어, 우리의 삶과 업무 방식을 근본적으로 재정의하고 있습니다.

우아한형제들은 이러한 AI 혁신의 흐름 속에서 다양한 서비스에 AI를 적극적으로 도입하며 변화를 주도하고 있습니다. AI를 활용하여 사용자들이 더욱 편리하게 서비스를 이용할 수 있도록 돕고 있으며, 내부 구성원의 업무 효율성을 높이는 데에도 AI를 활용하고 있습니다. 예를 들어, AI 기반 추천 시스템은 사용자가 원하는 메뉴를 빠르게 찾을 수 있도록 돕고, 검수 시스템에 AI를 활용하여 더욱 빠르고 정확하게 검수가 이루어지도록 하고 있습니다. 정보를 찾는 과정에서도 AI가 활용되어 데이터 탐색 및 분석에 소요되는 시간을 줄이고 있습니다. 또한, 배달 로봇이 영리하게, 그리고 완벽하게 배달 과정을 수행하도록 AI 모델의 연구 및 개발도 꾸준히 진행되고 있습니다. 이외에도 다양한 AI 활용 사례가 계속해서 생겨나고 있습니다.

이 책에는 우아한형제들에서 AI를 활용하여 실제 서비스를 만들고 시스템을 개선한 대표적인 사례들이 담겨 있습니다. AI를 더욱 쉽고 효과적으로 활용하기 위한 준비 과정도 포함되어 있습니다. 실제 서비스와 시스템을 개발하며 겪었던 어려움과 고민, 그리고 이를 해결하는 과정이 생생하게 기록되어 있습니다.

AI가 변화시키는 세상을 직접 경험하고 싶으신 분들, AI 기술을 실제 서비스에 적용하는 과정이 궁금하신 분들께 이 책은 유용한 길잡이가 될 것입니다. 우아한형제들이 AI를 통해 서비스를 혁신해 나가는 과정이 여러분께도 좋은 영감을 줄 수 있기를 기대하며, 흥미롭게 읽어주시기를 바랍니다.

2025년 봄
우아한형제들 AI실 실장 윤창근

프롤로그

AI 개발 여정의 우아한 기록

　AI는 요즘 어디서나 화제입니다. 많은 이들이 AI를 활용해 생산성을 높이는 방법을 고민하거나, 다른 곳에서는 어떻게 활용하는지 궁금해합니다. 우아한형제들도 같은 고민을 해왔고, 그 과정에서 얻은 지식과 통찰을 담아 《요즘 우아한 AI 개발》을 펴냈습니다.

　《요즘 우아한 AI 개발》은 기술블로그 글을 엮어 만든 두 번째 책입니다. 첫 책 《요즘 우아한 개발》(골든래빗, 2023)을 내며 독자와 새롭게 소통한 경험이 큰 힘이 됐습니다. 많은 관심과 응원 덕분에 두 번째 책도 선보이게 되었습니다.

　이 책은, 지난 1년여간 우아한형제들 기술블로그에 꾸준히 쌓아온 AI, ML, 데이터, 로봇 관련 글을 정리한 결과물입니다.

단순히 기술 설명에만 그치지 않고, 현장에서 겪은 시행착오와 그 속에서 얻은 소중한 교훈을 5개 파트, 총 16개 글에 차곡차곡 채웠습니다.

PART 1 AI로 개발 생산성 높이기

AI 언어 모델과 개발 도구를 활용해 업무 효율성을 높인 사례를 다룹니다. 깃허브 코파일럿을 효과적으로 활용하는 방법과 챗GPT를 이용해 Git Flow 관리를 자동화한 경험을 소개합니다.

PART 2 AI로 더 편리한 서비스 만들기

GPT와 프롬프트 엔지니어링을 활용해 AI 기반 서비스를 개선한 다양한 사례를 다룹니다. 리뷰 데이터를 활용한 메뉴 추천 시스템 '메뉴뚝딱AI', 이미지 검수 자동화, 배민선물하기 AI 메시지 생성, 그리고 실시간 반응형 추천 개발 과정까지 폭넓은 경험을 공유합니다.

PART 3 AI로 쉽고 빠르게 데이터 활용하기

RAG Retrieval-Augmented Generation 기술을 적용해 SQL 지식 없이도 데이터를 쉽게 검색하고 활용할 수 있는 데이터 디스커버리 시스템을 구축해, 사내 생산성을 높인 과정을 살펴봅니다. Polars 라이브러리를 도입해 데이터 처리 성능을 높인 사례와 추천 시스템 설계와 구현 방법도 소개합니다.

PART 4 안정적인 AI 서비스 운영하기

AI 서빙 시스템의 CI/CD 자동화와 모델 배포 최적화, 모니터링 기법을 적용한 사례를 살펴봅니다. 또한, 생성형 AI 서비스 운영에 맞춰 API 게이트웨이와 인증 관리 시스템을 설계한 경험도 소개합니다.

PART 5 로봇과 머신러닝 모델 최적화하기

로봇 머신러닝 모델을 경량화하고 실외 자율주행 성능을 최적화한 과정과 AI 모델 운영 및 배포를 효율적으로 관리하는 MLOps 구축 사례를 살펴봅니다. 에지 디바이스에서 AI 연산을 수행하는 환경을 구축하고, K3s 및 에어플로Airflow를 활용한 자동화 방식도 소개합니다.

기술블로그 글을 바탕으로 삼았지만, 책으로 엮으면서 더 쉽고 명확하게 이해할 수 있도록 배경 설명과 최신 정보, 용어 풀이를 더했습니다. 세심하게 다듬은 고민의 흔적이 여러분께 고스란히 전해지길 바랍니다.

2025년 봄
유영경, 우아한형제들 테크니컬 라이팅 코치
「요즘 우아한 AI 개발」 테크니컬 에디터

목차

추천사 ⋯ 2
프롤로그 ⋯ 4

PART 1 AI로 개발 생산성 높이기 ⋯ 13

🔖 01 코파일럿 '열일'하게 만들기 ⋯ 14

VSCode에 코파일럿 설치하기 ⋯ 15
VSCode 깃허브 코파일럿 주요 기능 소개 ⋯ 15
실험 – 코파일럿은 얼마나 유능할까? ⋯ 22
코파일럿을 더 잘 사용하기 위한 팁 ⋯ 29
마치며 ⋯ 36

🔖 02 챗GPT를 활용한 Git Flow 관리 자동화 ⋯ 38

화제의 챗GPT ⋯ 38
자동화를 결심한 계기 ⋯ 39
챗GPT와 대화해보자 ⋯ 57

PART 2 AI로 더 편리한 서비스 만들기 ⋯ 59

🔖 03 리뷰를 재료로 GPT가 만든 메뉴 추천, 메뉴뚝딱AI ⋯ 60

AI 프로덕트 만들기 미션, 그런데 GPT가 주재료인 ⋯ 60
도입 배경 ⋯ 64
무엇을 할 수 있을까? ⋯ 65
어떻게 할 수 있을까? ⋯ 66
뚝딱이가 메뉴를 추천합니다 ⋯ 68
검색에서의 메뉴 추천하기 ⋯ 68
GPT와 함께 성장하는 메뉴뚝딱AI ⋯ 70

04 프롬프트 엔지니어링으로 메뉴 이미지 품질 검수하기 ⋯ 73

이미지 검수에 GPT를 활용한 이유 ⋯ 73

프롬프트 엔지니어링 : GPT를 업무 환경에 맞추는 과정 ⋯ 75

GPT 한계 극복 : 하이브리드 접근의 필요성 ⋯ 83

세상에 등장한 'AI 이미지 검수' ⋯ 86

배포 그 후, 기대보다 높은 사용률 ⋯ 87

뒷이야기, 우아한형제들에서 AI와 일하는 방법 ⋯ 88

05 배민선물하기 AI 메시지 제작기 ⋯ 93

배민선물하기에서 AI 메시지를 만들게 된 이유 ⋯ 93

문제 ⋯ 94

가설 ⋯ 95

금쪽이 GPT를 훈련시키는 솔루션 3단계 ⋯ 95

마치며 ⋯ 100

06 실시간 반응형 추천 개발 일지 1부 : 프로젝트 소개 ⋯ 102

기존 추천 방식 소개 ⋯ 103

기존 방식의 한계 ⋯ 105

실시간 반응형 추천 시스템 ⋯ 105

개별 컴포넌트 소개 ⋯ 109

A/B 테스트 ⋯ 116

교훈 ⋯ 118

앞으로의 계획 ⋯ 119

마치며 ⋯ 120

07 실시간 반응형 추천 개발 일지 2부 : 벡터 검색, 그리고 숨겨진 요구사항과 기술 도입 의사 결정을 다루는 방법 ··· 121

프로젝트에서는 원했다, 숨겨진 요구사항을 ··· 122

기술적인 문제로의 환원 ··· 125

새로운 기술 컴포넌트 도입 후보 선정하기 ··· 125

벡터 유사도 검색이 필요한 이유 ··· 127

벡터 유사도 검색 : 우리는 무엇이 다른가? ··· 128

HNSW 알고리즘에서 보는 프리 필터의 문제 ··· 129

기술 후보군 선택과 실험 설계하기 ··· 131

1차 실험 ··· 132

1차 실험 구축 ··· 133

2차 실험 ··· 140

2차 실험 구축 ··· 147

간단한 성능 최적화 방법(RDS) ··· 154

마치며 ··· 157

PART 3 AI로 쉽고 빠르게 데이터 활용하기 ··· 159

08 AI 데이터 분석가 '물어보새' 등장 1부 : RAG와 Text-To-SQL 활용 ··· 160

우리는 '왜' 다시 뭉치게 되었을까? ··· 161

우리는 '무엇을' 만들었을까? ··· 163

우리는 '어떻게' 일을 했는가? ··· 167

Text-to-SQL을 '어떻게' 구현했을까? ··· 168

물어보새 1부를 마치며 ··· 179

09 AI 데이터 분석가 '물어보새' 등장 2부 : 데이터 디스커버리 ··· 180

우리는 '왜' 데이터 디스커버리 영역으로 확장했을까? ··· 180

질문 이해 단계는 '어떻게' 구현했을까? ⋯ 184
정보 획득 단계는 '어떻게' 구현했을까? ⋯ 188
물어보새의 향후 계획 ⋯ 199
마치며 ⋯ 201

10 폴라스로 데이터 처리를 더 빠르고 가볍게 with 실무 적용기 ⋯ 202
폴라스가 필요했던 이유 ⋯ 203
폴라스 소개 ⋯ 208
기술적인 폴라스 장점 ⋯ 210
사용성 측면에서 폴라스 장점 ⋯ 219
실무 적용 사례 소개 ⋯ 225
마치며 ⋯ 228

PART 4 안정적인 AI 서비스 운영하기 ⋯ 229

11 빠르고 안정적인 AI 서빙 시스템 구성하기 ⋯ 230
AI플랫폼이란? ⋯ 231
서빙 컴포넌트 ⋯ 232
CI : 이미지 생성 자동화 ⋯ 234
CD : 서빙 자동화 ⋯ 236
모니터링 및 알람 ⋯ 239
운영 중 맞이한 문제와 해결 사례 ⋯ 242
마치며 ⋯ 247

12 생성형 AI 서비스, 게이트웨이로 쉽게 시작하기 ⋯ 248
개발 배경 ⋯ 248
생성형 AI를 잘 활용하려면 무엇이 필요한가? ⋯ 250

풀어야 할 문제들 ··· 252

AI API 게이트웨이 ··· 258

지원 서비스 ··· 259

지원 기능 ··· 260

향후 계획 ··· 276

마치며 ··· 277

PART 5 로봇과 머신러닝 모델 최적화하기 ··· 279

13 로봇 머신러닝 모델의 경량화 1부 : 훈련 후 양자화 ··· 280

로봇이 실외에서 자율주행을 하려면? ··· 281

엔비디아 GPU와 제트슨 플랫폼의 특징 ··· 282

양자화 ··· 285

TensorRT를 이용한 최적화 ··· 289

양자화 단계별 성능 비교 ··· 299

실험 방식 ··· 300

실험 결과 및 결론 ··· 302

마치며 ··· 303

14 로봇 ML 모델의 경량화 2부 : 양자화 인식 훈련 ··· 304

훈련 후 양자화의 한계점 ··· 304

양자화 인식 훈련이란? ··· 308

양자화 인식 훈련(QAT) 수행하기 ··· 312

NVIDIA pytorch-quantization을 활용한 QAT 수행 및 ONNX/TensorRT 변환 가이드 ··· 313

마치며 ··· 322

15 로봇을 위한 MLOps 1부 : 에지 디바이스와 K3s, 에어플로 ··· 324

머신러닝 모델을 개발하는 과정과 문제들 ··· 326

에지 디바이스 ··· 327

로봇을 위한 머신러닝 개발 과정과 MLOps 시스템이 해결해야 할 문제들 ··· 328

K3s와 에어플로 : 자원 관리 솔루션과 워크플로 관리 솔루션 ··· 330

설치하기 ··· 333

DAG 예제 ··· 338

마치며 ··· 344

16 로봇을 위한 MLOps 2부 : 에지 파이프라인의 구성 ··· 345

에지 파이프라인의 필요성 ··· 346

에지 디바이스에서의 AI 연산이 필요한 이유 ··· 347

에지 파이프라인의 목적 ··· 347

엔비디아 도구들 소개 ··· 350

엔비디아 Nsight Systems ··· 357

Trt-Infersight 개발 ··· 361

에지 파이프라인의 구성 ··· 367

마치며 ··· 375

저자의 한마디 ··· 376

PART 1
AI로 개발 생산성 높이기

01
코파일럿 '열일'하게 만들기

#AI   #Web   #Frontend

김민희
2025. 02. 06

    깃허브 코파일럿_{Github Copilot}은 IDE에서 사용할 수 있는 AI 페어 프로그래밍 도구입니다. 2021년에 최초로 공개된 비교적 젊은 툴이지만, 이제는 단 한 번이라도 사용해본 적 없는 개발자를 찾기가 어려울 정도로 프로그래밍 필수 준비물이 되었는데요, 우아한형제들에서는 개발직군 구성원들이 코파일럿을 사용할 수 있도록 유료 구독을 지원하고 있습니다. 처음에는 저도 코드 자동완성 기능만 사용했는데요, 코파일럿에 점점 익숙해지다 보니 어떻게 하면 저보다 코파일럿에게 더 많은 일을 시킬 수 있을지 궁금해졌습니다.

    이 글은 '재주는 코파일럿이 넘고, 개발자는 구경만 하기'가 가능할지 궁리한 결과물입니다. 코파일럿의 기능과 사용법을 먼저 소개하고, 코파일럿이 무엇을 할 수 있을지 테스트한 내용을 공유합니다. 마지막으로, 코파일럿을 더 잘 사용하는 소소한 팁도 나눠보고자 합니다.

아직 코파일럿을 써 본 적이 없거나, 기본 사용법은 익혔지만 조금 더 효율적으로 사용하는 팁이 궁금한 분들에게 도움이 될 것입니다.

VSCode에 코파일럿 설치하기

1 VSCode 확장 마켓플레이스에서 코파일럿을 설치한다. 코파일럿 확장을 설치하면 코파일럿 챗도 함께 설치된다.

2 깃허브 계정으로 로그인 후, 코파일럿 구독을 활성화한다.

> **TIP 코파일럿 사용 환경에 대해**
>
> 이 글은 VSCode에서 코파일럿을 사용하는 방법을 소개하고 있습니다. VSCode에서만 코파일럿을 쓸 수 있는 것은 아닙니다. 하지만 코파일럿의 모든 기능에 손쉽게 접근하고자 한다면 VSCode와 함께 사용하는 편이 좋습니다. 또한 이 글은 맥OS 환경을 기준으로 작성되었습니다. 윈도우 등 다른 OS 사용자는 일부 단축키나 설정이 다를 수 있으니 참고해주세요.

VSCode 깃허브 코파일럿 주요 기능 소개

코드 자동완성

수많은 개발자가 즐겨 사용하는 코파일럿의 대표 기능입니다. 키워드 몇 개를 입력한 후 잠시 기다리면 코파일럿이 맥락을 파악해 필요한 코드를 제안해줍니다.

```
.js > ⌂ helloWo        < 1/2 > 단어 수락 [⌘] [→] 수락 [Tab] ...
function helloWo|ld() {
    console.log('Hello World');
}
```

코파일럿이 알려준 코드가 마음에 들지 않나요? 더 나은 제안이 없을지 궁금하다면 도구 모음을 활용할 수 있습니다. 자동완성된 코드에 커서를 올리면 도구 모음이 화면에 나타나는데요, 코파일럿이 여러 개의 자동완성 제안을 생성했다면, ⌥+] 단축어로 다른 제안은 어떤지 살펴볼 수 있습니다. 또는 'Open Completions Panel' 명령을 실행해 코파일럿이 생성한 여러 자동완성 제안을 새 탭에서 한 번에 확인할 수도 있습니다.

> **TIP 도구 모음 항상 보여주기**
> 자동완성 기능을 사용할 때마다 마우스 호버 동작 없이 항상 도구 모음이 떠 있게 설정할 수도 있습니다. 더보기(…)에서 항상 도구 모음 표시를 활성화합니다.

코파일럿 챗에서 자연어로 질문하기

코파일럿 확장을 설치하면 짝꿍처럼 함께 따라오는 또 다른 확장이 있는데요, 대화형 AI 비서인 코파일럿 챗입니다. 코파일럿 챗은 챗GPT, 퍼플렉시티Perplexity 등 이미 우리에게 익숙한 다른 AI 챗봇과 유사하게 동작합니다. 다만 프로그래밍에 특화되어 있다는 점에 차이가 있습니다. 프로그래밍과 상관없는 요청은 단호하게 거절합니다.

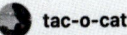

코파일럿은 여타 챗봇에 비해 사용자가 작업 중인 리포지토리를 더 잘 알고 있습니다. 지금 여러분이 작성하고 있는 코드에 대해 코파일럿이 아닌 다른 AI 챗봇 서비스에 프롬프트를 입력한다고 상상해봅시다. 쓸 만한 답변을 얻으려면 맥락을 알려주는 선행 작업이 필요합니다. 우리가 어떤 프로젝트를 진행 중인지, AI와 함께 살펴보고자 하는 코드가 어떤 내용인지 등을 하나씩 알려주어야 합니다. 기존 코드를 챗봇에 '복붙'하는 단계도 거쳐야 하고요.

코파일럿 챗을 사용하면 좋은 대답을 얻기 위한 준비가 비교적 간단해집니다. 코파일럿이 알아서 맥락을 파악하기 때문입니다. 코파일럿 챗은 사용자가 열어둔 파일과, 그 파일이 참조하는 모듈 등에서 답변의 단서를 스스로 수집합니다. 코파일럿 챗은 IDE 곳곳에서 사용할 수 있는데요, 질문 목적에 따라 적합한 채팅을 활용하면 더욱 좋습니다.

인라인 채팅

현재 작업 중인 파일에서 원하는 위치에 커서를 둔 다음, 단축키 ⌘ + I 를 누르면 채팅창이 나타납니다. 특정 코드 블록에 대한 구체적인 대화가 필요할 때 사용하면 적합합니다.

```
Copilot에게 요청                    📎 🎤  GPT 4o ▽  ▷▽
1  function foo() {
2    const bar = 'bar';
3    return bar;
4  }
5
```

인라인 채팅을 활용하면 혼자서도 동료와 페어 프로그래밍을 하는 것처럼 작업할 수 있습니다.

- **프롬프트** : 함수 foo의 성능과 가독성을 개선하고 싶은데, 제안사항이 있을지 알려줄 수 있을까?
- **프롬프트** : 헬퍼 함수 bar의 내부 로직을 설명해 줘. 한 줄씩 자세하고 이해하기 쉽게 알려줘.

단순 반복 작업 처리를 코파일럿이 대신해주기도 합니다.

- **프롬프트** : 이 API 호출 메서드에 대한 설명을 자바독(Javadoc) 스타일 주석으로 작성해줘.
- **프롬프트** : 함수 baz의 테스트 케이스를 작성해줘.
- **프롬프트** : 이 줄의 ESLint 에러를 해결해줘.

- **프롬프트** : for/of 반복문을 Array 메서드를 사용하도록 리팩터링해줘.

인라인 채팅창을 닫으면 남긴 질문도 사라지니 주의해주세요. 만약 질문 내역을 보관하고 싶다면 '채팅에서 보기' 버튼을 눌러 사이드바로 채팅을 이어가면 됩니다.

사이드바 채팅(코파일럿에게 요청)

⌥+⌘+I를 누르거나, VSCode 상단 팔레트 옆에 있는 로봇 아이콘을 누르면 IDE 한 켠에 채팅창이 열립니다. 프로젝트 전반, 특정 파일 전체 등 코드 블록보다 더 넓은 범위에 대한 질문이나, 일반적인 프로그래밍 지식에 대해 묻고 싶다면 사이드바 채팅이 유용합니다. 또한, 같은 주제에 대해 여러 차례 질의응답이 이어져야 할 경우에도 사이드바 채팅이 적합합니다.

프로젝트의 전반적인 구조를 이해하고자 할 때 사용할 수 있습니다.

- **프롬프트** : 이 프로젝트의 디렉터리 구조를 간단하게 정리해줘.
- **프롬프트** : 이 프로젝트에서 핵심적인 역할을 하는 파일과 디렉터리가 무엇인지 알려줘.

신규 프로젝트를 시작할 때 스캐폴딩을 요청할 수 있습니다.

- **프롬프트** : 리액트, 타입스크립트를 사용하는 앱 기본 구조를 만들어줘.

일반적인 프로그래밍 지식에 대해서도 물어볼 수 있습니다.

- **프롬프트** : 타입스크립트에서 unknown과 any의 차이를 설명해줘.

VSCode 사용에 대한 질문을 할 수 있습니다.

- **프롬프트** : 자동저장 설정을 변경하려면 어떻게 하지?

빠른 채팅

인라인 채팅의 간결한 UI를 사용하여, 사이드바 채팅처럼 넓은 범위의 질문을 하고 싶을 때 유용합니다. 단축키 ⌥ + ⇧ + ⌘ + L 를 누르면 VSCode 팔레트와 유사한 검색창이 상단에 나타납니다.

터미널에서 인라인 채팅

터미널에서 단축키 ⌘ + I 를 누르면 인라인 채팅창이 나타납니다. 자연어를 입력하면 설명에 해당하는 커맨드라인 명령어를 알려줍니다.

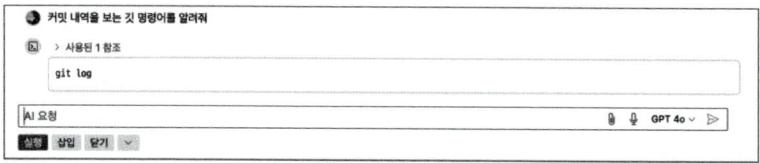

챗으로 코드 편집하기(코파일럿으로 편집)

⇧ + ⌘ + I 를 입력하면 'Copilot으로 편집' 창이 뜹니다. 자연어로 수정하고 싶은 부분을 코파일럿에게 설명하면, 코파일럿이 파일을 고쳐줍니다.

> **TIP 음성으로 코파일럿 사용하기**
> VSCode speech 확장을 사용하면 음성으로도 코파일럿을 사용할 수 있습니다. 한국어로 말하려면 VSCode 설정 파일인 settings.json의 "accessibility.voice.speechLanguage" 항목을 ko-KR로 설정해야 합니다.

커밋 메시지 작성

코파일럿에는 현재 변경 사항을 바탕으로 적절한 커밋 메시지를 작성해주는 기능도 있습니다. 소스 제어 메뉴에 진입 후, 커밋 메시지 입력창 우측에 있는 반짝이 모양 버튼을 누르면 메시지가 자동 생성됩니다.

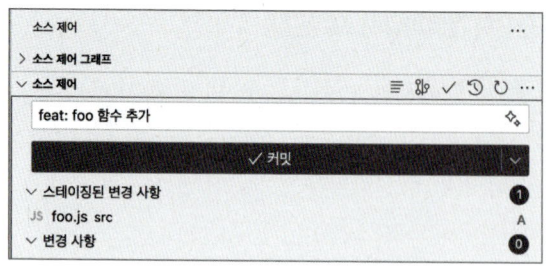

실험 - 코파일럿은 얼마나 유능할까?

위에서 기본적인 사용 방법을 익혔으니, 코파일럿이 얼마나 똑똑한지 요청사항을 직접 입력하면서 실험해보겠습니다. 이미 아시겠지만 코파일럿은 생성형 AI이므로 프롬프트를 실행할 때마다 결과물은 달라질 수 있는 점을 인지하고 읽어주세요.

실습 1 : 코파일럿으로 리액트 타입스크립트 앱 스캐폴딩하기

프롬프트 엔지니어링으로 리액트와 타입스크립트를 사용하는 앱을 만들어봅시다.

1단계 빠른 채팅(⌥+⇧+⌘+L)에 진입해서 다음 프롬프트를 입력한다.

- **프롬프트 :** /new react, typescript를 사용해서 프로젝트를 시작하려고 해. 새 프로젝트의 구조를 짜줄 수 있을까?

/new는 슬래시 명령어로, 코파일럿에게 프롬프트 요청이 어떤 종류인지 알려주는 역할을 합니다. 위 프롬프트에서 코파일럿은 /new 덕분에 사용자가 새 프로젝트 생성을 요청한다는 사실을 더욱 명확하게 이해합니다. 슬래시 명령어 사용이 필수는 아니지만, 코파일럿에게 컨텍스트를 간단명료하게 전달할 수 있습니다.

> **TIP 라이브러리 버전 명시하기**
> 사용을 원하는 라이브러리 버전이 있다면 프롬프트 작성 시 알려주면 좋습니다.

2단계 [작업 영역 만들기…] 버튼을 눌러 새 프로젝트를 연다.

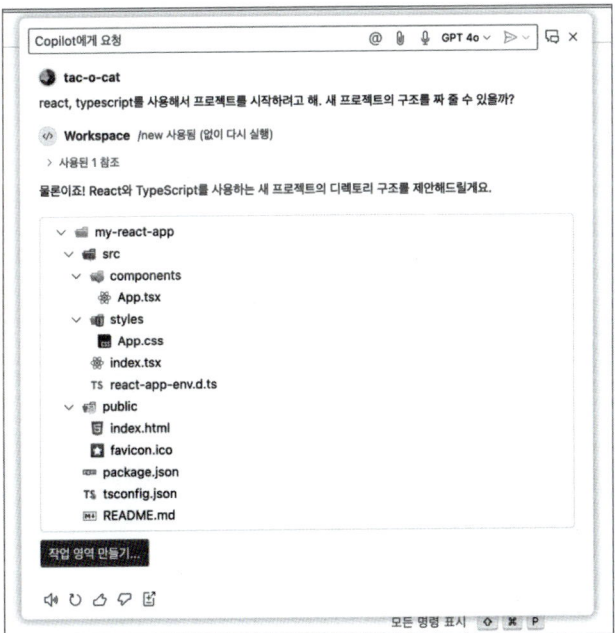

3단계 VSCode 터미널을 열어 인라인 채팅(⇧+⌘+I)을 실행한다. 다음 프롬프트를 입력한다.

• **프롬프트** : git 초기화 해줘.

꽤 그럴싸한 구조의 프로젝트가 만들어졌습니다. 그러나 조금만 살펴보면 허점이 많은 코드라는 것을 금세 눈치채실 건데요, 제게 코파일럿이 만들어준 코드도 마찬가지입니다.

```tsx
// App.tsx
import React from "react";
import "./App.css";

const App: React.FC = () => {
  function print() {
    // print 함수를 호출하는 곳이 없습니다.
    console.log("Hello, React!");
  }

  return (
    <div>
      <h1>안녕하세요, 리액트 앱에 오신 것을 환영합니다! </h1>
      {/* 다른 컴포넌트를 여기에 추가할 수 있습니다. */}
    </div>
  );
};

export default App;
```

```css
/* App.css */
body {
  margin: 0;
  font-family: -apple-system, BlinkMacSystemFont, "Segoe UI",
Roboto, "Helvetica Neue", Arial, sans-serif;
  background-color: #f0f0f0;
}

.container {
  /* container라는 클래스명을 가진 요소가 없습니다. */
  max-width: 1200px;
  margin: 0 auto;
  padding: 20px;
}
```

우선 App.tsx에 위치한, 'hello world'를 콘솔에 출력하는 함수 print를 어느 곳에서도 호출하지 않습니다. App.css 파일에는 존재하지 않는 HTML 요소를 꾸미는 스타일 정의가 있습니다. package.json에 명시된 의존성 패키지 버전도 이상합니다. 릴리즈된 가장 최신 버전이 5.0.1인 react-scripts 패키지의 버전이 17.0.0이고요.

다소 아쉬운 결과물이지만 쓸 만한 부분도 있습니다. 앱 최상단 루트의 위치(src/index.tsx), 컴포넌트가 모여 있는 디렉터리(/components) 등 폴더 및 파일 구조가 통상적인 리액트 앱 디렉터리 구성을 따라 생성되어 있는 것을 확인할 수 있습니다. README.md 파일에도 앱 실행 방법, 프로젝트 구조 등에 대한 상세한 설명이 쓰여 있고요. 당장 앱을 실행할 수 있을 정도로 완벽하진 않지만, 리액트와 타입스크립트에 익숙한 개발자라면 코파일럿이 생성한 결과물에서 쓸 만한 부분을 찾아낼 수 있을 것입니다.

코파일럿과 함께 앱을 만드는 것은 마치 어릴 때 하던 점 잇기 같습니다. 코파일럿이 점을 찍어두면, 선을 이어 전체 그림을 완성하는 일은 개발자의 몫입니다. 그림을 잘 완성하기 위해서는 선을 전부 그렸을 때 어떤 형상이 나타날지 잘 알아야 하는 것처럼, 코파일럿이 생성한 결과물에서 쓸 만한 것을 잘 선별할 줄 아는 능력이 필요합니다.

실습 2 : 코파일럿에게 워크스페이스 구조 설명 요청하기

익숙하지 않은 리포지토리를 파악해야 할 때에 코파일럿을 활용할 수 있습니다. 리액트 소스 코드를 예제로 실습해보겠습니다.

`1단계` **react 소스 코드를 로컬에 클론한 후, VSCode에서 연다.**

`2단계` **채팅(^ + ⌘ + I) 또는 빠른 채팅(⌥ + ⇧ + ⌘ + L)에 진입한다.**

`3단계` **프롬프트를 입력한다.**

- **프롬프트** : @workspace #codebase 이 리포지토리의 디렉터리 구조에 대해 간단히 설명해줘.

이때 @은 채팅 참가자를 멘션하는 기호로, @workspace는 현재 VSCode에 열어둔 워크스페이스의 코드를 자세히 알고 있습니다.

#codebase는 챗 변수로, 코파일럿에게 프롬프트와 관련된 컨텍스트를 제공하기 위해 사용합니다.

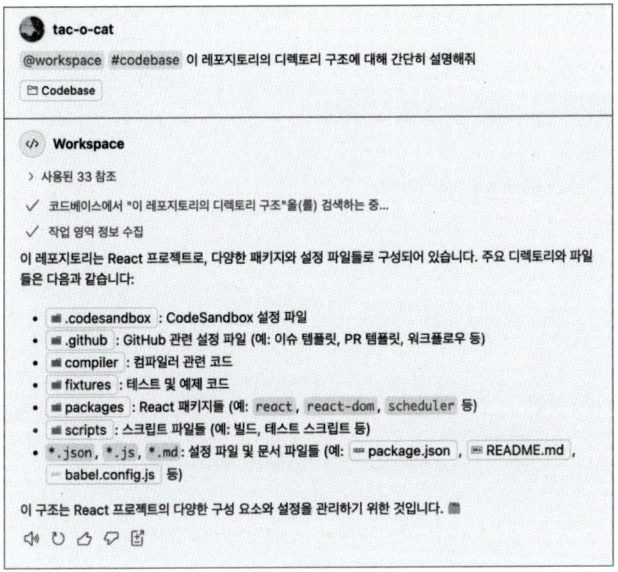

리액트 리포지토리의 주요 디렉터리와 워크스페이스에 대한 간략한 설명이 채팅에 생성되었습니다.

실습 3 : 코파일럿으로 테스트 코드 짜기

코파일럿으로 테스트 코드를 작성할 수 있습니다. 특정한 값이 널(null)인지 확인하는 함수 isNil이 있는 파일 utils.ts를 먼저 생성하고, 코파일럿을 이용하여 isNil에 대한 테스트 코드를 생성해보겠습니다.

```
// utils.ts
export const isNil = (value: any): boolean => {
  return value == null;
};
```

1단계 채팅(^ + ⌘ + I)에 진입한다.

2단계 다음 프롬프트를 입력한다.

- **프롬프트** : @workspace #file:isNil.ts에 있는 함수에 대한 테스트 코드를 작성해줘.

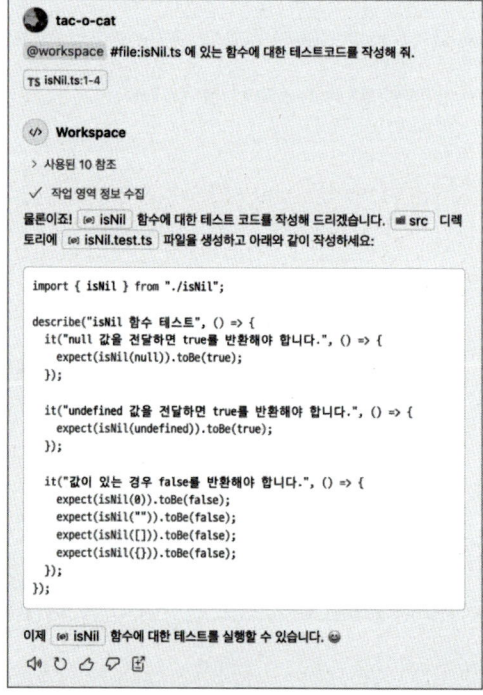

코파일럿이 테스트 대상이 되는 제품 코드를 읽고, 테스트 케이스를 추출하여 적절한 검증 단언문assertion과 매처matcher를 자동으로 생성했습니다.

제품 코드의 로직이 복잡하거나, 복잡한 데이터 모킹이 필요한 경우, 또는 테스트를 위해 사용하는 라이브러리가 많아질수록 코파일럿이 만든 테스트 코드의 수준이 다소 낮아지는 경향이 있어 주의가 필요합니다.

코파일럿을 더 잘 사용하기 위한 팁

코파일럿을 더욱 효과적으로 사용하려면 코파일럿에게 최대한 많은 컨텍스트를 제공하는 편이 좋습니다. 코파일럿에게 컨텍스트를 효율적으로 정확하게 전달하는 몇 가지 요령을 소개합니다.

함수명 잘 짓기

자동완성을 실행하기 전 의미 있고 구체적인 함수명부터 지어주는 것이 좋습니다. 함수명 또한 코파일럿의 컨텍스트로 활용되기 때문에, 함수 본문의 로직을 잘 요약한 이름을 붙인다면 더 적합한 코드를 생성할 가능성이 높습니다.

배열을 청크 단위로 나누는 유틸 함수를 작성하려 합니다. 함수 기능을 요약한 이름 splitArrayIntoChunks만 입력 후 자동완성을 확인해보았습니다.

```
const splitArrayIntoChunks = (array, chunkSize) => {
```

코파일럿이 필요한 매개변수 array와 chunkSize를 알아서 추가했습니다. 이어서 자동완성을 다시 적용하면 의도한 대로 함수가 완성된 것을 확인할 수 있습니다.

```
const spiltArrayIntoChunks = (array, chunkSize) : void => {
  const chunks = [];
  for (let i = 0; i < array.length; i += chunkSize) {
    chunks.push(array.slice(i, i + chunkSize));
  }
  return chunks;
}
```

주석 작성하기

함수의 기능을 자연어로 설명한 주석을 작성하면, 코파일럿이 주석을 참고하여 자동완성 제안을 생성합니다.

```
1  // 객체를 아이템으로 하는 배열을 순회하면서, 매개변수로 받은 키를 가지고 있는 객체만
   추출하여 새로운 배열을 만들어 반환하는 함수
2  export const filterByKey = (arr: any[], key: string): any[] => {
     return arr.filter((item) => item[key]);
   };
3
```

필요한 모듈이 있다면 먼저 가져오기

자동완성 시, 코드에 포함되어야 할 모듈이 있다면 사용자가 명시하는 편이 좋습니다. 코파일럿은 불러온 의존성 목록을 보고, 어떤 모듈을 사용해서 코드를 생성해야 할지 판단합니다.

```
1  // 문자열 날짜(예: 20250503)를 입력받으면 해당 날짜의 요일이 무엇인지 반환하는 함수
2  export function getDateLabel(dateString: string) {
3    const date = new Date(dateString);
     const day = date.getDay();
     const dayList = ['일', '월', '화', '수', '목', '금', '토'];
     return dayList[day];
   }
```

day.js를 불러오지 않은 경우, 자바스크립트 Date를 사용하여 함수를 구현했습니다.

```
1  import dayjs from 'dayjs';
2  // 문자열 날짜(예: 20250503)를 입력받으면 해당 날짜의 요일이 무엇인지 반환하는 함수
3  export function getDateLabel(dateString: string) {
     return dayjs(dateString).format('dddd');
   }
4
```

day.js를 불러오면 코파일럿은 dayjs의 API를 활용하여 함수를 구현합니다.

쓰레기를 입력하면 쓰레기를 출력한다(Garbage in, garbage out)

코파일럿은 사용자가 기존에 작성한 코드를 기반으로 제안을 생성합니다. 코파일럿이 좋은 코드를 만들어내려면 개발자 또한 좋은 퀄리티의 코드를 작성해야 한다는 것이지요. 현재 여러분이 작성 중인 코드와 비슷한 스타일의 자동완성 제안을 생성하는 것이 싫다면, 잠시 자동완성 기능을 꺼두는 편이 좋습니다.

반대로, 지향하는 스타일의 코드가 있다면 코파일럿에게 알려줍시다. 예를 들어, 어떤 라이브러리의 특정 버전을 사용한 자동완성 제안이 필요하다면, 해당 버전에 있는 API를 사용하는 예제 코드를 입력하면 됩니다.

코파일럿은 예제 코드를 바탕으로 라이브러리 버전을 유추하여 자동완성을 제안합니다.

관련 있는 파일 열어두기

코파일럿은 현재 열린 탭에서 컨텍스트를 수집하므로, 챗에 입력한 질문이나 자동완성과 연관된 파일을 열어두면 더 나은 결과물을 얻을 수 있습니다.

여러 번 물어보기

코파일럿의 첫 번째 답변이 마음에 들지 않다면 몇 번 더 질문해보세요. 코파일럿은 이전 답과, 사용자의 꼬리 질문을 컨텍스트로 삼아 답변을 개선합니다.

슬래시 명령어로 요청 종류 알려주기

채팅창에 슬래시(/)를 입력하면 슬래시 명령어 목록을 조회할 수 있습니다.

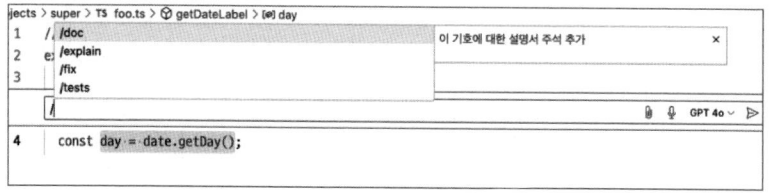

슬래시 명령어를 사용하면 사용자가 입력한 프롬프트가 어떤 유형의 요청인지 코파일럿에게 간편하고 명확하게 전달할 수 있습니다. 예를 들어 특정 코드 조각에 대한 해설이 필요할 때는 코드를 선택한 다음 채팅

을 열어 /explain과 커스텀한 프롬프트를 입력하면 됩니다. 별다른 요구 사항 없이 선택한 코드에 대한 일반적인 설명이 필요하다면 /explain만 입력해도 코파일럿의 답변을 받을 수 있습니다.

채팅 종류에 따라 사용할 수 있는 슬래시 명령어가 다릅니다. 예를 들어 코파일럿 사용방식에 대해 답변해주는 /help는 채팅 사이드바와 빠른 채팅에서만 사용 가능합니다.

챗 변수(chat variables) 사용하기

채팅창에 # 기호를 입력하면 챗 변수 목록을 확인할 수 있습니다. 챗 변수는 파일, 코드 조각 등의 구체적인 컨텍스트를 전달할 때 유용합니다.

터미널에서 hello world라는 문자열을 출력하는 명령어를 실행한 뒤, 어떤 뜻인지 코파일럿에게 설명을 부탁해보았습니다.

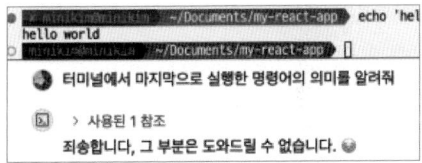

자연어로 입력한 프롬프트에 대해서는 답변을 생성하지 않았습니다.

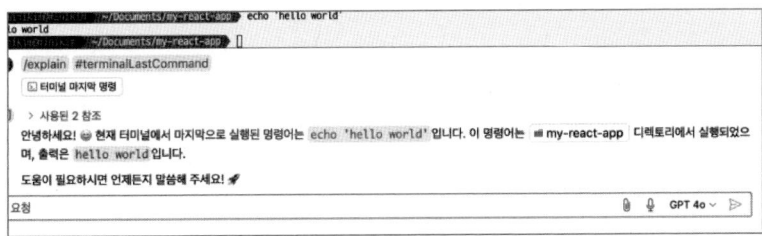

반면, 슬래시 명령어와 챗 변수로 이뤄진 프롬프트에는 정확히 답변합니다.

챗 참가자(chat participants) 멘션하기

채팅창에 @ 기호를 입력하여 챗 참가자를 멘션합니다. '챗 참가자'라는 명칭 탓에 헷갈릴 수 있지만, 여기서 말하는 참가자란 실제 사용자 계정이 아니라 코파일럿이 제공하는 가상의 전문가입니다. 각 참가자는 서로 다른 분야를 담당합니다.

챗 참가자 기능은 채팅 사이드바 및 빠른 채팅 등 코드 편집기 전역을 대상으로 한 채팅에서 사용 가능합니다.

가령, 코드 편집기의 글꼴 크기를 16px로 변경하고 싶다면 @vscode를 멘션합니다. 내 깃허브 리포지토리 PR에 대한 요약이 궁금할 때는 @github를 찾으면 됩니다.

> **TIP 코파일럿이 웹 검색결과를 참고하도록 하기**
> @github와 #web 챗 변수를 조합하면, 코파일럿이 마이크로소프트 Bing 검색 API의 응답 결과를 토대로 답변을 생성합니다. 물론 이때에도 프로그래밍과 관련 없는 질문에는 대답하지 않습니다.

> **TIP 챗 참가자 확장**
> VSCode 확장 마켓플레이스에서 tag:chat-participant를 검색하면 챗 참가자를 제공하는 확장 프로그램 목록을 확인할 수 있습니다.

사용자 지정 지침(custom instructions) 설정하기

코파일럿을 사용할 때마다 기본적으로 적용되어야 할 프롬프트가 있다면 사용자 지정 지침을 설정하면 됩니다. 코드 생성, 테스트 생성, 코드 검토, 커밋 메시지 생성 등 각 사용 상황에 따른 사용자 지침을 세부적으로 설정할 수 있습니다.

VSCode 사용 시 항상 적용되어야 하는 프롬프트는 VSCode 설정에서 추가할 수 있습니다.

1단계 ⌘ + , 단축키로 VSCode 설정 화면에 진입합니다.

2단계 설정 화면의 상단 검색창에 copilot instructions를 입력하면 관련된 옵션을 확인할 수 있습니다.

3단계 settings.json에 들어가서 자연어로 된 프롬프트를 입력 후 저장합니다.

프로젝트 단위로 사용자 지정 지침을 설정할 수도 있습니다.

1단계 VSCode 설정에서 Use Instruction Files 옵션을 활성화합니다.

> ⚙ Github › Copilot › Chat › Code Generation: Use Instruction Files *미리 보기*
> ☑ '.github/copilot-instructions.md'의 코드 명령이 Copilot 요청에 추가되는지 여부를 제어합니다.
> 참고: 지침을 짧고 정확하게 유지합니다. 잘못된 지침은 Copilot의 품질과 성능을 저하시킬 수 있습니다.

2단계 프로젝트 최상단에 .github/copilot-instructions.md 파일을 생성합니다.

3단계 자연어로 된 프롬프트를 파일에 추가합니다.

> **TIP** copilot-instructions.md 파일과 VSCode 설정의 사용자 지침 설정을 중복으로 사용하면, 두 프롬프트 설정이 모두 코파일럿에 적용됩니다.

마치며

사용해보기 전에는 코파일럿을 막연히 '탭만 누르면 알아서 잘 딱 깔끔하고 센스 있게 코드를 짜주는 AI 툴' 정도로 이해하고 있었습니다. 아주 틀린 정의는 아니지만, 코파일럿이 제 일을 대신해줄 수 있는 방법을 탐구하다 보니 제가 코파일럿을 오해하고 있었다는 생각이 들었습니다.

우선 코파일럿은 '탭 누르면 코드 짜주는 자동완성 기능'뿐 아니라 AI 채팅 어시스턴트 기능인 코파일럿 챗도 제공합니다. 코파일럿 챗의 사용 범위는 코드 작성에만 국한되어 있지 않습니다. 테스트 코드, VSCode, 깃허브 저장소 등 개발 과정 전반에서 발생하는 문제에 대한 해결책도 제안합니다.

더 큰 오해는 코파일럿이 '알잘딱깔센' 동작한다는 생각입니다. 코파일럿은 순식간에 자동완성 제안을 생성하고, 기술 질문에 대한 대답도 청산유수처럼 생성해냅니다. 이렇게 생성된 결과물은 대충 훑어보면 결점이 없어 보이지만 실제로는 아닌 경우가 많습니다. 의심 없이 코파일럿의 제안을 받아들이다 보면 잘못된 코드 조각이 코드베이스에 추가되는 불상사가 발생하기 십상입니다.

코파일럿을 잘 쓰려면 사용 과정에서 두 단계 검증이 필요합니다. 우선 내가 코파일럿에게 풍부한 컨텍스트와 정확한 지시사항을 전달하는지 점검해야 합니다. 프롬프트에 챗 변수 등의 명령어를 잘 썼는지, 적절한 주석과 변수명이 코드에 포함되어 있는지, 하나의 프롬프트에 여러 요구가 포함되어 있지는 않은지 등을 확인하면 되겠지요. 또 다른 검증은 코파일럿이 생성한 결과물이 쓸 만한지 검토하는 것입니다. 이를 위해서는 코드의 어떤 부분이 옳고 그른지 선별할 줄 아는 안목이 필요하고, 안목을 키우기 위해서는 사용하는 기술에 대한 꾸준한 학습이 필요합니다.

코파일럿의 역할은 개발자를 대신하는 게 아니라 서포터에 가깝습니다. 코파일럿이 일을 어느 정도 처리해주긴 하지만, 그 결과물을 제대로 활용하려면 개발자의 기술적 판단이 반드시 필요하기 때문입니다. 아쉽지만 제가 처음에 기대한 대로 '재주는 코파일럿이 부리고, 개발자는 구경만 하기'는 어려울 듯합니다. 하지만 잘 활용한다면, 단순 반복 작업은 줄이고 좀 더 중요한 문제를 해결하는 데 집중할 수 있는 여유를 얻을 수 있다는 점에서 코파일럿은 충분히 매력적인 도구입니다.

02
챗GPT를 활용한 Git Flow 관리 자동화

#AI   #Programming

 성시형
2024. 03. 21

　본 글은 오픈AI의 GPT-4(이하 '챗GPT')를 활용해 git 관리 스크립트를 작성한 경험을 소개합니다. 자동화는 하고 싶지만 IDE 밖으로 벗어나기는 싫어하던 개발자의 챗GPT와의 협업 이야기를 지금부터 시작합니다.

화제의 챗GPT

　다양한 IDE 제작으로 유명한 젯브레인스의 '2023년도 개발자 에코시스템 현황*'에 따르면 챗GPT를 사용해본 개발자 비율은 77%입니다. 이를 증명하듯, 주말에 방문한 카페 혹은 공유 오피스에선 챗GPT를 화면 한편에 띄워놓은 개발자를 심심치 않게 찾아볼 수 있습니다.

---

*　https://bit.ly/3ZimXUp

저도 SQL, 정규표현식, 익숙지 않은 오픈 소스에 대한 사용법, 새롭게 익힌 프로그래밍 언어의 문법 등에 대한 프롬프트로 챗GPT의 대화 기록이 가득 차 있습니다. 하지만 챗GPT를 회사의 업무에 즉시 적용할 만한 프롬프트를 작성하는 것이 쉽지 않았습니다. 챗GPT의 도움을 받으려면 본인이 처한 상황을 글로 풀어내야 하기 때문입니다. 그래서 대부분의 질문은 단편적인 질문을 주고받는 것에 그치고 있었습니다.

그러던 어느 날…

자동화를 결심한 계기

때는 2023년 9월경, 팀 내 운영 업무 중 git 백포팅* 업무가 진행되는 것을 보고 있었습니다.

백포팅은 터미널에 비슷한 형식의 git 커맨드를 반복 입력해야 하는 작업입니다. 어떤 종류의 작업인지 이해하려면 저희 팀의 git 브랜치 전략과 백포팅 전략에 대한 사전 지식이 필요합니다.

---

* backporting : 최신 소프트웨어의 기능이나 수정 사항을 이전 버전으로 적용하는 작업. 예를 들어 최신 버전의 리눅스 커널에서 발견된 보안 패치를 오래된 리눅스 커널 버전에도 적용하는 경우를 들 수 있습니다.

사전 지식 1 – 팀의 git 브랜치 전략

저희 팀은 git flow*를 변형해 활용하고 있습니다.

1. 여러 날짜의 배포 일자가 정해져 있고, 각 날짜에 해당하는 배포(release) 브랜치가 생성되어 있습니다.
2. 각 기능(feature) 브랜치는 배포 브랜치로부터 생성됩니다.
3. 기능 구현이 완료되면 생성되었던 배포 브랜치에 병합(merge)됩니다.
4. 여러 기능이 배포 브랜치에 병합되고 나면 베타 배포 및 운영 배포를 기다리게 됩니다.

다음 이미지와 같은 구성입니다.

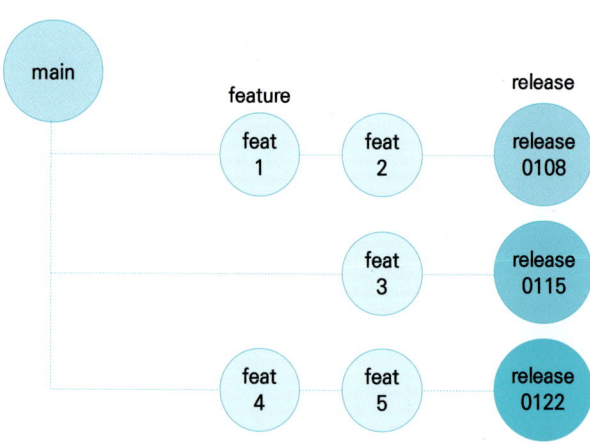

• 3개의 배포 브랜치 •

---

* Git Flow : Git을 사용하는 프로젝트에서 일관된 브랜치 관리 전략을 제공하는 워크플로입니다. 주로 큰 프로젝트에서 사용되며, 개발과 배포 프로세스를 명확하게 나누어 관리할 수 있도록 돕습니다.

1월 8일, 1월 15일, 1월 21일 세 날짜에 운영 배포가 예정되어 있습니다. 배포 브랜치에 병합된 기능들은 각 날짜에 운영 배포됩니다.

운영배포일	배포될 기능 목록
1월 8일	feat 1, feat 2
1월 15일	feat 3
1월 21일	feat 4, feat 5

위와 같은 구성은 QA* 일정을 순차적으로 구성할 경우 그럭저럭 잘 동작합니다. 그러나 때때로 1월 15일 배포본과 1월 8일 배포본을 동시에 QA 해야 하는 상황도 발생합니다.

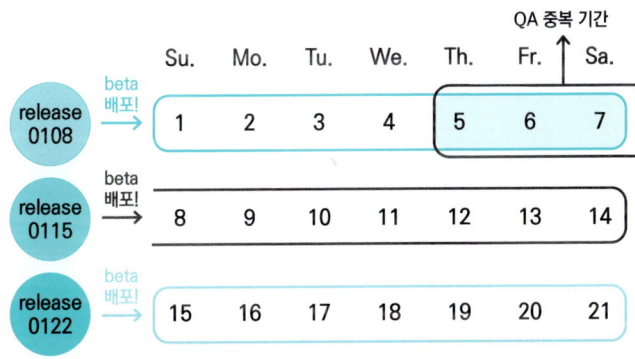

• 각 1주일씩 QA가 진행되는 배포 브랜치 •

하지만 저희 팀에서 QA를 위해 제공되는 개발 환경은 하나의 브랜치만

---

*   Quality Assurance. : 전문 인력에 의한 기능 테스트

을 배포해둘 수 있는 단일 환경입니다. 서로 다른 배포 브랜치의 기능을 모두 테스트하려면 QA 시간에 맞추어 그때그때 배포 브랜치를 전환해 배포해야 하는 어려움이 있습니다.

사전 지식 2 – 백포팅 전략(a.k.a 기차놀이)

QA와 관련된 git 브랜치 전략의 한계를 극복하려면, 저희 팀은 앞쪽 날짜 배포 브랜치에 새로운 기능이 병합된 경우 뒤쪽 날짜 브랜치에서 앞 날짜 브랜치를 즉시 리베이스하는 백포팅 전략을 사용하고 있습니다.

리베이스rebase는 현재 브랜치의 커밋을 다른 브랜치의 끝으로 이동시키는 과정을 말합니다. 이를 통해 두 브랜치의 변경 사항을 한 줄의 깔끔한 히스토리로 통합할 수 있습니다. 병합merge과는 달리, 새로운 병합 커밋을 만들지 않고, 커밋 히스토리가 재정렬됩니다. 예를 들어 브랜치 feature를 main 브랜치 위로 리베이스하면, feature의 모든 커밋이 main 브랜치 위에 재적용됩니다.

팀의 리베이스 전략을 도식으로 표현하면 다음과 같습니다.

1 feat 1과 feat 2가 'release 0108' 브랜치에 병합되었습니다. feat 1과 feat 2를 'release 0115' 브랜치에도 반영하기 위해 'release 0115' 브랜치에서 'release 0108' 브랜치를 리베이스합니다.

2 1번이 완료되면 다음 날짜 배포 브랜치('release 0122')로 이동해 직전 날짜 배포 브랜치를 다시 리베이스합니다.

• 앞 쪽 배포 날짜를 기반으로 리베이스 •

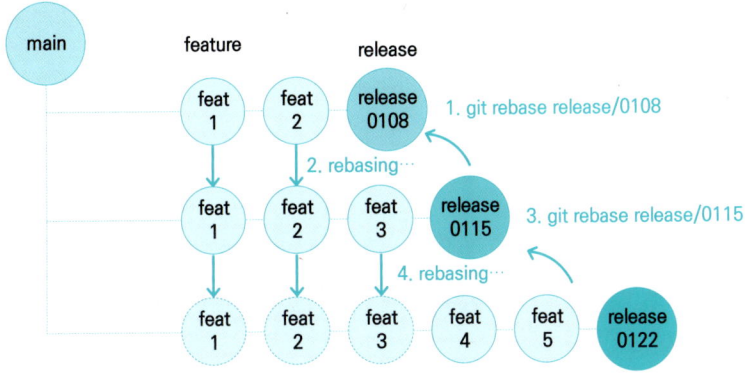

3 2번 과정을 배포 브랜치 개수만큼 반복하면 최후의 배포 브랜치엔 모든 기능이 병합됩니다. 가장 뒤 날짜의 배포 브랜치를 QA 환경에 배포합니다.

• 앞 쪽 배포 날짜를 기반으로 리베이스 •

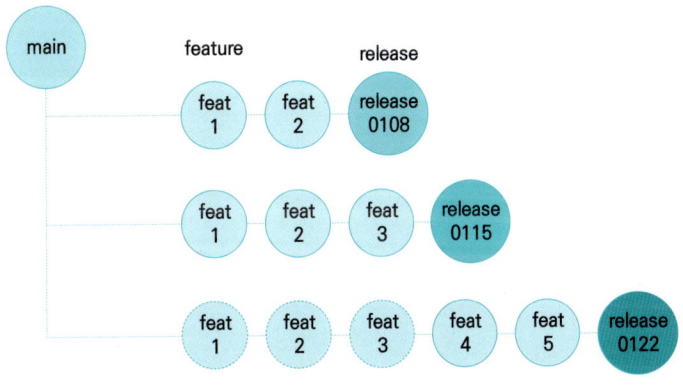

이렇게 이루어지는 일련의 백포팅 과정은 기차의 앞 칸에서 뒤 칸으로,

연쇄적으로 일어나는 것처럼 느껴졌기 때문에 팀 내에선 '기차놀이'라는 별칭으로 불렸습니다.

위 과정을 개발자가 수행해야 하는 git command line 명령어로 표현하자면 다음과 같습니다.

```
# 릴리즈 브랜치 명의 팀내 컨벤션은 release/yyyyMMdd
# 브랜치는 release/20240108, release/20240115, release/20240122 3개가
있다고 가정

# TICKET-1004 기능 병합
git checkout feature/TICKET-1004
git merge release/20240108

# 기차놀이 시작 : 작업 수행자 터미널에서 리베이스 연쇄 시작
git checkout release/20240115

# 바로 앞 날짜의 배포 브랜치를 리베이스함
# 머지 커밋을 보존하기 위해 --rebase-merges (-r) 옵션 사용
git rebase -r release/20240108

# 리베이스 방식이므로 베이스가 달라져 forced-push 필요,
# 최소한의 안전장치로 --force-with-lease 옵션 사용
git push --force-with-lease

# 앞선 과정이 완료되면 한 칸 더 뒷 날짜로 이동해 앞 날짜를 리베이스
git checkout release/20240122
git rebase -r release/20240115
git push --force-with-lease
```

백포팅은 명령어를 로컬 환경에서 직접 수행하는 방식으로 처리되었습니다. forced push로 인한 사고를 막기 위해 10명 정도의 팀원들에게 배포 브랜치에 기능 병합을 하지 말아 달라는 양해를 구하고 진행했습니다.

작업 시간은 충돌conflict이 없는 경우 5분 정도의 시간이 소요됩니다. 그렇게 긴 시간은 아니었지만 다음과 같은 문제가 있었습니다.

1 '릴리즈 브랜치에 기능 브랜치를 병합한다'는 단순한 작업에 백포팅 작업이 추가되어 집중력이 요구됨
2 해당 작업이 오래 수행되면 다른 개발자들의 기능 브랜치 병합에 영향을 줌
3 모든 작업자가 백포팅 전략에 대해 숙지하고 실수 없이 수행해야 함

git 명령어를 대신 입력하는 셸 스크립트 자동화로 위 문제를 해결할 수 있어 보였습니다.

개발자가 셸 스크립트와 어색한 사이인 경우

그러나 저는 개발을 처음 배울 때부터 IDE*와 함께였고, 웬만하면 IDE 밖을 벗어나지 않으려고 하는 IDE 은둔형 개발자입니다. 그래서 셸 스크립트를 활용한 자동화 필요성을 느끼면 자동화하는 대신 합리화를 통해 문제를 해결해왔습니다("손으로 해도 충분한데?"). 그러나 챗GPT는 낯선 분야를 탐색하고 새로운 도구를 선택하기에 적절합니다. 자동화 도구를 작성하는 것에 대해 챗GPT의 도움을 받을 수 있다면 IDE 은둔형 개발자

---

* integrated development environment : 통합 개발 환경

인 저도 자동화를 할 수 있을 겁니다.

챗GPT와 협업하기

"이거 자동화하면 모두 편해질 것 같은데요, 제가 스크립트 짜 볼게요!" 호기롭게 팀 메신저에 메시지를 남겼습니다. 당시 챗GPT에게 몇 번의 유효한 도움을 받았고, 자신감이 넘치는 상태였습니다.

백포팅 활동에 대해 구분 동작 단위로 정리하고 챗GPT에 접속해 프롬프트를 작성했습니다.

> 🔗 **프롬프트**
>
> 안녕! 코드 관리를 git rebase -r 옵션을 통해서 하고 있어. 내가 하고 싶은 건 이런 작업을 자동화하는 거야.
>
> 1. origin의 release/yyyy-MM-dd 형식의 브랜치들이 있음
> 2. 시간 순서상 두 번째로 빠른 release 브랜치로부터, 바로 앞 시간 순서의 release 브랜치를 rebase -r 하고 origin에 forced push를 해
> 3. 시간 순서상 마지막 브랜치까지 완료할 때까지 2번 작업을 반복해

챗GPT는 이에 대해 'git rebase -r 옵션으로 작업을 하려면, 각 브랜치를 시간 순서대로 정렬하고 이를 반복적으로 rebase를 진행해야 합니다.'라고 답하며 셸 스크립트를 대안으로 제시해주고 초기 스크립트를 작성했습니다.

```bash
#!/bin/bash

# 현재 브랜치 목록을 시간순으로 가져옵니다.
branches=($(git for-each-ref --sort=committerdate refs/remotes/origin/release/* --format='%(refname:short)' | sed 's/origin\///'))

# 브랜치가 2개 미만이면 rebase를 할 필요가 없습니다.
if [ ${#branches[@]} -lt 2 ]; then
    echo "Rebase할 브랜치가 충분하지 않습니다."
    exit 1
fi

# 두 번째 브랜치부터 마지막 브랜치까지 진행
for ((i=1; i<${#branches[@]}; i++)); do
    base_branch=${branches[$i-1]}
    topic_branch=${branches[$i]}

    echo "Rebasing $topic_branch onto $base_branch"

    # 브랜치를 checkout 합니다.
    git checkout $topic_branch

    # rebase를 실행합니다.
    git rebase -r $base_branch

    # 문제없이 rebase가 완료되면 origin에 force push 합니다.
    if [ $? -eq 0 ]; then
        git push origin $topic_branch -f
    else
        echo "Rebase에서 문제가 발생했습니다. 해결 후 다시 스크립트를 실행해주세요."
        exit 1
```

```
    fi
done

echo "모든 rebase가 완료되었습니다."
```

이 스크립트는 다음과 같은 작업을 수행합니다:

1. 시간순으로 release/yyyy-MM-dd 형식의 브랜치를 가져옵니다.
2. 두 번째 브랜치부터 마지막 브랜치까지 이전 브랜치를 기반으로 git rebase -r을 실행합니다.
3. rebase가 성공적으로 완료되면 해당 브랜치를 origin에 강제로 push합니다.

추가로 다음과 같이 작업을 달성할 수 있는 셸 스크립트뿐만 아니라 스크립트에 대한 설명과 주의 사항까지 일러주었습니다.

주의 사항:
이 스크립트는 potential conflicts에 대한 예외 처리를 하지 않습니다. 만약 rebase 중 충돌이 발생하면 스크립트는 중단됩니다.
해당 스크립트는 force push를 사용하기 때문에 다른 사용자와 브랜치를 공유합니다. 주의가 필요합니다.
항상 테스트 환경에서 스크립트를 실행해보고, 실제 환경에서 적용하기 전에 백업을 권장합니다.

그러나 저는 셸 스크립트에 대해 for문과 if문의 형식, echo 명령어와 같은 최소한의 지식을 가지고 있었습니다. 챗GPT가 첨부한 내용 해석을 기반해서 제 요구사항과 비교해보았습니다. 실제로 동작해야 하는 것과 다른 점이 몇 가지 있었습니다.

1 브랜치는 앞 시간순으로 정렬해야 함

2 정확히 release-yyyyMMdd 형식만 취급해야 함(백업 용도의 비슷한 형식의 브랜치들이 존재했으므로)

위의 결함에도 불구하고 당시의 저는 단번에 AI 요술지팡이로 문제를 해결했다고 생각하며 고무되어 있었습니다. AI 비서와 하이파이브하는 상상도 잠시 했던 것 같습니다.

그렇게 저는 챗GPT와 협업해 5분 만에 얻어낸 결과(그리고 아주 작은 결함)를 팀 메신저에 공유하며 으스대었습니다. 빠르면 10분 안에 '아주 약간의 결함'만 수정해 팀 프로젝트에 적용하겠다고 알리고, 챗GPT의 프롬프트 창으로 돌아갔습니다. 그리고 세 시간이 흘렀습니다. 야근 사유는 'rebase 스크립트 자동화'로 적었던 것 같습니다.

챗GPT와 협업하며 겪은 시행착오

10분이라고 생각한 작업시간이 세 시간까지 늘어난 것은 실제 상황에 대해서 적용할 수 있는 스크립트로 완성되기까지 여러 시행착오를 겪었기 때문입니다. 첫째, 프롬프트로는 완벽한 맥락 전달이 어렵고 둘째, AI의 할루시네이션 현상 때문이었습니다.

시행착오 1 – 프롬프팅으로는 완벽한 맥락 전달이 어려움

제가 첫 질문으로 입력한 내용은 'git rebase 반복 작업의 자동화'였습니다. 그러나 실제로 적용하고자 했던 것은 팀 백포팅 작업의 반복 수행을 쉽게 진행하는 겁니다. 맥락에 대한 이해가 없는 상태에서 만든 결과물을 바로 실제 상황에 적용하긴 어렵습니다.

맥락을 알려주기 위해선 누가, 언제, 어디서, 무엇을, 어떻게, 왜 필요한지 문자로 작성해야 하는데 이 과정을 모두 전달하는 게 쉽지 않습니다. 또한 적용하면서 겪게 될 미래에 일어날 일을 마법사 수정구처럼 모두 예측하여 미리 전달하는 것도 불가능합니다. 그러므로 단 한 번의 프롬프트로 완벽한 결과물을 얻어내기는 어렵습니다.

대신 저는 우리가 평소 생활에서 맥락을 전달하기 위해 주로 사용하는 방법인 '대화'를 통해 비교적 쉽게 맥락을 전달하고 원하는 결과를 얻어낼 수 있다는 걸 깨달았습니다. 그래서 이번 자동화 작업 또한 대화 방식으로 진행했습니다.

> 안녕! 코드 관리를 git rebase -r 옵션을 통해서 하고 있어. 내가 하고 싶은 건 이런 작업을 자동화하는 거야. 첫 번째는……

> 고마워! 스크립트를 테스트 중인데, 가끔 release/yyyyMMdd 형식이 아닌 별도 형식도 있어. 이런 것은 어떻게 처리할 수 있을까?

> git diff-index HEAD —가 궁금한데, 그러면 내 로컬에 있는 변경 사항과 HEAD라는 최신 커밋의 변경 사항을 확인하는 거지?

시행착오 2 – AI의 할루시네이션

할루시네이션Hallucination은 AI 언어 생성 모델이 정확하지 않거나 사실이 아닌 정보를 전달하는 것을 의미합니다. 2023년 초기 GPT 모델의 할루시네이션 현상의 대명사처럼 쓰이던 일명 '세종대왕 맥북 던짐 사건'은 기사로도 작성되었습니다. 지금은 세종대왕의 맥북 던짐 사건의 밈에 대한 유례를 알려줄 정도로 개선되었습니다. 그러나 여전히 100% 신뢰할 순 없습니다.

제가 작업 중 겪은 할루시네이션은 챗GPT에게 여러 번 수정 요청을 통해 스크립트를 갱신하던 중 발생했습니다. 챗GPT에게 로컬 저장소의 브랜치를 원격 저장소의 브랜치로 초기화해달라는 요청에 대응해 나온 스크립트는 다음과 같습니다.

```
# 로컬 브랜치를 원격 저장소의 상태로 초기화
git checkout $branch
git reset --hard origin/$branch
```

하지만 해당 내용은 원격 저장소와 비교해 로컬 저장소의 커밋이 최신화되어 있지 않은 상황에서는 (즉 git pull이 선행되어 있지 않다면) 원격 저장소의 상태로 초기화되지 않습니다. 원격 저장소의 브랜치와 같은 상태를 만들려고 의도했던 것과 다른 명령어입니다.

당시의 저는 챗GPT를 철석같이 믿고 있었기 때문에 당연하게 느껴지는 git 명령어를 실수했을 거라는 생각을 하지 않아 디버깅에 오랜 시간을 소모했습니다.

챗GPT와의 협업 결과물

3시간에 걸친 협업의 결과로 완성한 스크립트입니다.

```bash
#!/bin/bash

echo "[기차놀이 차장] 기차놀이를 시작합니다. rebase 과정에서 conflict
가 발생해 실패하는 경우는 수동으로 기차를 몰아주세요"

# 원격 저장소의 변경 사항 가져오기
git fetch origin

# 원격 저장소에서 브랜치 목록 가져오기
branches=$(git ls-remote --heads origin | grep 'refs/heads/release/
[0-9]\{8\}$' | sed 's?.*refs/heads/??' | sort -t '/' -k 2)

# main 브랜치 체크아웃 및 최신화
previous_branch="main"
git checkout $previous_branch
git pull

# 변경 사항 확인
if ! git diff-index --quiet HEAD --; then
    echo "[기차놀이 차장] 로컬 변경 사항이 발견되었습니다. 현재 main
브랜치이므로 작업하던 브랜치로 돌아가 변경 사항을 커밋하거나 stash한 후
에 다시 시도해주세요."
    exit 1
fi

for branch in $branches; do
```

```
# 원격 브랜치 백업
git branch -D $branch-bak
git checkout -b $branch-bak origin/$branch

# 로컬 브랜치를 원격 저장소의 상태로 초기화
git branch -D $branch
git checkout -b $branch origin/$branch

# 리베이스
echo "[기차놀이 차장] $branch를 $previous_branch로 rebase 진행합니다."
git rebase -r origin/$previous_branch
if [ $? -ne 0 ]; then
    echo "[기차놀이 차장] $branch 리베이스에서 문제가 발생했습니다."
    git rebase --abort
    exit 1
fi

# 포스푸시
echo "[기차놀이 차장] $branch를 origin에 포스 푸시합니다."
git push --force-with-lease origin $branch
if [ $? -ne 0 ]; then
    echo "[기차놀이 차장] $branch를 origin에 푸시하는데 실패했습니다."
    exit 1
else
    echo "[기차놀이 차장] $branch를 성공적으로 origin에 포스 푸시했습니다."
fi

previous_branch=$branch
```

```
done
```

완성한 스크립트를 프로젝트의 root path에 추가하고, README.md에 사용법을 안내하며 작업을 마무리했습니다.

꼭 사람이 확인해야 할 충돌난 경우만 제외하고, 단순 반복 작업은 스크립트를 통해 대체 수행하게 되어 더 수월한 테스트용 베타 환경을 제공할 수 있게 되었습니다(해피 엔딩). 하지만 이번 작업물로 얻게 된 효용보다 중요한 것은, 혼자선 엄두를 낼 수 없었던 작업을 챗GPT와의 협업으로 작업할 수 있었다는 경험이라고 생각합니다. 이런 경험을 공유해 기술적 두려움을 느끼는 저와 같은 개발자들이 더 많은 '용기'를 발휘하길 기대하며 글을 작성합니다.

챗GPT와의 협업에서 느낀 교훈

이번 작업과 그동안 챗GPT를 쓰며 얻은 교훈을 공유합니다.

첫째, 챗GPT는 요술 지팡이가 아닙니다.

둘째, 챗GPT와 대화를 하며 작업하면 수월합니다.

셋째, 거짓말을 조심해야 합니다.

챗GPT는 요술 지팡이가 아니다

처음 챗GPT가 등장했을 때 전 AI의 시대가 도래했고, 개발자의 시대는 저물 것으로 생각했습니다. "배달앱을 만들어 줘"라고 입력하면 수만 줄의 코드가 작성될 것이라는 상상이요.

하지만 우리의 현실은 너무도 복잡해 몇 문장 만으로 대체될 수 없습니다. (적어도 아직은) 챗GPT는 '도서관에 존재하는 모든 책을 다 읽은 선생님'에 머물고 있습니다. 선생님께 모르는 것을 물어보고, 이 답변을 내 상황에 접목하는 것은 아직 인간의 몫입니다.

결국 배운 것을 제대로 써먹기 위해선 이해해야 합니다. 단순히 내가 원하는 걸 만들어주는 요술 지팡이처럼 챗GPT를 대한다면 나만의 문제 상황에 적용하기 어렵고, 애꿎은 요술 지팡이만 탓하게 됩니다.

제 작업은 약 30여번의 프롬프트를 거치면서 완성되었는데 중간쯤엔 작업 결과물을 이해하지 못한 채로 문제가 해결되기만을 바라던 부분도 있었습니다.

> git ls -remote --heads origin을 입력하면 아래 3개가 포함되는데, 너가 준 스크립트에선 0건인 것처럼 나와

> 네가 알려준 git ls-remote --heads origin | grep 'tmp-release/[0-9]\{4\}\-[0-9]\{2\}\-[0-9]\{2\}$' 명령어를 실행하면 아무것도 나오질 않아

당시엔 엉뚱한 스크립트를 만들어주고 잘 고쳐주지도 못하는 챗GPT를 탓했습니다. 만약 스크립트의 원리를 이해하고 차분하게 디버깅을 해보았다면 더욱 빠르게 결론에 도달했을 겁니다. 이 작업 이후로는 내가 모르는 것을 이해하도록 도와주는 '조언자'로 챗GPT를 이용하고 있습니다.

특히나 내가 쉽게 이해하기 어려운 개념에 대해 쉬운 설명을 요구할 때 큰 효과가 있습니다. 최근에 SQL92에서 Unknown이라는 논리값을 정의한 것에 대해 자료를 찾아볼 때, 동일성의 법칙에 대해 도무지 이해되지 않아 챗GPT를 찾아 설명을 요청했습니다.

> **You**
> unknown에 대해 파악하기 위해 null에 관한 위키를 보고 있습니다.
>
> 그 문서를 보면 아래와 같은 영어 진술이 있는데요.
>
> These confusions arise because the Law of Identity is restricted in SQL's logic. When dealing with equality comparisons using the NULL literal or the UNKNOWN truth-value, SQL will always return UNKNOWN as the result of the expression. This is a partial equivalence relation and makes SQL an example of a Non-Reflexive logic.
>
> 논리학 적으로 unknown이라는게 관련이 있는거 같습니다. 이 맥락으로, 그리고 한국어로 설명해주실 수 있을까요?
>
> **ChatGPT**
> 네, 이 내용을 논리학적 관점과 함께 한국어로 설명해 드리겠습니다.
>
> **동일성의 법칙과 SQL의 논리**
>
> 논리학에서 동일성의 법칙(Law of Identity)은 모든 것이 자기 자신과 동일하다고 주장합니다. 즉, 어떤 객체 A는 항상 그 자신과 동일(A=A)합니다. 이는 일반적인 논리 시스템에서 기본적으로 받아들여지는 원칙 중 하나입니다.
>
> 그러나 SQL에서는 이 법칙이 제한적으로 적용됩니다. SQL의 논리에서 NULL은 "값이 없음"을 나타내며, 이는 특정 값을 알 수 없거나 적용할 수 없음을 의미합니다. SQL에서 NULL을 사용한 등식 비교(예: `NULL = NULL`)는 참이 아닌 'Unknown'으로 평가됩니다. 이는 NULL 값이 "알 수 없는 값"을 나타내기 때문에, 두 NULL 값이 서로 동일한지를 평가할 수 없다는 것을 반영합니다.

'동일성의 법칙', '비반사적 논리' 등 평소였으면 "그렇군…" 하고 끄덕이고 지나갔을 개념을 이해할 수 있는 내용으로 되새겨주니 유용했습니다. 챗GPT는 인내심이 아주 강하고 친절한 선생님이기 때문에 모르는 것을 물어보았을 때 좋은 스승이 되어줍니다.

챗GPT와 대화해보자

프로젝트 진행 당시만 해도 챗GPT를 써보았는지 주위 개발자들에게 물어보면 몇 번 써보니 어떻게 질문을 해야겠는지도 모르겠고 틀린 답변을 받아 신뢰할 수 없어 사용하지 않다는 분들이 많았습니다. 이런 어려움은 주위만 겪는 것이 아닌지 국내 IT 서점의 매대 중 한 부분은 프롬프트 프로그래밍 관련 저서들로 가득 차있었습니다.

책을 집어 몇 권 읽어보면 챗GPT의 사용법이 나옵니다. 어떻게 하면 파라미터를 만들 수 있으며, 질문의 순서 배치는 어떻게 해야 하며… 이런 프롬프팅 프로그래밍의 목표 중 하나는 챗GPT에게 '내 상황을 어떻게 하면 가장 효율적으로 전달할 수 있을지'입니다.

저는 챗GPT에게 프롬프트를 작성할 때 다른 개발자에게 1:1 메시지를 보낸다는 생각으로 작성합니다. 대화하듯이 내가 원하는 것들을 가볍게 이야기하고 답변에서 생겨나는 질문을 다시 작성하다 보면 만족스러운 결과를 얻을 때가 많았습니다. 이렇게 챗GPT와 친해진 이후 프롬프트 프로그래밍을 접한다면 더 좋은 효과를 누릴 수 있을 겁니다.

PART 2
AI로 더 편리한 서비스 만들기

03
리뷰를 재료로 GPT가 만든 메뉴 추천, 메뉴뚝딱AI

#AI   #NLP   #PM

 오혜진, 이지혜
2024.03.28

AI 프로덕트 만들기 미션, 그런데 GPT가 주재료인

저희가 GPT 기반 프로덕트에 대한 고민을 이제 막 시작하던, 2023년 봄으로 가볼까요? 많은 사람이 '신기하다'는 마음으로 챗GPT를 활용해보기 시작했지만, 당시 사람들의 웃음거리가 되었던 '세종대왕 맥북 사건'을 포함해 GPT는 못하는 것이 참 많았습니다. 챗GPT 서비스는 그래도 좀 사용할 만했는데요, 저희의 프로덕트를 직접 만들려면 '서비스'인 챗GPT가 아닌 GPT API를 활용해야 했습니다. 그래서 한계점이 더 많았습니다. GPT-4 대비 그당시 GPT-3.5 turbo는 좀 부족한 친구였고, GPT-4는 느리고 비쌌어요. 당시엔 자연어 기반 과제를 몇 건만 연속으로 처리해도 분당 호출수에 걸려서 에러 메시지를 만나야 했죠. 우리는 이 한계를 가지고 첫 프로젝트를 시작했습니다.

'메뉴뚝딱AI'는 GPT라는 재료가 참 중요한 프로덕트였습니다. 마치 흑백요리사에서 홍어라는 재료가 꼭 들어가야 하는 미션을 수행하는 것처럼요. GPT라는 주재료의 맛을 해치지 않아야 했지만, GPT를 사용한다는 목적에 치우쳐서 너무 허무맹랑한 것을 만들고 싶지도 않았습니다. 하지만 GPT를 사용한다는 것은 마치 처음 보는 재료를 활용한 요리를 하는 것처럼 생경해서, 활용할 때마다 리스크를 하나하나 파악해가면서 요리를 해야 했습니다. 이 재료를 끓이면 향이 더 강해질까요? 생으로 먹었을 때의 식감은 익혔을 때와 어떤 차이가 있을까요?

그래서 시작은, GPT는 도대체 뭘 잘하는 것인가라는 질문에서 출발했습니다. 사람들은 GPT가 사람처럼 자연스럽게 대화를 할 수 있다는 점에 열광했습니다. 이 이야기는 다시 두 가지로 나눠볼 수 있습니다. '텍스트를 사람처럼 잘 이해할 수 있다', 그리고 '사람처럼 자연스러운 말을 구사할 수 있다'. 이 두 가지 장점을 활용해보고자 했습니다. 하지만 GPT를 활용한다는 것에만 매몰되어 자칫 현실의 문제와 동떨어진 것을 고민하는 것을 경계하기 위해 배민 사용자분들의 탐색 과정에서의 가려움을 긁어줄 요소들을 찾아보았습니다. 그 과정에서 배민에서 음식을 주문하는 사용자의 51%가 메뉴만 결정하고 앱을 이용하며, 32%가 메뉴와 가게를 둘 다 결정하지 않은 상태에서 탐색을 시작한다는 사실을 알게 되었습니다.

배달의민족을 이용하는 고객이 앱에서 하고자 하는 것을 고려했을 때, 두 가지 관점에서의 개선 포인트를 찾을 수 있었습니다. 기존의 탐색 경험은 가게 중심이라 원하는 메뉴를 찾기가 어렵고, 탐색이 길어지는 과정에서 피로감이 쌓일 여지가 있었습니다. 더불어 메뉴 탐색 시에 이 가게가 맛이나 퀄리티가 좋은지, 좋다면 어떤 방면에서 좋은지를 바로 알기가 어려워서 다수의 리뷰를 직접 탐색해가며 판단해야 한다는 문제점이 있었죠. GPT가 그 많은 리뷰를 대신 분석해주고, 이를 다시 사용자들에게 자연스럽게 추천해준다면 어떨지에 대한 고민을 하게 되었고 이것이 메뉴뚝딱AI 서비스로 이어졌습니다. 실수도 잦고 결과물의 완성도가 높지 못했던 GPT-3.5 turbo로 PoC*를 하던 단계를 지나, GPT-4 그리고 GPT-4o를 만나 정말 뚝딱뚝딱 메뉴를 추천해내는 서비스가 되기까지의 상세한 여정을 잠시 후 확인하실 수 있습니다.

메뉴뚝딱AI 과제를 하면서, GPT를 어떻게 사용해야 할지에 대한 이해도가 올라갔습니다. 그리고 그 와중에 2023년 가을 쯤, GPT가 이미지도 이해할 수 있게 되었습니다. 자전거 사진을 보고 무엇을 고쳐야 할지를 알려주는 챗GPT의 능력은 저희를 정말 놀라게 했습니다. 이즈음, 저희 팀은 마침 메뉴 이미지와 관련된 고민을 하고 있었습니다. 여러분은 배달의민족에서 음식을 고를 때 어떤 정보를 주의깊게 참고하시나요? 아마 메뉴 이미지도 그 중 하나일 텐데요, 운영자가 등록된 메뉴 이미지를 살펴보며 저희 서비스의 정책에 부합하는지 승인하는 절차에 하루가 넘게 걸리던 때가 있었습니다. 텍스트와 몇 개의 예시를 포함하는 정책 문서들이 있기는 있지만 세상에는 다양한 음식 메뉴가 있고, 사진에는 다양한 색감과 각도, 그리고 여백이 존재할 수 있어 에지 케이스가 다양했습니다. 이에 따라 사람의 판단도 종종 다를 수 있었죠. 곧 소개드릴 메뉴 이미지 검수 과제는 여기서 시작한 과제입니다.

---

* Proof of concept : 아이디어나 기술의 실현 가능성을 입증하는 시제품이나 실험 과정

이 과제를 진행하면서도 참 많은 것을 배울 수 있었습니다. GPT라는 모델에 다양한 정책들을 기반으로 판단을 시키기 위해서는 어떤 고민을 해야 하는지, 프롬프트 엔지니어링을 가지고 원하는 결과물을 얻기 위해서는 얼마나 많은 교정을 수행해야 하는지, 현재의 GPT가 할 수 없는 것은 무엇인지, 우리는 그 한계를 가지고 원하는 결과를 얻기 위해서 어떤 다른 시도를 해야 하는 것이 좋을지와 같은 것들을 깨달을 수 있었던 과제였어요. 이 과제는 우아한형제들이 텍스트, 이미지와 같은 비정형 데이터를 다룰 때 어떻게 AI 기술을 활용하면 좋을지에 대한 고민을 더 깊게 하도록 한 과제이기도 합니다. 그 고민의 결론은 이 글의 마지막에서 공유드릴게요.

앞으로의 두 편의 글을 통해, 저희는 다양한 자연어처리 모델링의 대체제로서 LLM*을 활용해본 경험(메뉴뚝딱AI), 이미지 분류 모델과 VQA**(visual question answering) 모델의 대체제로서 LMM***을 활용해본 경험(메뉴 이미지 검수)을 소개해드리려고 합니다. 우당탕탕 GPT의 성장과 함께 한 과제들의 성장기, 이제 시작합니다.

---

*   Large language model : 대규모 텍스트 데이터를 학습해 자연어 처리 및 생성 작업을 수행하는 AI 모델
** Visual question answering : 이미지를 기반으로 질문에 답변하는 AI 기술
*** Large multimodal model : 텍스트와 이미지 등 다양한 형태의 데이터를 처리할 수 있는 AI 모델

도입 배경

2023년 2월, 오픈AI에서 개발한 챗GPT의 등장으로 '생성형 AI'에 대한 관심이 비약적으로 증가했습니다. 인간과 유사한 대화가 가능해진 것을 경험하면서 다양한 분야에서 생성형 AI 활용 가능성에 대한 기대감이 높아졌죠. 지금이야 그러한 의구심을 품는 경우가 드물지만 그 당시에는 단순한 유행에 그치는 것은 아닌지, 실제 비즈니스에 어떤 가치를 가져다줄 수 있을지 하는 의문도 있었습니다.

채팅을 통해 GPT 기술을 경험할 수 있는 챗GPT 서비스를 벗어나서 생각했을 때 GPT 기술 자체는 많은 사람에게 아직 생소했고, GPT로 어떤 서비스를 만들 수 있을지, 어떤 태스크를 수행할 수 있을지 구체적으로 상상하기 어려운 시기였습니다. 그래서 저희는 GPT 모델을 서비스에 적용해 새로운 가치를 발굴해보려고 했습니다. 고객에게 어떤 새로운 경험을 제공할 수 있을까요? 비즈니스 측면에서는 어떤 효율 향상을 기대할 수 있을까요? 고민에 고민을 거듭하며 GPT 기술을 활용하기 위한 여행을 시작했습니다.

GPT는 Generative Pre-trained Transformer의 약자로 대규모 언어 모델의 한 종류를 지칭합니다. GPT 모델은 방대한 양의 텍스트 데이터로 사전학습되어, 주어진 텍스트의 패턴과 맥락을 파악하고 이를 바탕으로 새로운 텍스트를 생성해내는 놀라운 능력을 갖추고 있죠. 이런 GPT의 특성을 고려해 저희는 우선 배달의민족 서비스에 축적된 대량의 텍스트 데이터에 주목했습니다.

무엇을 할 수 있을까?

　GPT를 어떻게 활용할 수 있을지 찾아나가는 과정에서 우아한형제들 프로덕트경험분석팀의 사용자 조사 결과가 큰 도움이 되었습니다. 배민 앱 사용자의 상당수가 메뉴나 가게를 미리 결정하지 않은 상태로 앱을 방문한다는 인사이트를 확인한 것이죠. 절반 이상의 사용자가 메뉴만 결정한 상태로 앱을 이용하고, 1/3 정도는 메뉴와 가게 모두 정하지 않고 앱에 접속한다는 조사 결과는 저희에게 방향성을 제시했습니다.

　만약 GPT를 활용해 먹고 싶은 메뉴에 맞는 가게를 추천할 수 있다면 어떨까요? 나아가 아직 뭘 먹고 싶은지조차 정하지 못했다면, 메뉴 선택은 물론 가게 선택까지 도와줄 수 있지 않을까요? 저희는 이 질문에 주목하며 GPT 활용 방안을 구체화해나갔습니다.

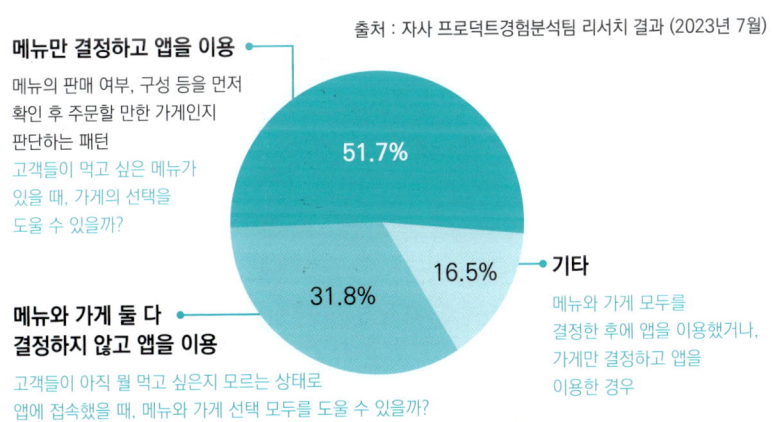

출처 : 자사 프로덕트경험분석팀 리서치 결과 (2023년 7월)

어떻게 할 수 있을까?

사용자의 메뉴 및 가게 선택을 도울 수 있는 정보로는 '사용자들의 평가'가 가장 먼저 떠올랐습니다. 실제 그 가게의 음식을 주문해 먹어본 사용자들이 남긴 리뷰 데이터는 사용자 의사 결정에 큰 참고가 될 수 있겠죠. 하지만 리뷰 데이터를 활용하려면 몇 가지 중요한 이슈를 고려해야만 했습니다. 무엇보다 개인정보 보호와 지적재산권 문제를 꼼꼼히 체크해야 했죠. 부적절한 개인정보 노출이 없어야 했고, 권리 침해 소지가 있는 내용은 반드시 필터링되어야 했죠. 이를 위해 개인정보 문제로 차단된 리뷰 데이터는 아예 제외하고, 활용 가능한 리뷰도 추가적인 전처리 과정을 거쳐야 했습니다.

다음 그림과 같이 전처리한 리뷰 데이터를 GPT 모델에 입력했습니다. GPT는 리뷰 텍스트를 분석하고 이를 토대로 가게 및 메뉴 관련 정보를 추출해, 추천 가게 목록의 제목과 설명을 생성하는 역할을 담당했죠. GPT가 생성해낸 콘텐츠는 다시 한번 법률 전문가의 검토를 받아 법적 이슈 없이 안전하게 서비스에 반영되게 했습니다. 그리고 이런 검토를 바탕으로 GPT를 다시 교육시켜서 작성된 문장들을 검수했습니다. 표시광고법 상 문제가 되는 표현이나 배민 서비스에 노출되지 않아야 할 문장을 수정하고, 더 배민다운 문장을 만들도록 돕는 봇이 탄생한 거죠.

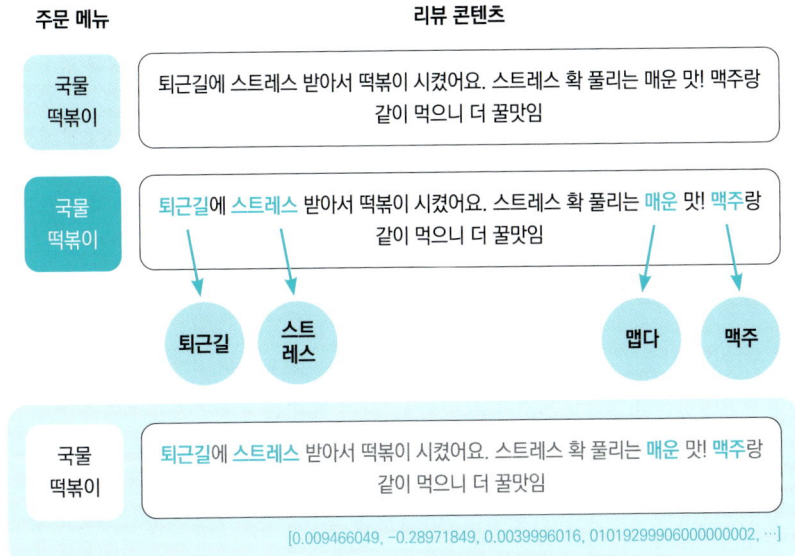

• GPT로 유용한 정보를 추리는 전처리 과정 •

한편, GPT를 활용한 서비스의 사용자 경험을 설계하는 과정에서도 깊은 고민이 있었습니다. 초기에는 GPT를 대화형 에이전트처럼 구현하는 방안을 검토했으나, 이는 기술적 한계와 사용자 기대치 관리 측면에서 우려되는 점이 있어 제외하기로 했습니다. 대신 '뚝딱이'라는 친근한 캐릭터를 도입해, 마치 이 AI 캐릭터가 사용자에게 직접 말을 걸면서 메뉴를 추천하는 것처럼 연출하는 방식을 택했습니다. 여러분이 메뉴뚝딱 AI 화면에서 만날 소개 문장은 모두 GPT가 생성한 거랍니다.

뚝딱이가 메뉴를 추천합니다

약 3개월간의 개발과 테스트를 거쳐, 드디어 GPT 기반 추천 서비스가 배민 앱에 적용되었습니다. 검색어 제안, 검색 결과, 검색 홈, 서비스 홈과 배민배달 카테고리 목록 등 여러분이 자주 찾는 다양한 지면에서 메뉴뚝딱AI를 만나실 수 있게 되었죠.

• 뚝딱이 캐릭터 •

GPT를 활용한 메뉴 추천 서비스 개발은 단순한 기술 실험에 그치지 않는 의미 있는 도전이었습니다. 대규모 언어 모델을 서비스에 실제 적용하면서 개인정보 보호, 지적재산권 이슈 등 감수해야 할 리스크도 만만치 않았지만, 이 과정을 통해 생성 AI 기술을 고객 가치 창출과 비즈니스 혁신에 활용할 수 있는 역량을 한 단계 업그레이드할 수 있었죠.

특히 GPT 기반 추천 서비스가 가장 큰 효과를 발휘할 수 있는 접점을 고민했고, 사용자가 원하는 것을 직접 입력하는 검색 영역에 주목하게 되었습니다. 사용자들이 메뉴나 가게 이름을 검색창에 입력하는 순간, GPT가 분석한 리뷰 정보를 바탕으로 가장 적합한 추천 결과를 즉시 제안할 수 있도록 경험을 설계했습니다.

검색에서의 메뉴 추천하기

배민 검색의 목적은 고객 본인이 원하는 메뉴를 신속하게 찾아 주문을 완료하는 것이므로, GPT 기반 메뉴 추천이 검색 과정 전반에서 여러분의 선택과 주문을 보조하도록 설계했습니다.

검색어를 입력하는 순간, 내가 입력한 검색어와 연관된 GPT 추천 콘텐츠가 서제스트로 펼쳐집니다. '치킨'이라고 검색하면 '바삭한 치킨', '매콤한 치킨', '숯불향 치킨' 등 다양한 취향의 치킨을 파는 가게들을 추천받을 수 있습니다. 다소 모호한 검색어였던 "치킨"에서 내 취향을 더 정확히 반영한 '00한 치킨'으로 선택의 폭을 좁혀갈 수 있게 된 겁니다. 직접 주문한 사용자의 리뷰 텍스트를 분석한 정보로부터 가게와 메뉴를 추출해서 생성한 데이터이기 때문에 더욱 신뢰할 수 있을 거예요.

혹시 빠른 타자실력으로 이 서제스트를 발견하지 못하고 검색 결과로 오셨나요? 이런 분들을 위해서 검색 결과 화면에서도 GPT 추천 콘텐츠를 확인할 수 있습니다. 검색 결과 '배달' 탭 상단에서 검색어와 연관된 GPT 추천 리스트를 볼 수 있는데요, 이전까지 배민 검색은 가게나 메뉴를 찾는 데 최적화되어 있었습니다. 그런데 이제는 GPT 추천을 통해서 자신의 상황이나 맥락에 맞는 검색 결과까지 추천받을 수 있게 되었어요.

한 주의 끝이자 신나는 주말의 시작인 금요일에 어울리는 메뉴를 찾고 싶다면 배민 검색에 '금요일'이라고 검색해보세요.

당 떨어지는 오후시간에 달달한 무언가가 필요하세요? 검색창에 '달달한 메뉴'라고 검색해보세요. 불금에 어울리는 메뉴, 달달한 메뉴를 갖춘 추천 가게들이 여러분의 선택을 기다립니다.

검색에 진입하는 사용자는 뚜렷한 검색 목적을 가진 고객도 있지만 그렇지 못한 경우도 있습니다. 예상 외로 많습니다. 전자의 경우 어떤 검색어를 입력할 것인지 분명한 의도를 가지고 검색어를 입력하지만 후자의 경우 검색어를 정하지 못해서 '무엇을 검색할 것인지'에 대해 추가 탐색이 필요한데요, 이런 사용자를 위해서 검색의 첫 시작인 검색홈에서는 검색 시점에 어울리는 가게 목록을 GPT 추천해 보여드립니다. 아침에 어울리는 해장음식부터, 오후에는 동료들과 먹을 수 있는 간식, 저녁에는 육아퇴근하고 시키기 좋은 메뉴 등을 추천하고 있어요.

• GPT 추천 목록 •

GPT와 함께 성장하는 메뉴뚝딱AI

메뉴뚝딱AI가 송파, 그리고 서울에 첫 등장했던 때만 하더라도 GPT는 많이 느렸고 비쌌으며, 원하는 대로 분석을 시키기에는 조금 부족한 능력을 가지고 있었습니다. 하지만 2024년 5월 등장한 GPT-4o는 이전 모델 대비 많은 것이 달라졌습니다. 속도도 훨씬 빨라졌고 비용은 매우 저렴해졌으며, 경량화 모델인 GPT-4o mini만으로도 원하는 많은 분석을 수행할 수 있었죠. 그래서 저희는 기존에 매우 간단한 분석에서 벗어나, 복잡하고 어려운 일들을 GPT에게 시키려고 하고 있습니다.

먼저 GPT-4o mini가 리뷰를 읽고 의미 있는 단위로 리뷰를 나누어 청크로 만들고, 그 청크가 어떤 메뉴나 식재료에 대한 내용인지를 추출합니다. 또 각각의 청크가 어떤 카테고리(맛, 식감, 함께 먹는 사람, 상황 등)에 해당하는지 분류를 진행합니다. 마지막으로 GPT-4o는 청크 안에 저희가 미리 만들어놓은 키워드와 유사한 표현이 있는지를 확인합니다. 이 과정을 통해 저희는 컨텍스트 추출의 정확도를 높이고, 리뷰가 메뉴, 식재료, 서비스, 배달 등 어떤 부분에 대한 평가를 담고 있는지를 고도화하여 추출합니다.

1단계	2단계
GPT-4o mini	GPT-4o
리뷰 chunking	일부 카테고리(맛, 식감, 온도, 사람, 시즌, 시간대, 기분 및 상황)에 대해 미리 세팅해둔 리스트 기반 값 추출
chunk 각각의 sentiment	
chunk 각각의 카테고리 추출	
메뉴나 재료와 관련된 값 추출	

이렇게 분석을 고도화하는 동안, 어느덧 오픈AI는 o1과 o3이라는 모델

을 내놓고, 앤트로픽Anthropic과 구글 모두 각각 클로드Claude와 제미나이Gemini 모델을 개선하며 경쟁에 박차를 가하고 있습니다. 앞으로 이 LLM 모델들이 발전해나갈 방향과, 그 모델들과 함께 해나갈 과제들이 기대됩니다. 우아한형제들에서는 지금도 머신러닝을 전문적으로 다루는 부서는 물론이고, 그 외 다양한 곳에서 LLM의 활용을 놓고 많은 고민을 하고 있는데요, 그 결과를 기대해주시면 좋겠습니다.*

---

* 메뉴뚝딱AI가 탄생했던 과정에 대해 더 자세히 알고 싶은 분들은 우아콘 영상을 참고해주세요(https://bit.ly/3MG0xVM).

04
프롬프트 엔지니어링으로 메뉴 이미지 품질 검수하기

#AI   #GenAI   #PM

 김태정, 오혜진
2024. 12. 19

 GPT의 등장으로 생성형 AI 기술은 대화, 검색, 추천 등 다양한 분야에서 활용되며 빠르게 보편화되고 있습니다. 2024년 10월 기준, 국내 챗GPT 사용자는 520만 명을 넘어서며 10명 중 1명 이상이 생성형 AI 기반의 서비스를 사용하고 있습니다. 하지만 기업의 실제 업무 환경에서 이 기술을 안정적으로 적용하기에는 다양한 과제가 남아 있습니다. 배달의민족은 2024년 4월부터 GPT를 활용한 AI 이미지 검수 기능을 셀프서비스(배민 사장님 서비스)에 도입했습니다. 이번 글에서는 GPT를 업무에 적용하면서 마주한 고민과 그 해결 과정을 공유하고자 합니다.

이미지 검수에 GPT를 활용한 이유

 배달의민족에 입점한 사장님들은 '배민셀프서비스*'를 이용해 메뉴 이

---

*   https://self.baemin.com/bridge

미지를 등록하고 관리합니다. 기존에는 일일 최소 1만 건 이상의 검수 요청을 운영자가 직접 확인하면서 검수 완료까지 오래 걸리는 문제가 있었습니다. 이를 해결하기 위해, 내부의 메뉴 이미지 반려 기준*을 살펴보고 자동화 방법을 모색했습니다.

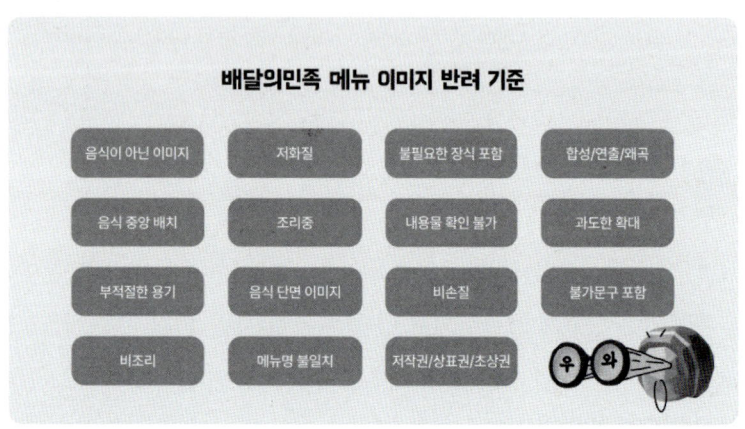

다양한 종류의 기준으로 인해, 각각의 머신러닝 모델을 구축하기에는 학습 데이터가 부족했고, 정책이 자주 변경되어 대응에 어려움 등이 있었습니다. 반면 GPT를 활용하면 다양한 검수 기준에 신속히 대응하고, 프롬프트 엔지니어링으로 변경 사항에 유연하게 대처할 수 있습니다. 특히 상식 기반 판단(예 : 음식이 적절한 용기에 담겨 있지 않은 경우)에 대한 검수는 GPT가 예상 외로 잘 수행할 수 있으리라 기대했습니다.

---

*   https://bit.ly/4j7Esyr

프롬프트 엔지니어링 : GPT를 업무 환경에 맞추는 과정

프롬프트란 단순한 단어나 명령어가 아닌, 사람의 언어와 LLM이 만나는 핵심 매개체입니다. 인공지능과 자연어로 소통할 수 있게 되면서, 프롬프트는 단순한 명령을 넘어 인간과 인공지능 간의 의사소통과 맥락적 이해를 가능하게 하는 중요한 도구가 되었습니다.

프롬프트 엔지니어링은 다양한 인문학적 지식을 기반으로 인공지능과의 상호작용을 향상시키는 융합 분야입니다. 아래 몇 가지 전략 사례들을 통해서 프롬프트 엔지니어링의 과정을 설명하겠습니다.

전략 1 : 구체성과 일반성의 균형

구체적인 프롬프트 작성

'첨부한 문서를 요약해주세요.'보다 '첨부한 회의록을 3가지 핵심 사항으로 요약하고 마크다운 형식으로 정리해주세요.'처럼 상황과 형식을 명확히 제시하면 LLM은 고품질 응답을 제공합니다.

이미지 반려 기준도 마찬가지입니다. 예를 들어 저화질 이미지를 판단할 때 단순히 '저화질인지 판단하세요.'라고 하면 모델이 기준을 제대로 이해하지 못할 수 있습니다. 대신 '이미지 내부의 주요한 객체가 선명하지 않거나 화질이 깨졌는지 판단하세요.'처럼 구체적으로 전달하면 모델이 더욱 정확한 응답을 반환하게 됩니다.

- **프롬프트** : 이미지 내부의 주요한 객체가 선명하지 않거나, 픽셀 단위로 보일만큼 화질이 깨졌는지 판단하세요.
- **프롬프트** : 주요한 객체에 초점이 맞지 않고 주변 객체나 배경에만 초점이 맞는지 판단하세요.

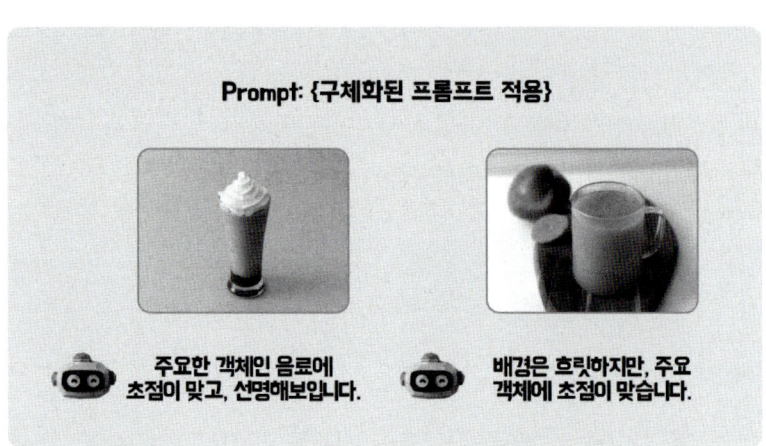

프롬프트 일반화

대신, 프롬프트를 너무 구체화하면 예외 케이스를 놓칠 수 있습니다. 예를 들어 "워터마크처럼 합성된 글씨가 있는지 판단하세요."는 워터마크는 잘 잡지만, 다른 합성 텍스트는 놓칠 수 있습니다.

- **프롬프트** : 워터마크와 같이 인위적으로 합성된 글씨가 있는지 판단하세요.

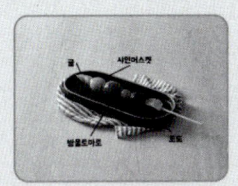
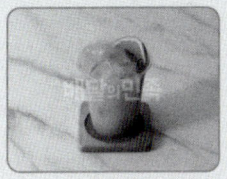
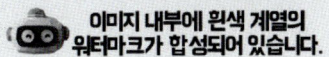

프롬프트를 구체적으로 작성하는 것도 중요하지만 너무 좁은 범위로 한정하면 다른 목표에 대한 성능이 저하되는 트레이드오프trade-off가 발생할 수 있습니다. 따라서 현재 이루고자 하는 목표가 무엇인지 명확하게 정의하고, 수정된 프롬프트가 다른 목표 달성에 영향을 미치지 않는지 지속적인 평가가 필요합니다.

프롬프트 성능 평가

또한 실제로 정책을 담당하는 부서와 이미지 반려 기준을 논의하며 프롬프트 엔지니어링의 효과를 측정할 방법이 필요했습니다. 그래서 구글 스프레드시트로 대시보드를 만들어 활용했습니다. 프롬프트 변경 사항을 기록하고, 각 정책별로 오검수(문제가 있는데 없다고 판단하거나, 문제가 없는데 있다고 판단한 경우) 항목의 비중을 확인할 수 있도록 구성해 프롬프트 엔지니어링이 각 정책에 어떤 영향을 미치는지 파악했습니다.

전략 2 : 응답 최적화

　GPT를 안정적으로 서비스에 활용하려면 응답 형식을 최적화하는 전략이 필요했는데요, GPT는 자연어로 된 긴 문장을 생성하기 때문에, 서비스에서 이를 직접 파싱하거나 처리하기가 쉽지 않았습니다. 여러 검수 항목을 줄글로 나열하면 사장님들께 어떤 방식으로 안내해야 할지 고민이 되었죠. 단순히 응답을 반환하도록 하면 정책 번호 대신 불필요한 숫자들이 포함되어 파싱 과정에서 오류가 발생할 위험도 있었습니다.

- **프롬프트** : 이미지 속 음식이 즉시 섭취할 수 있는 상태인지 판단하세요.

 사진 속에는 4개의 잘 익은 복숭아가 접시 위에 담겨있으나, 손질되어있지 않고 복숭아 원형의 모습을 가지고 있습니다. 즉시 섭취할 수 있는 상태가 아니므로 정책 8번을 위반합니다.

구조화된 응답 유도

　이를 해결하기 위해 구조화된 출력Structured Outputs 기능을 활용하여 응답을 JSON 형식으로 포매팅하여 반환하도록 적용했습니다. 각 반려 항목을 정책 번호로 구분하고, 선택한 이유를 함께 반환하도록 프롬프트를 설계했는데요, 이렇게 하여 서비스 측에서 응답을 손쉽게 파싱해 필요한 정보만 추출할 수 있었습니다.

```
# output_json_format:
    {
        "judgementNum": "해당하는 정책을 모두 선택하세요. 결과를 int
        type 리스트로 반환합니다.",
        "judgementDesc": "judgementNum에서 정책 번호를 선택한 이유에
        대해 한 문장으로 설명합니다. 선택한 정책이 없으면 NULL을 반환
        합니다."
    }
```

다음은 응답 결과를 JSON 형식으로 포매팅하도록 적용한 결과입니다.

생성 지식 프롬프트

하지만 문제는 여기서 끝나지 않았습니다. GPT가 일관되게 응답하지

않는 경우가 빈번했고, 같은 요청에도 응답 형식이나 내용이 달라지는 경우가 많았습니다. 이를 개선하기 위해 생성 지식 프롬프트* 기법을 활용했습니다. 이는 생각의 사슬Chain of Thought, CoT와 유사한 방식으로, GPT가 이미지 내부의 모습 설명을 먼저 생성하고, 이 설명을 바탕으로 최종 응답을 도출하도록 하는 방법입니다.

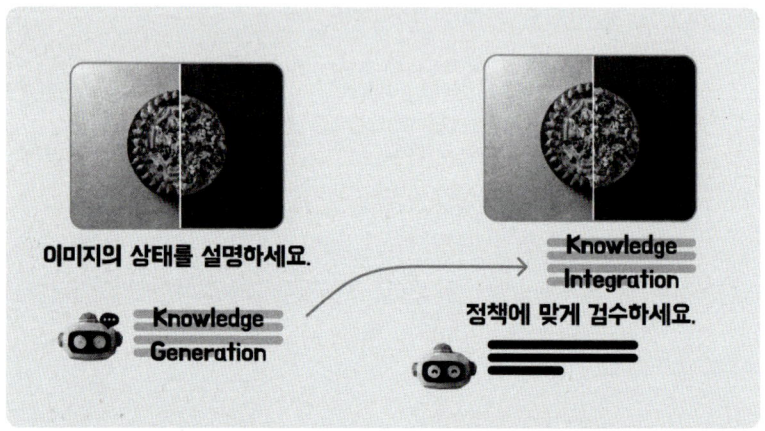

예를 들어 이미지를 입력하면 GPT가 먼저 이미지 내부의 내용을 스스로 설명합니다. 그런 다음 이 설명과 함께 검수 기준을 적용해 최종 응답을 생성하는 것이죠. 이 방식을 사용해 응답의 일관성이 약 40% 향상되는 결과를 얻을 수 있었습니다.

---

* Generated Knowledge Prompting : LLM(대형 언어 모델)이 자체적으로 생성한 지식을 활용하여 특정 질문에 대한 응답을 강화하거나 보완하는 프롬프트 설계 기법. 모델이 학습 데이터 외부의 지식을 포함한 질문에 답변할 때 활용됩니다.

Latency 최적화

응답 지연latency을 최소화하는 것도 중요한 과제였습니다. 사장님들이 검수 결과를 빠르게 받아볼 수 있어야 검수 대기 화면에서 이탈하지 않고, 수정이 필요한 부분을 즉시 개선하여 재등록 요청을 할 수 있기 때문입니다. 이를 위해 input 프롬프트 최적화도 필요했지만, 불필요한 응답을 줄이는 것이 훨씬 중요했습니다. 작성된 프롬프트의 내용을 줄이고, 응답 사유를 한 문장으로만 반환하는 등의 프롬프트 최적화를 적용하여 평균 응답 지연 시간을 60%까지 감축시킬 수 있었습니다.

전략 3 : 프롬프트 구조와 형식 개선

프롬프트의 구조와 형식을 개선하는 것은 GPT의 이해도를 높이고 응답 품질을 향상시키는 데 매우 중요합니다. 이는 사람이 문단 구조를 나누어 글을 작성하는 것과 마찬가지로, 프롬프트 내에서 지침, 정책, 응답 예시 등을 명확하게 구분해 언어 모델이 더 정확하게 내용을 파악할 수 있게 해줍니다.

이미지와 텍스트의 순서 조정

이미지와 텍스트를 함께 사용할 때는 이미지를 텍스트 프롬프트보다 먼저 배치하는 것이 도움이 되었습니다. 같은 프롬프트를 적용하더라도 이미지를 먼저 제공하면 GPT의 응답 정확도가 향상되었습니다. 이는 모델이 시각적 정보를 먼저 처리한 뒤, 이후의 텍스트 입력과 결합해 더 정확한 응답을 생성하기 때문입니다. 이미지 분석이나 설명에 집중해야 할 때 이런 방식이 특히 유용했습니다.

```
"role": "user",
    "content": [
        {"type": "image_url", "image_url": {"url": image_url}},
        {
            "type": "text",
            "text": "{prompt}"
        }
    ]
```

마크다운과 코드 스타일 활용

텍스트 프롬프트를 구조화하기 위해 마크다운 형식을 적극적으로 활용했습니다. 중요한 내용을 강조하기 위해 헤더(#)를 사용해 섹션을 구분하고, 여러 정보나 정책 항목을 나열할 때는 목록 형태로 표시했습니다. 또한 프롬프트의 전체적인 구조를 코드 스타일로 정리했습니다. 마치 파이썬의 딕셔너리나 데이터 구조처럼 프롬프트를 재현했습니다.

```
# instructions = '이미지를 정책(policies)에 따라 분석하고 지정된 JSON 형식으로 결과를 반환하세요.'

# policies = {
    1: '주요한 음식에 초점이 맞지 않습니다.',
    2: '해상도가 낮아서 픽셀단위로 질감이 보입니다.'
    # (생략)
}
```

```
# output_json_format = {
    'judgementNum': '해당하는 정책을 모두 선택하세요. 결과를 int type
    리스트로 반환합니다.',
    'judgementImage': 'judgementNum에서 정책 번호를 선택한 이유에 대해
    한 문장으로 설명합니다. 선택한 정책이 없으면 NULL을 반환합니다.'
}
```

이렇게 구조화된 프롬프트는 GPT가 지침과 정보를 더 명확하게 이해하는 데 도움이 되었습니다. 그 결과, 프롬프트를 보낸 후 첫 응답 시간First Response Time이 감소했고, 응답의 일관성과 정확성도 향상되었습니다. 추가로, 프롬프트가 체계적으로 작성되어 팀원들이나 다른 이해관계자들이 내용을 쉽게 파악하고 수정할 수 있는 장점도 있었습니다.*

GPT 한계 극복 : 하이브리드 접근의 필요성

프롬프트 엔지니어링으로 많은 검수 항목을 자동화할 수 있었지만, 모든 문제를 GPT로 해결하기는 어려웠습니다. 특히 '과도한 확대' 정책과 '저작권/상표권/초상권' 정책에서는 한계가 명확했습니다.

---

* 더 자세한 프롬프트 엔지니어링 과정이 궁금한 분들은 WOOWACON 2024 발표 영상 "Fine-tuning 없이, 프롬프트 엔지니어링으로 메뉴 이미지 검수하기"를 참고해주세요. https://www.youtube.com/watch?v=YjdZL3Sc9hA, https://bit.ly/40Ln2z2

객체 탐지의 한계

'과도한 확대' 정책은 이미지의 특정 영역 안에 주요한 음식이나 음료 객체가 올바르게 포함되어야 하는 기준을 의미합니다. GPT-4V가 처음 등장했을 때, 이미지 속 객체를 분리하고 객체 탐지*를 어느 정도 수행할 수 있다는 연구 결과가 있었습니다. 그러나 실제 테스트 결과, GPT-4V는 내부 정책에서 요구하는 만큼 정확하게 객체를 탐지하고, 좌표를 반환하지 못했습니다.

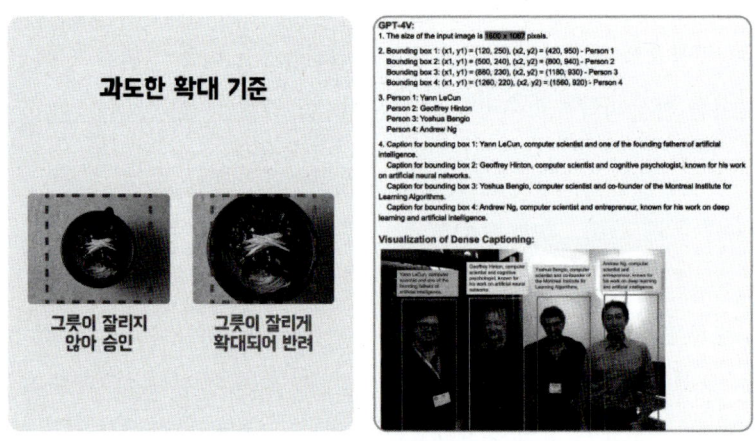

참고 : Z Yang 외, The Dawn of LMMs: Preliminary Explorations with GPT-4V(ision), 2023

이를 해결하기 위해 팀 내 데이터 사이언티스트들과 협업했습니다. 그동안 쌓인 내부 데이터를 기반으로 객체 탐지 모델을 새롭게 파인튜닝해

---

* Object Detection : 이미지나 동영상에서 특정 객체를 식별하고 위치를 지정하는 기술로, 주로 경계 상자와 클래스 레이블을 출력합니다.

적용했습니다. 자체 학습 모델을 사용해 주요한 음식이 올바르게 정사각 영역 내부에 포함되어 있는지 정확하게 검수할 수 있게 되었습니다.

아직 사람의 손길이 필요한 영역

'저작권/상표권/초상권' 정책은 이미지 속에 포함된 캐릭터나 로고에 저작권 문제가 없는지를 검수하는 항목입니다. 그러나 GPT는 특정 시점까지의 데이터만 학습한 모델이기 때문에, 최신 캐릭터에 대한 정보를 알지 못합니다.

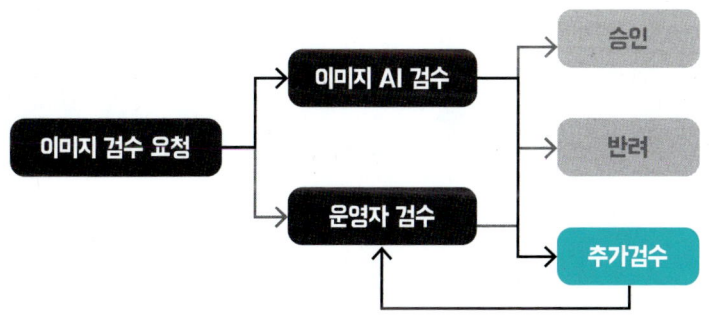

이런 한계를 극복하기 위해, 사람이 한 번 더 확인해야 하는 정책들은 운영자 검수로 전환할 수 있도록 프로세스를 분기했습니다. 자동화된 검수 단계에서 GPT로 처리하기 어려운 항목들을 별도로 분류해 운영자가 직접 검수하도록 함으로써, 전체적인 검수 프로세스의 효율성과 정확성을 높였습니다.

세상에 등장한 'AI 이미지 검수'

여러 프롬프트 엔지니어링 기법과 추가적인 고도화를 활용해서, GPT를 활용한 AI 이미지 검수 기능을 오픈하게 되었는데요, 이를 통해 다음과 같은 효과를 얻을 수 있었습니다.

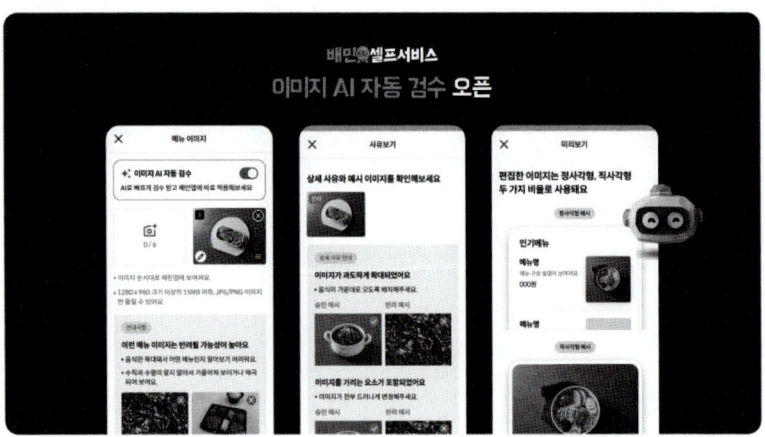

이미지 검수 시간을 기존 대비 99.9% 단축

기존에는 메뉴 이미지 등록과 검수에 오랜 시간이 소요되었지만, AI 이미지 검수를 도입함으로써 사장님들이 빠르게 메뉴 이미지를 등록할 수 있게 되었습니다. 반려되는 이미지들도 즉각적인 피드백을 받다 보니, 사장님들이 이미지를 다시 등록하기도 훨씬 편리해졌습니다.

상세한 반려 사유 제공

이전에는 반려된 사유를 검수자가 작성한 간단한 텍스트로만 제공했지만, 이제는 반려 예시와 함께 더 구체적인 사유를 제공할 수 있게 되었습니다. 사장님들은 어떤 부분을 수정해야 하는지 명확하게 알 수 있어 이미지 품질 개선에 큰 도움이 되었습니다.

배포 그 후, 기대보다 높은 사용률

기능 오픈 당시 약 38%의 사용률을 기대했으나, 실제로는 이를 약 2.3배 뛰어넘는 90%의 높은 사용률을 보이고 있습니다. 빠르게 피드백을 받을 수 있다는 장점 때문에 사장님들이 적극적으로 기능을 활용하는 것으로 보입니다.

이 과정에서 얻은 교훈은 단순합니다. GPT는 강력한 범용성을 지닌 모델이지만, 업무 상황별로 요구하는 조건은 제각각입니다. 단순 PoC를 넘어 실서비스 영역에서 GPT 성능을 극대화하려면 기존 ML 모델, 데이터 사이언스 전문성, 운영자 검수 등이 결합된 하이브리드 접근이 필요하다는 점을 재차 확인했습니다.

앞으로도 배달의민족은 사장님들이 더 손쉽게 품질 높은 이미지를 등록할 수 있도록 다양한 시도를 이어갈 예정입니다. 생성형 AI를 활용해 선보일 더 나은 고객 경험과 서비스 혁신을 기대해주세요!

뒷이야기, 우아한형제들에서 AI와 일하는 방법

앞서 소개드린 메뉴뚝딱AI와 메뉴 이미지 검수는 모두 GPT 모델의 발전과 함께 프로덕트 또한 발전해나갔던 사례입니다. 메뉴뚝딱AI의 서비스가 오픈하던 때는 GPT-4를 이제 막 API로 사용할 수 있던 때였는데요, 그렇다보니 가장 최신의 GPT 모델은 비용도 비싸고 너무 느렸으며, 그보다 하위 버전인 GPT-3.5 Turbo를 리뷰 분석에 사용하기에는 성능이 많이 부족했습니다. 이런 한계점들 때문에 리뷰 분석에 GPT를 활용하는 것은 아주 소극적일 수밖에 없었죠. 그래서 서비스 오픈 당시에는 리뷰 분석에 GPT를 아주 제한적으로만 활용하고 ❶ 텍스트를 임베딩해서 추천의 소스로 사용하고, ❷ UX 라이터와 브랜딩 마케터의 문체를 퓨샷*으로 학습해 유머러스하고 친근한 문체를 만들어내는 데 집중했습니다.

그와중에 2024년 5월, GPT-4o와 mini 모델이 등장하면서 많은 것이 달

---

* few-shot : 인공지능 모델에서 학습 데이터의 양이 아주 적은 상황에서도 모델이 특정 작업을 수행하도록 훈련하거나 적응시키는 방법

라졌습니다. GPT-4o는 이전 모델보다 훨씬 빠르고 저렴하면서도 성능도 월등히 좋은 플래그십 모델이었고, 무엇보다 GPT-4o mini 모델은 기존에 가장 접근성이 좋았던 모델인 GPT-3.5 Turbo 모델 대비 한국어에 대한 이해도가 매우 높았으며, 빠르고 저렴했습니다. 이 모델들을 적절한 단계로 섞어서 지금은 매우 높은 정확도로 분석을 하고 있어요. 음식을 주문한 시간대, 사용자가 처한 상황(피크닉, 스트레스, 파티 등), 맛, 식감, 양, 포장상태, 온도 등 11개 카테고리에 대해 총 130가지 이상의 값을 추출해낼 수 있게 되었습니다.

메뉴 이미지 검수도 마찬가지입니다. GPT-4 Turbo로 과제를 검토하던 과제 초기만 하더라도 서비스 부서에서 생각하는 기준으로는 타임아웃이 너무 빈번하게 발생했고, 텍스트로 정책을 넣어 이미지를 판단하게 하는 데 있어 몇 가지 정책은 계속 애를 먹였어요. 하지만 GPT-4o 모델을 적용하며 속도가 매우 빨라지면서 서비스 정책상 타임아웃의 빈도는 확연히 줄어들었고, 더 다양한 정책에서 좋은 결과를 볼 수 있었습니다. 초기 과제를 검토하던 당시보다 더 많은 사장님이 AI 검수를 활용하셨지만 모델 자체의 비용이 저렴해지면서 오히려 과제 시작 시점 대비 저렴한 비용으로 과제를 운영하고 있습니다.

GPT를 필두로 클로드Claude, 제미나이Gemini 등 외부 유료 API는 물론이고, 라마Llama, 젬마*, 믹스트럴** 등 다양한 오픈소스 모델까지 LLM/LMM 모

---

*   Gemma : 구글 딥마인드에서 개발한 제미나이 모델의 연구와 기술을 기반으로 구축된 경량의 최첨단 오픈 모델

**   Mixtral : Mistral AI에서 개발한 희소 전문가 혼합(Sparse Mixture of Experts, SMoE) 구조의 대형 언어 모델입니다.

델들의 발전은 매우 빠르고 눈부시게 이루어지고 있습니다. 이번 달 GPT가 모델의 개선을 이루어냈다면, 다음 달에는 클로드나 제미나이의 개선을 기대하는 것이 당연해질 정도로요. 예전에는 성능 측면에서 당연히 GPT 외에는 선택지가 없다고 생각했던 많은 과제에 대해 속도나 비용 등에 우위를 보이는 다른 모델들을 검토하는 것이 가능해졌습니다. 여전히 텍스트나 이미지와 같은 비정형 데이터를 다루는 일은 다소 복잡하지만, 생성형 AI 모델들의 도움으로 과거 대비 조금 더 쉽고 빠르게 문제를 해결해나갈 수 있는 실마리가 보이는 중입니다. 2025년 초 이 시점, 텍스트나 이미지 데이터에 대한 이해를 바탕으로 새로운 것을 만들어나가며 서비스에 필요한 실용적인 방식으로 비정형 데이터를 다루는 방법을 열심히 연구하는 중입니다.

2024년은 우아한형제들이 AI 기술을 활용하는 방법을 전환한 해입니다. GPT가 처음 등장하고, 이를 기반으로 첫 프로젝트를 하던 때만 하더라도 생성형 AI 모델을 기반으로 한 프로덕트와 개별 과제에 특화된 머신러닝 모델은 각자 만들어지고 있었는데요, 이제는 서비스를 위해 풀고 싶은 문제가 있고, 이 문제를 푸는 풀이 방식의 일환으로 AI를 고려하는 경우 생성형 AI 모델의 활용과 과제에 특화된 머신러닝 모델 개발을 함께 검토하고 있습니다. 가장 먼저 과제가 혹시 GPT나 클로드와 같은 LLM 혹은 LMM 모델로 접근할 수 있는 문제인지를 살펴봅니다. 방대한 양의 데이터셋과 정책을 기반으로 만들어지는 비정형 데이터 기반의 과제들이니만큼, 혹시 프롬프트 엔지니어링으로만 과제를 푸는 방식이 가능할지도 살펴보는 편입니다. 또 만약 과제가 정확한 정보를 바탕으로 콘텐츠를 생성해야 하는 경우이고, 프롬프트 엔지니어링만으로는 과제 수행이 어렵다고 판단한 이유가 할루시네이션에 대한 우려 때문이라면 RAG와 같은 방법론도 함께 고려하기도 합니다.

하지만 그 이유가 생성형 AI 모델이 가지는 근원적인 문제에서 온 것으로 보이거나, 아직은 이 부분의 개선을 기대하기 어렵다는 생각이 든다면 머신러닝 모델과의 하이브리드 접근을 시도합니다. 즉, 생성형 AI의 현 시점 한계점을 인식하고, 이 부분을 보완하는 자체 프로덕트를 만드는 고민을 하고 있는 것이죠. 또 파인튜닝을 시도하기도 합니다. 최근에는 GPT 또한 시각 데이터에 대한 파인튜닝이 가능해졌는데요, 내부 실험 사례를 통해 소량의 정제된 데이터만으로도 특정 과제에 대해서는 정확도 높은 결과를 얻을 수 있음을 알게 되었습니다. 아마 2025년에는 오픈소스 모델을 비롯한 다양한 파운데이션 모델들에 대한 파인튜닝 시도의 결과들을 더 많이 공유드릴 수 있을 것으로 기대하고 있습니다.

이와 완전 별개로, 처음부터 자체 모델에 대한 검토를 하고 있는 과제도 많습니다. 도메인 관점에서의 지식이 매우 중요하고, 정확도가 특히 중요한 과제들이면서 내부에서 데이터셋을 수급하기가 상대적으로 용이한 과제들이 그러한데요, 이런 과제들의 경우 내부 기술로 확보하고 지속적으로 활용 가능한 케이스인지를 검토한 후, 데이터사이언티스트들의 모델링을 통해 과제 특화된 모델들을 만들며 자체 기술을 구축해나가고 있습니다.

생성형 AI는 우리에게 마법같이 다가왔고, 지속적으로 그리고 빠른 속도로 발전해나가고 있습니다. 많은 영역에 이 기술을 활용하는 것은 지금도 하고 있는 일이고 매우 중요한 일이긴 하나, 여러 리스크가 있는 것이 사실입니다. 고객들의 정보를 소중히 하는 우아한형제들에서는 개인정보를 포함할 수 있는 과제의 경우 온프레미스 상에서 운용되는 모델을 통하여 개인정보 여부를 필터링하는 것을 원칙으로 하고 있습니다. 이외에도 사용자 그리고 사장님들에게 저작권이 있는 데이터는 원천적으로 사용을 금하거나, 저작권을 해치지 않는 선의 최소한의 범위에서 사용하여, 이용약관 등을 위배하지 않습니다.

생성형 AI 기술의 인풋과 아웃풋이 되는 데이터가 사용자분들의 탐색 및 주문 경험과 사장님들의 가게 운영에 도움이 되기를 바랍니다. 메뉴뚝딱AI를 통해 주변 사용자들의 리뷰를 통한 '추천'을 제공하여 주문을 돕고, 메뉴 이미지 검수를 통해 사장님들이 좀 더 빠르고 간편하게 메뉴 이미지를 등록하실 수 있도록 도움을 드리고자 노력하는 것처럼요.

2025년 우아한형제들은, 생성형 AI와 전통적인 머신러닝 모델을 잘 융합하여 더 풍부하고 정확한 데이터를 만들어갈 계획입니다. 그리고 이 과정에서 얻은 모델들에 대한 인사이트를 기반으로 사장님, 사내 구성원분들이 귀찮게 느끼시는 여러 작업을 자동화하는 것에도 AI 기술을 활용하고 있습니다. 이 과정에서의 레스런*들을 통해 우아한형제들에서 다양하고 재밌는, 그리고 실용적인 AI 기반 프로덕트를 만드는 모습을 지켜봐주셨으면 좋겠습니다.

---

* lesson learned : 프로젝트나 업무를 진행하면서 얻은 교훈이나 배운 점

05
배민선물하기 AI 메시지 제작기

#AI #PM #생성형AI

김희선
2024. 05. 02

　배민선물하기팀에서는 2024년 만우절을 맞이해 배민선물하기 서비스 내 생성형 AI를 활용한 'AI 메시지' 기능을 오픈했습니다. AI 메시지는 배달의민족 앱 내 선물하기 서비스에서 선물할 때, 선택한 카드에 어울리는 메시지를 AI가 대신 작성하는 기능입니다. AI 메시지는 만우절을 맞이해 유머러스한 메시지를 추천해주었으며, 3월 28일부터 4월 1일까지 서비스되었습니다.

배민선물하기에서 AI 메시지를 만들게 된 이유

　배민선물하기는 배달의민족 앱에서 "밥은 먹었니?"와 같이 안부를 전하며 마음을 담은 선물을 할 수 있는 서비스입니다. 다른 선물하기 서비스와는 다르게 선물 의도에 맞게 특별한 카드를 고르고 직접 메시지를 작성해서 더 마음이 담긴 선물을 할 수 있는 특징이 있습니다. 특히 '배민선물하기'는 선물한 사람의 따뜻한 마음이 받는 사람에게 전달되는 선물 경험을 만들기 위해 노력하고 있는데, 그중 메시지 작성 행위는 마음을 전달하는 중요한 수단으로 여기고 있습니다. 그래서 생성형 AI를 배민선물하기에 접목하는 서비스 아이디어를 고려할 때 우리는 메시지 작성에 어려움을 겪는 고객을 돕는 것에 가치를 두고 문제를 해결하고자 했습니다.

문제

초창기 배민선물하기 서비스에서는 고객이 선물을 선택하면 기본적으로 제공하던 메시지가 있었는데, 서비스를 업데이트하면서 기본 메시지를 더 이상 제공하지 않아 아쉽다는 고객의 의견이 종종 있었습니다. 선물과 카드를 고르고 나서 메시지를 작성할 때 어떤 메시지를 보낼지 고민된다는 고객 의견도 있었습니다.

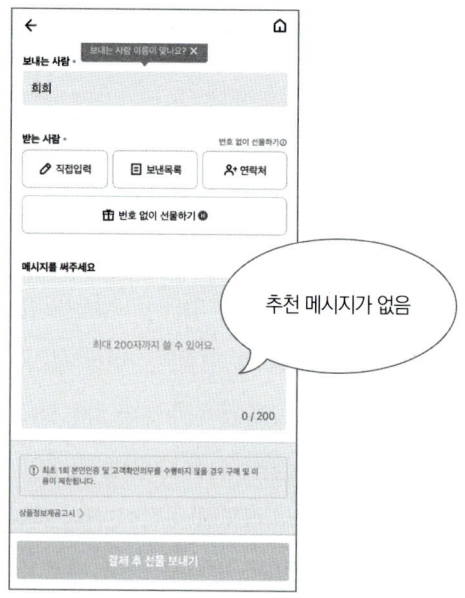

가설

선물 메시지 작성에 어려움을 겪는 고객을 위해 AI가 대신 메시지를 써준다면 어떨까요? 메시지 작성을 고민하는 시간이 줄어들면 더 편리한 선물 경험이 되지 않을까요? 이 질문과 기대로 AI 메시지 프로젝트가 시작되었습니다.

배민선물하기에는 다양한 카드가 있다는 점이 강점이지만 현실적으로 카드에 어울리는 메시지를 사람이 모두 작성하고 입력하기는 어렵습니다. 그래서 각 카드에 어울리는 다양한 메시지를 사람 대신 생성형 AI로 생성하고, 고객은 카드를 고른 후 [AI 메시지로 대신 써주세요] 버튼을 눌러 AI가 추천하는 여러 메시지 중에 마음에 드는 메시지를 선택하도록 했습니다.

금쪽이 GPT를 훈련시키는 솔루션 3단계

1단계 우리 (에이)아이의 성격 정의하기

챗GPT를 이용해 선물 메시지를 생성하기로 결정한 다음에 AI의 성격(아이덴티티)을 정의하는 일을 가장 먼저 진행했습니다. 대화형 AI에게서 원하는 답을 얻으려면 '역할 부여'가 필수이기 때문입니다. 만우절을 맞이해 AI가 장난스러운 농담 메시지를 대신 생성해야 하므로, '재기 발랄한 농담으로 사람들을 웃기는 코미디언'이란 직업뿐만 아니라, 기본적인 말투를 구체적으로 성격을 규정했죠.

> **기본 성격인 Chat GPT**
>
> 안녕하세요! 저는 OpenAI가 개발한 인공지능 어시스턴트입니다. 사람들에게 정보를 찾거나, 질문에 답하고, 다양한 주제에 대해 대화를 나누는 것을 돕기 위해 만들어졌어요. 데이터와 지식을 기반으로, 여러분이 필요로 하는 정보를 제공하거나 궁금증을 해결하는 데 도움을 드릴 수 있습니다. 어떤 질문이든 주저하지 말고 물어보세요!
>
> ▼
>
> **'N행시의 장인'으로 성격 정의한 후**
>
> 안녕! 나는 재기발랄한 농담으로 사람들을 웃기는 코미디언이야. 삼행시, 사행시, N행시 중독자이기도 하지. 메시지를 통해 친구들에게 웃음을 전하는 것을 좋아해. 오늘은 너에게 유쾌한 놀라움을 선물하기 위해 여기 있어!

2단계 알맞은 학습 교재 제공하기

성격을 정의하고 나면 AI가 한 번에 원하는 수준의 농담 메시지를 생성해주면 참 좋을 텐데, 아쉽게도 챗GPT는 유머가 부족한데다가 한국어가 모국어가 아닌 아이였습니다. 이런 아이에게는 추가 학습이 필요하기 마련입니다. AI에 짧은 예시 문장들을 제공해 새로운 메시지를 만들 수 있도록 하는 퓨샷 러닝을 수행했습니다.

또한 학습에서 중요한 것은 바로 수준에 맞는 학습 교재를 선정하는 일입니다. 배달의민족에서 선물 메시지를 대신 써주는 AI라면 아무래도 음

---

* Few-shot Learning : 적은 수의 학습 샘플로 새로운 작업을 일반화할 수 있는 AI 모델의 학습 방법

식을 기반으로 풍부한 표현과 말장난을 할 수 있어야 한다고 생각했습니다. 그래서 퓨샷 러닝에 역대 '배민신춘문예' 수상작* 문장을 사용했죠. 그 결과! 만우절 AI가 음식 이름을 기반으로 삼행시를 짓거나 유사한 농담을 하게 되었습니다.

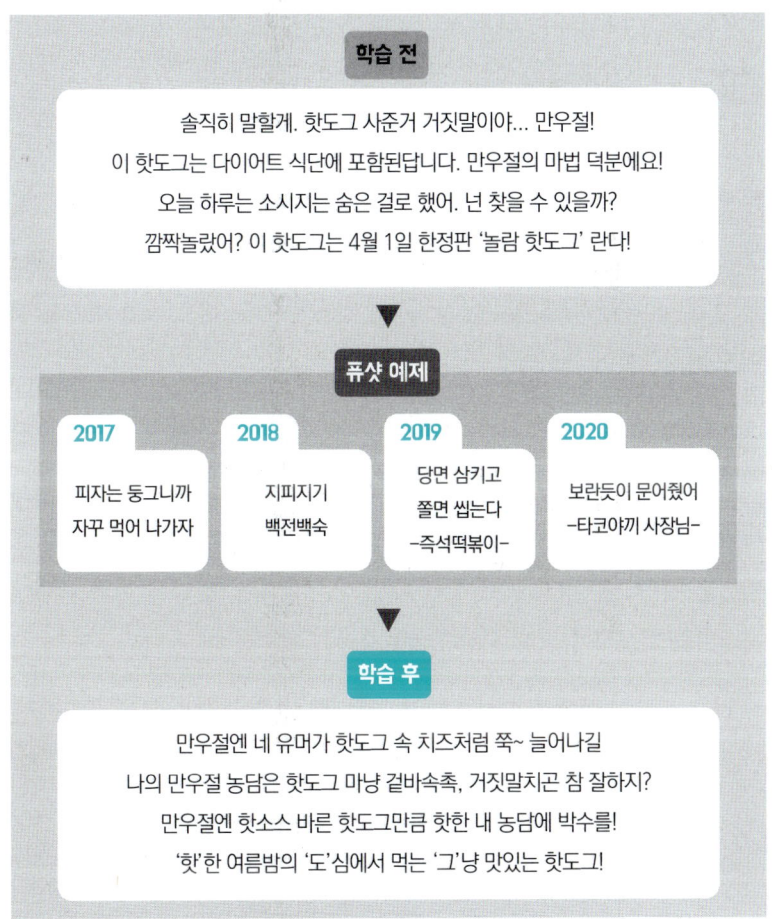

* https://bit.ly/3B1rosQ

'만우절 핫도그' 카드에 어울리는 메시지를 추천해달라고 할 때 퓨샷 러닝 전에는 '만우절', '핫도그' 단어를 활용한 문장을 만들어주는 반면, 퓨샷 러닝 후에는 AI가 음식 이름을 활용해 '치즈처럼 쭉~ 늘어나길', '겉바속촉' 등과 같은 다양한 표현과 음식 이름으로 삼행시 문장을 생성하게 되었습니다.

3단계 올바르게 훈육하기

그럼에도 불구하고 생성형 AI는 종종 자가 학습 특성으로 인해 알 수 없는 말을 하거나 선을 넘는 농담을 하는 등의 고유한 위험이 존재하며, 잘못된 메시지가 그대로 고객에게 노출된다면 문제가 심각해질 수 있습니다. 이런 문제를 해결하려면 가드레일(안전난간)과 같은 특정 지침을 AI에게 알려주어야 합니다.

먼저, AI 메시지를 생성하는 사람이나 AI 메시지를 선물받는 사람이 불쾌하지 않도록 인신공격형 표현을 하지 않도록 제어했습니다. 또한 배달의민족 앱에 적용하는 사용불가한 콘텐츠 표현을 제외할 수 있도록 가드레일을 마련했습니다. 처음에는 '배달의민족' 대신 경쟁사 이름을 넣어 메시지를 작성하기도 했던 AI가 가드레일을 적용한 후 '배달의민족' 이름을 활용한 센스 있는 삼행시도 작성하게 되었어요.

> 떡: 떡볶이 먹고 싶은데
> 볶: 볶아 줄 사람이 없네.
> 이: 이럴 땐 배달의민족!

그리고 추가로 더 장난스러움이 느껴지도록 메시지 내용에 맞게 이모티콘도 적절하게 활용하도록 해 만우절 AI가 허용된 표현 안에서 만우절 장난 메시지를 생성할 수 있도록 했습니다.

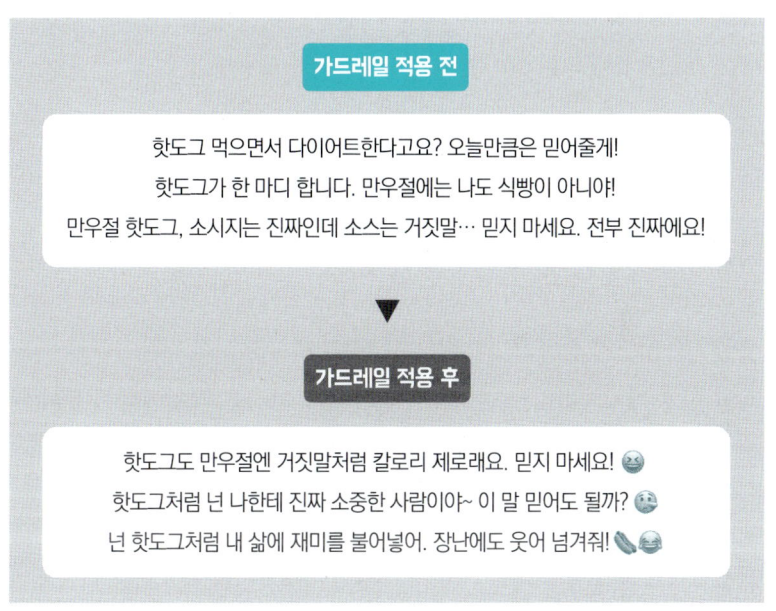

가드레일을 적용하기 전에는 '나도 식빵이 아니야!'와 같이 알아듣지 못할 말을 하거나, '다이어트'에 관한 민감한 이야기를 하며, 믿지 말라고 하고 다시 '진짜에요'라는 사실을 강조하는 표현을 사용하는데, 가드레일 적용 후에는 '칼로리 제로'로 순화된 표현이나 '믿지 마세요' 또는 '믿어도 될까요?'라고 장난임을 알 수 있도록 가드레일 안에서 문장을 생성하게 되었어요.

마치며

배민선물하기에서는 2024년 3월 28일에서 4월 1일간 만우절 카드를 선택해 선물을 하는 고객에게 AI 메시지 버튼을 노출했고, 버튼을 클릭할 때마다 카드에 어울리는 재미있는 메시지를 추천했습니다.

그 결과, 5일간 평균적으로 AI 메시지 버튼을 본 전체 고객의 13%가 AI 메시지 버튼을 눌러 추천메시지 기능을 이용했습니다. 만우절 당일에는 더 많은 고객 AI 메시지 기능을 활용하는 것을 확인할 수 있었습니다. 또한 기존에 메시지를 쓰지 않던 고객이 AI 추천메시지 기능으로 메시지를 작성하는 시도가 증가했습니다. 기간 내 AI 메시지 생성 버튼이 노출된 고객의 경우 메시지를 작성하거나 추천메시지 기능을 활용하는 비율이 기존 대비 2배 가까이 증가했습니다.

재미있는 점은 AI 메시지를 사용한 선물 구매 건 중 대부분(80%)이 추천메시지를 수정하지 않고 그대로 선물한 것으로 보아 생성형 AI가 대신 써준 메시지 내용에 대체적으로 만족한 것으로 생각했습니다. 오랜 시간 동안 금쪽이 GPT를 가르치는 3단계 솔루션이 효과가 있었던 것이 아닌가 내심 기뻤습니다.

배민선물하기는 만우절 AI 메시지를 시작으로 앞으로 더 많은 카드로 선물할 때 카드에 어울리는 메시지를 AI가 대신 써줄 수 있도록 확장할 계획입니다. 2024년 12월에는 만우절 카드뿐만 아니라 '생일', '생신', '새해' 카드로 선물할 때에도 AI가 생일 축하 메시지와 새해 인사 메시지를 추천하도록 추가하였습니다. 유쾌한 농담만을 추천해주던 만우절 AI메시지와는 달리, 때로는 쾌활한 친구처럼 때로는 공손한 직장 동료처럼 반말과 존댓말을 포함한 다양한 내용의 메시지를 생성하여 추천해줍니다.

생성형 AI가 센스 있는 선물 메시지를 대신 작성해주어 편리한 선물 경험을 제공할 뿐만 아니라 정성스러운 메시지에 마음을 담아 선물을 주고받으며 즐거운 선물 경험을 만들고 고객간 관계를 강화하는 데 도움이 될 것으로 기대합니다.

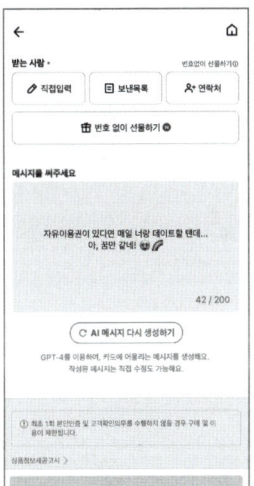

06
실시간 반응형 추천 개발 일지 1부
프로젝트 소개

#AI   #Data   #ML

김정헌
2024. 06. 27

배민 앱에서 "OOO 님을 위한 맞춤 맛집", "OOO 님에게 추천하는 상품"과 같은 추천 영역을 마주친 적 있나요? 추천프로덕트팀은 배민, B마트, 배민스토어 등 우아한형제들의 다양한 서비스에 추천 서비스를 제공하는 팀으로, 사용자들이 원하는 가게, 메뉴, 상품, 셀러 등을 쉽고 빠르게 찾을 수 있도록 돕고 있습니다.

2023년 12월, 추천프로덕트팀은 사용자의 실시간 행동 이력을 활용해 가게를 추천하는 실시간 반응형 추천 시스템을 도입했습니다. 그리고 A/B 테스트 결과, 노출 대비 주문 전환율이 기존 추천 방식 대비 약 40% 상승했습니다.

이번 글에서는 실시간 반응형 추천 시스템의 개발 배경 및 설계, 시스템 구성 등을 개괄적으로 소개하겠습니다. 이 시스템을 위해 새롭게 도입한 실시간 데이터 스트리밍 파이프라인, 벡터 유사도 검색, 콘텐츠 기반 인코더 모델과 같은 개별 컴포넌트에 대한 내용은 7장에서 더 자세하게 다룹니다.

기존 추천 방식 소개

실시간 반응형 추천 시스템을 소개하기에 앞서 기존 추천 방식을 먼저 알아보겠습니다. 배민 앱에서 검색 버튼을 누르면 검색 홈 화면으로 이동하는데요, 이곳에 '검색 홈 큐레이션' 영역이 있습니다. 'OOO님 이번엔 여기 어때요?'라는 제목을 가진 이 영역은 사용자가 좋아할 만한 가게를 추천해줍니다.

• 검색 홈 화면에 위치한 검색 홈 큐레이션 영역 •

기존 '검색 홈 큐레이션' 영역은 두 개의 탑 Two Tower 모델을 기반으로 개인화 추천을 제공했습니다. 이 모델은 사용자의 주문 이력을 학습 데이터로 사용해 사용자와 가게 간의 유사도를 파악합니다.

• 두 개의 탑 모델 구조 •

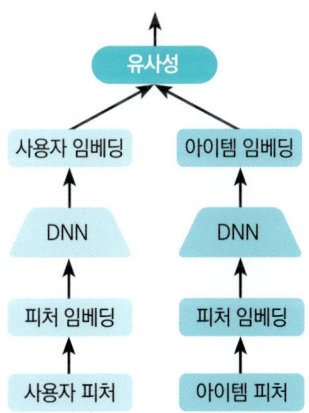

전체적인 파이프라인은 다음과 같은 순서로 동작합니다.

1 사용자의 주문 이력을 학습 데이터로 사용해 두 개의 탑 모델을 학습시킵니다.
2 사용자 정보와 추천 후보 가게 목록을 모델에 입력하면 모델은 사용자와 각 가게 간의 유사도 스코어를 응답합니다. 이 스코어를 활용해 추천 후보 가게 목록을 정렬합니다.
3 하루에 한 번 오프라인 배치 방식으로 사용자별 추천 가게 목록을 추출해 몽고디비에 저장합니다.
4 추천 API 서버가 몽고디비를 조회해 추천 가게 목록을 응답합니다.

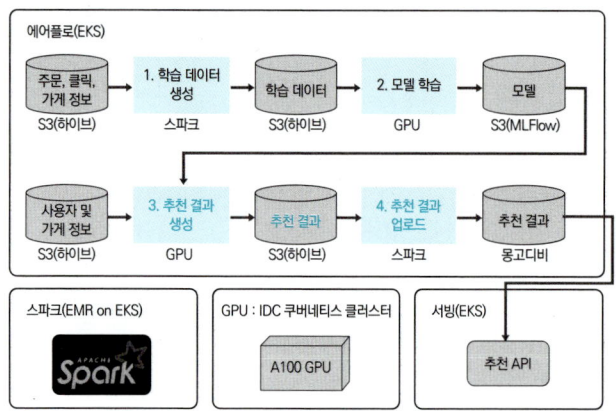

• 배민 배달홈 개인화 추천 시스템(학습 + 오프라인 예측) 파이프라인 구성* •

---

* [우아콘 2023] 추천 시스템 성장 일지 : 데이터 엔지니어 편(https://bit.ly/3zgf0EM)

기존 방식의 한계

기존의 오프라인 배치 방식 추천 시스템은 사용자의 전반적인 음식 취향을 잘 파악해 추천을 제공했습니다. 실제로 이 방식은 추천 도입 이전과 비교했을 때 60% 이상 높은 노출 대비 주문전환율을 보여줬습니다(예를 들어 사용자 100명에게 추천을 제공했는데 그중 10명이 추천 가게를 클릭한 후 음식을 주문했다면 노출 대비 주문전환율은 10%).

하지만 사람의 마음은 하루에도 몇 번씩 바뀝니다. 평소 햄버거를 즐겨 먹는 사람도 가끔 샐러드를 먹고 싶을 때가 있고, 다이어트를 하는 사람도 가끔 피자를 시켜 먹습니다. 오프라인 배치 형태로 미리 추천 가게를 추출하는 기존 방식은 이런 마음의 변화를 즉각적으로 추천에 반영하는 것이 불가능했습니다. 예를 들어 다음과 같은 경우가 그렇습니다.

- 비 오는 날에 갑자기 파전을 먹고 싶어진 사용자
- 식사 주문 후 디저트를 추가로 주문하고 싶은 사용자
- 패스트푸드만 먹다가 갑자기 다이어트를 시작한 사용자

실시간 반응형 추천 시스템

어떻게 하면 짜장면을 먹고 싶은 사용자에게 중식 가게를, 아이스 아메리카노가 갑자기 당기는 사용자에게 카페를 추천할 수 있을까?

이런 질문에서 시작해 사용자의 관심사를 실시간으로 파악하고, 이 관

심사에 맞춰 추천을 제공하는 시스템을 만들어보기로 했습니다. 그리고 이를 위해 '실시간 행동 이력 스트리밍', '인코더 모델 학습 및 임베딩 추출', '벡터 유사도 검색'이라는 세 가지 새로운 컴포넌트를 개발했습니다.

컴포넌트 1 : 실시간 행동 이력 스트리밍

- 사용자의 관심사, 의도를 파악하기 위해 행동 이력을 실시간으로 스트리밍하는 파이프라인을 구축했습니다.
- 사용자가 클릭한 가게나 검색한 검색어 등의 행동 이력을 실시간으로 스트리밍해 몽고디비에 적재합니다.
- 실시간 행동 이력 조회 API를 통해 몽고디비에 적재된 사용자의 행동 이력을 조회합니다.

컴포넌트 2 : 인코더 모델 학습 및 임베딩 추출

- 가게와 검색어를 같은 벡터 공간에 임베딩 형태로 표현하는 인코더 모델을 개발했습니다.
- 가게의 메타 정보와 검색 로그 등을 활용해 가게와 검색어가 유사할수록 더 가까운 벡터 공간에 위치시키는 인코더 모델을 학습시켰습니다.
- 학습된 인코더 모델로 가게 및 검색어의 임베딩을 추출하고, 이를 '벡터 유사도 검색 컴포넌트'가 사용하는 벡터디비(VectorDB)에 업로드했습니다.

컴포넌트 3 : 벡터 유사도 검색(Vector Similarity Search - VSS)

- 사용자의 행동 이력과 추천 후보 가게 간의 유사도를 계산합니다.
- 사용자의 행동 이력과 추천 후보 가게 목록이 주어졌을 때 벡터디비에서 각 임베딩 값을 조회한 후, 이들 사이의 코사인 유사도를 계산해 응답하는 컴포넌트를 개발했습니다.

참고로 벡터 유사도 검색은 최근 LLM과 함께 많은 관심을 받는 기술입니다. 이렇게 벡터를 저장하고 검색, 관리할 수 있는 데이터베이스를 특별히 벡터디비VectorDB라고 부릅니다. 여기서는 AWS RDS PostgreSQL 데이터베이스를 벡터디비로 사용했습니다.

이 시스템은 사용자의 현재 관심사와 의도에 실시간으로 반응해 추천을 제공하기 때문에 이를 '실시간 반응형 추천 시스템'이라고 이름 붙였습니다. 실시간 반응형 추천 시스템의 구조는 다음과 같습니다. 각 컴포넌트는 서로 다른 기술 스택과 인프라 위에 구성되어 있습니다.

• 실시간 반응형 추천 시스템 구조 •

```
컴포넌트 1. 실시간 행동 이력 스트리밍(카프카, 카프카 커넥트, 아파치 플링크)
  행동 이력 스트리밍          →    행동 이력 업로드         →   몽고디비
  (전사 카프카 to 추천팀 카프카)     (추천팀 카프카 to 몽고디비)      실시간 행동 이력 저장소

컴포넌트 2. 인코더 모델 학습 및 임베딩 추출(에어플로, 파이토치)
  인코더 모델 학습   →  가게, 검색어 임베딩 추출 & 하이브 저장  →  임베딩 업로드 (하이브 to 벡터디비)  →  AWS RDS PostgreSQL 벡터디비

컴포넌트 3. 벡터 유사도 검색 (FastAPI)
  사용자 행동 이력 조회  →  벡터 유사도 검색  →  유사도 스코어 응답
```

서비스 관점에서는 전체 시스템을 두 단계로 구분할 수 있습니다.

1단계 실시간 데이터 파이프라인

1 사용자가 배민 앱에서 검색어를 입력하거나 가게를 클릭하면 로그가 생성되고, 이 로그를 실시간으로 스트리밍해 몽고디비까지 전달합니다.

2단계 추천 서빙

1 사용자가 배민 앱에서 '검색 홈 화면'에 진입했을 때 '검색 홈 추천 API'로의 요청이 발생합니다.

2 '검색 홈 추천 API'는 '행동 이력 조회 API'로부터 사용자의 실시간 행동 이력을 조회합니다.

3 이후, 오프라인 배치 방식으로 미리 만들어둔 두 개의 탑 모델 추천 가게 목록을 조회합니다.

4 마지막으로 '벡터 유사도 검색 API'에 유사도 스코어 계산을 요청합니다.

5 추천 가게 목록을 유사도 스코어 순서로 정렬해 응답합니다.

• 실시간 데이터 파이프라인 : 행동 이력 적재 •

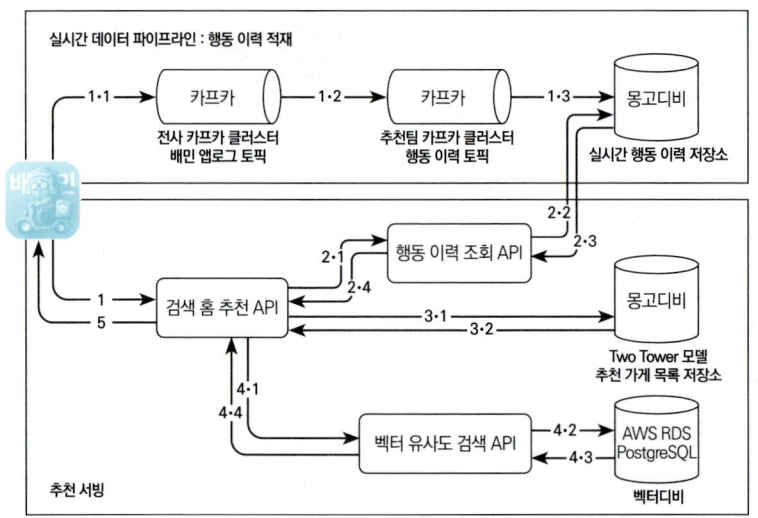

개별 컴포넌트 소개

이제 실시간 반응형 추천 시스템을 구성하는 개별 컴포넌트들이 어떤 기능을 제공하는지, 어떤 방식으로 동작하는지를 살펴보겠습니다.

컴포넌트 1 : 실시간 행동 이력 스트리밍

실시간 행동 이력 스트리밍 컴포넌트는 사용자의 행동 이력을 실시간으로 적재 및 조회합니다. 실시간 데이터 스트리밍 파이프라인과 API 서버로 구성되어 있습니다. 이 컴포넌트는 다음과 같은 기능을 제공합니다.

- 특정 사용자가 최근 1시간 이내에 검색한 검색어 조회
- 특정 사용자가 최근 1시간 이내에 클릭한 가게 목록 조회
- 특정 세션이 최근 1시간 이내에 검색한 검색어와 클릭한 가게 목록 조회

실시간 행동 이력 스트리밍은 다음과 같은 방식으로 동작합니다.

1단계 실시간 행동 이력 수집 및 적재

- 플링크(Flink) 애플리케이션으로 전사 카프카 클러스터 내 로그 토픽을 실시간으로 컨슈밍해 추천프로덕트팀 카프카 클러스터 내 사용자 행동 이력 토픽으로 가져옵니다. 가져오는 과정에서 필요 없는 메시지를 제거하고(필터링) 내용을 우리에게 필요한 포맷으로 변경합니다(트랜스포밍).
- 카프카 커넥트(Kafka Connect)로 추천프로덕트팀 카프카 클러스터 내 사용자 행동

이력 토픽을 실시간으로 컨슈밍해 사용자 행동 이력 데이터를 몽고디비에 업로드합니다.

- 몽고디비에 timestamp 필드를 기준으로 TTL(time to live)을 적용해 일정 시간이 지난 행동 이력은 자동으로 삭제합니다.

2단계 **실시간 행동 이력 조회**

- 회원번호 또는 세션 아이디를 입력받아 몽고디비에 저장된 행동 이력을 조회해 응답합니다.

• 실시간 행동 이력 수집 및 적재 파이프라인 구조 •

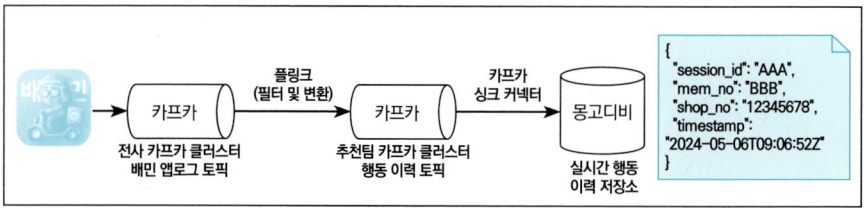

컴포넌트 2 : 인코더 모델 학습 및 임베딩 추출

이 컴포넌트는 유사한 가게와 검색어가 근처 벡터 공간에 위치하도록 검색 로그와 가게 메타 데이터 등을 사용해 인코더 모델을 학습시킵니다. 학습된 모델로부터 가게와 검색어에 대한 임베딩을 추출해 벡터디비에 업로드합니다.

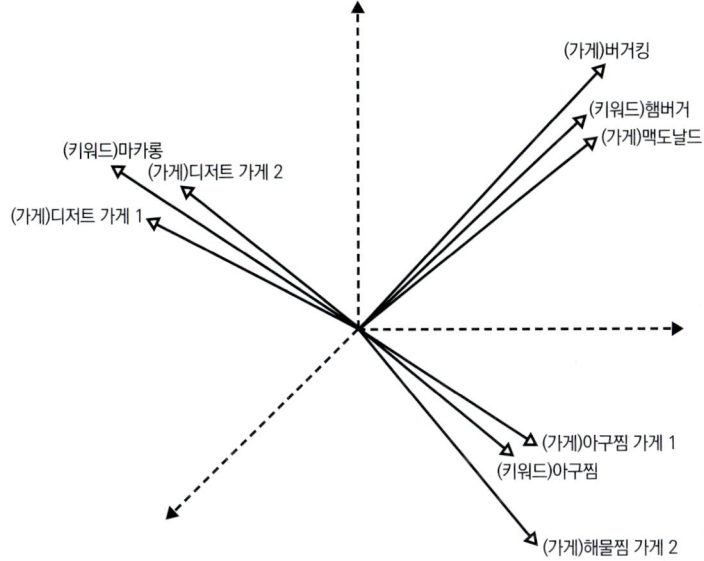

• 벡터 공간에 표현된 가게 및 키워드 임베딩 •

전체적인 과정은 다음과 같은 순서로 동작합니다. 모든 과정은 에어플로Airflow DAG 형태로 구성되어 있으며 하루에 한 번 실행됩니다.

1 **모델 학습** : 검색 로그, 가게 메타 데이터 등을 사용해 인코더 모델을 학습시킵니다. 학습 과정이 사내 온프레미스 GPU 서버에서 수행됩니다.

2 **모델 추론** : 임베딩 값을 생성할 검색어와 가게 목록을 인코더 모델에 입력해 임베딩을 추출합니다. 사내 추출 과정 역시 온프레미스 GPU 서버에서 수행됩니다.

3 **임베딩 업로드** : 추출한 임베딩 값을 벡터 유사도 검색 컴포넌트가 사용하는 벡터디비(RDS - PostgreSQL)에 업로드합니다.

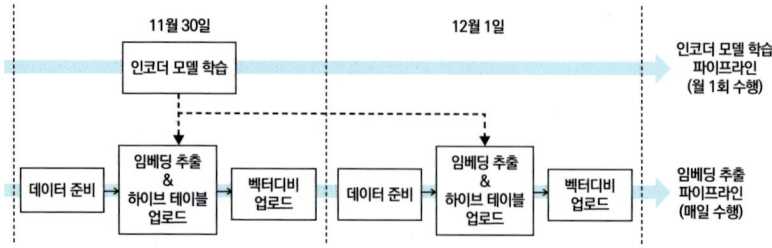

• 인코더 모델 학습 & 임베딩 추출 파이프라인 •

컴포넌트 3 : 벡터 유사도 검색

사용자 행동 이력 임베딩과 각 추천 후보 가게 임베딩 간의 거리를 계산해 응답하는 컴포넌트입니다. 임베딩 벡터 간의 거리가 가깝다는 것은 곧 두 임베딩이 유사하다는 것을 의미합니다. 이를 활용해 사용자의 행동 이력과 추천 후보 가게 간의 유사도를 측정할 수 있습니다. 해당 컴포넌트를 사용하면 다음과 같은 시나리오를 지원할 수 있습니다.

- 주어진 N 개의 가게 중 특정 가게와 가장 유사한 가게 추천
- 주어진 N 개의 가게 중 사용자가 방금 검색한 검색어와 가장 유사한 가게 추천
- 주어진 N 개의 가게를 가장 잘 표현하는(유사한) 대표 키워드 추천

추천프로덕트팀은 벡터 유사도 검색을 구현하기 위해 PostgreSQL과 pgVector를 사용했습니다. 가게 목록과 사용자가 검색한 검색어 간의 유사도를 계산하는 예시를 가지고 벡터 유사도 검색 과정을 함께 살펴보겠습니다.

가게와 검색어에 대한 임베딩 테이블과 각 테이블은 인덱싱되어 있어야 합니다.

- embedding 칼럼은 pgVector의 vector 타입을 사용합니다.
- 임베딩은 매일 업데이트됩니다. 해당 임베딩이 언제 생성되었는지를 나타내는 part_date 칼럼을 사용합니다.

• (예시)가게 임베딩 테이블 •

shop_no	embedding	part_date
shop_no_1	[-0.070946805,0.04897019, …]	2024-06-16
shop_no_2	[-0.024124546,0.05294727, …]	2024-06-16
shop_no_3	[-0.04311671,-0.05463976, …]	2024-06-16

• (예시)검색어 임베딩 테이블 •

search_keyword	embedding	part_date
치즈볶음밥	[-0.024124546,0.05294727, …]	2024-06-16
아이스바닐라라떼	[-0.04311671,-0.05463976, …]	2024-06-16
크림찜닭	[-0.070946805,0.04897019, …]	2024-06-16

1단계 벡터 유사도 검색 API에 벡터 유사도 검색 요청이 들어옵니다.

• 4개의 가게에 대해 "마라탕" 검색어와의 유사도 스코어를 계산 •

```
curl -X 'POST' \
  'https://vector-similarity-search.host/v1/similarity/shops/keyword/cosine' \
  -H 'Content-Type: application/json' \
  -d '{
  "keyword": "마라탕",
  "candidates": [
    "shop_no_1",
    "shop_no_2",
    "shop_no_3",
    "shop_no_4"
  ]
}'
```

2단계 벡터 유사도 검색 API는 벡터 유사도 검색 쿼리를 생성해 벡터디비에 전달합니다.

• 코사인 유사도를 구하는 쿼리 •

```
SELECT
    shop_no
    , 1 - (embedding <=> '[0.1904833,0.22328706,-0.0675203, ...]') AS similarity
FROM baemin_feature_content_based_shop_embedding
WHERE shop_no IN('shop_no_1', 'shop_no_2', 'shop_no_3', 'shop_no_4')
ORDER BY similarity DESC
LIMIT 100
```

위 쿼리를 보면 그래프 기반 근사 최근접 검색 기술 HNSW*이나 역색인 평면 구조 IVFFlat** 같은 ANN*** 방식을 사용하지 않는 것을 알 수 있습니다. ANN 방식을 사용하지 않고 Exact search**** 방식을 사용하는 이유는 사용자 주변에 위치한 N 개의 가게에 대해서만 벡터 유사도 검색을 수행해야 하기 때문입니다.

3단계 벡터 유사도 검색 API가 쿼리 수행 결과를 후처리해 응답합니다.

```
{
    "shops": [
        {
            "shopNo": "shop_no_3",
            "score": 0.575612 // shop_no_3 가게가 "마라탕" 키워드와
가장 높은 유사도를 보임
        },
        {
```

---

* Hierarchical Navigable Small World : 그래프 기반 근사 최근접 이웃 검색(ANN) 기법. 고차원 공간에서 효율적으로 유사한 데이터 포인트를 찾는 데 사용됩니다. HNSW는 작은 세계 그래프(Small World Graph) 구조를 활용하여, 노드 간의 연결을 계층적으로 구성해 탐색 속도를 크게 향상시킵니다. 대규모 데이터셋에서도 빠르고 정확한 근사 최근접 검색을 수행할 수 있어서 추천 시스템, 이미지 검색, 자연어 처리 등에 활용됩니다.

** Inverted File Flat : 벡터 검색을 효율적으로 수행하는 근사 최근접 이웃(ANN) 검색 기법입니다. 데이터 벡터를 여러 클러스터로 나눈 후, 클러스터 내에서만 유사한 벡터를 검색하여 전체 검색 범위를 줄이고, 검색 속도를 크게 향상시킵니다.

*** approximate nearest neighbor(근사 최근접 이웃) : 고차원 공간에서 유사한 데이터 포인트를 효율적으로 찾는 기법. 정확한 최근접 이웃을 찾는 대신, 계산 시간을 줄이고 성능을 높이기 위해 근사값을 사용하여 빠르게 유사한 이웃을 탐색합니다. 이는 특히 대규모 데이터셋에서 유용하며 검색, 추천 시스템, 이미지 인식 등에 많이 활용됩니다.

**** Exact search : 우리말로 정확 검색 또는 정확한 검색이라고 합니다. 이는 데이터베이스나 검색 시스템에서 완전히 일치하는 결과를 찾는 검색 방법으로, 근사 검색(approximate search)과 달리 입력된 조건과 정확히 일치하는 항목만 반환합니다.

```
            "shopNo": "shop_no_4",
            "score": -0.023846
        },
        {
            "shopNo": "shop_no_2",
            "score": -0.088934
        },
        {
            "shopNo": "shop_no_1",
            "score": -0.149144
        }
    ],
    // ...
}
```

A/B 테스트

실시간 반응형 추천 시스템은 결국 주어진 가게 목록을 사용자의 행동 이력과 유사한 순서대로 재정렬하는 시스템입니다.

'어떻게 재정렬할 것인가?'도 중요하지만 '어떤 가게를 재정렬할 것인가, 어떤 가게를 후보로 사용할 것인가?'도 중요합니다. 우리는 A/B 테스트를 위해 새로운 가게 후보를 사용하는 것이 아니라, 기존에 만들어놓은 두 개의 탑 모델 기반 추천 가게 목록을 그대로 후보로 사용하기로 했습니다.

- **A 그룹** : 두 개의 탑 모델 기반 추천 가게 목록 제공
- **B 그룹** : 두 개의 탑 모델 기반 추천 가게 목록을 실시간 행동 이력 기반으로 재정렬해 제공
  - 행동 이력이 없으면 두 개의 탑 모델 기반 추천 가게 목록을 제공

A/B 테스트 결과, B 그룹의 CTR[*]이 A 그룹 대비 23% 상승했고, 노출 대비 주문전환율은 40.24% 상승했습니다.

• A/B 테스트 결과 : 노출 대비 주문전환율 비교 •

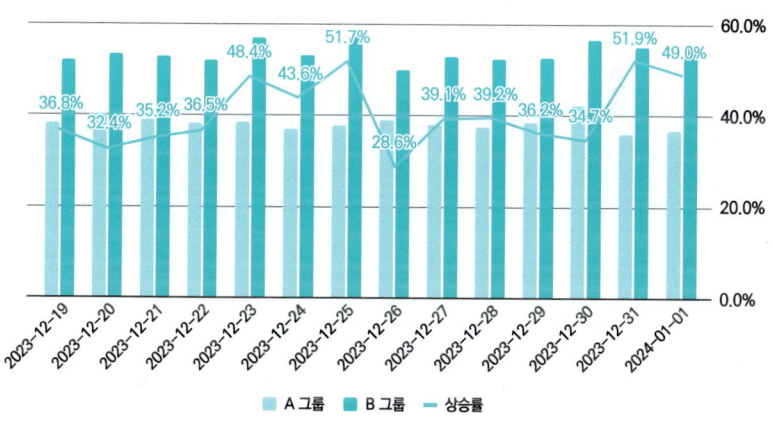

이 결과는 실시간 반응형 추천 시스템의 추천 결과가 사용자의 관심사와 잘 맞아떨어졌음을 보여줍니다. 특히 검색 홈 화면은 지면의 특성상 목적형 사용자가 많이 방문합니다. 이들에게 관심사에 맞는 가게를 추천함으로써 클릭과 주문으로 이어지는 비율이 높아진 것으로 보입니다.

---

[*] Click-through rate : 노출 수 대비 클릭 수 비율

교훈

　이번 프로젝트를 진행하면서 몇 가지 중요한 교훈을 얻을 수 있었습니다. 첫째, 컴포넌트 기반 설계의 장점으로 개발 효율성을 얻었습니다. 실시간 반응형 추천 시스템은 여러 컴포넌트로 구성되어 있습니다. 이번 프로젝트에서는 세 명의 엔지니어가 각각 하나의 컴포넌트를 담당해 병렬로 개발을 진행했습니다. 컴포넌트 간의 인터페이스와 입력/출력 스펙을 명확하게 정의한 덕분에 병렬로 개발할 수 있었고, 2개월 만에 프로젝트를 완성했습니다.

　둘째, 컴포넌트 기반 설계 덕분에 확장성을 얻었습니다. 프로젝트를 시작할 당시에는 '검색 홈 큐레이션' 하나의 영역만을 위해 컴포넌트 3개를 설계하고 개발했습니다. 그러나 프로젝트를 진행하면서 각 컴포넌트들이 독립적으로 다양한 프로젝트에 적용될 수 있다는 것을 깨달았습니다. 각 컴포넌트는 특정 기능에 집중해 설계되었기 때문에 다른 서비스에도 쉽게 통합할 수 있었습니다. 현재 추천프로덕트팀의 다양한 서비스에서 이 컴포넌트들을 활용하고 있으며, 이를 통해 새로운 서비스 개발 시 중복 작업을 줄이고, 개발 속도를 높일 수 있었습니다.

　마지막으로 실시간 데이터의 중요성을 확인할 수 있었죠. 사용자 관심사는 시시각각 변합니다. 실시간 데이터를 기반으로 한 추천 시스템은 사용자들의 의도를 더 파악할 수 있으며, 이를 통해 더 높은 주문 전환율을 달성할 수 있음을 확인했습니다.

앞으로의 계획

프로젝트를 오픈한 지 벌써 6개월이 지났습니다. 6개월간 우리는 코드를 리팩터링하고 쿼리를 튜닝하는 등 시스템을 고도화했습니다. 또한 가게배달 추천, 검색 결과 등의 영역에 실시간 반응형 추천 시스템을 확대 적용했습니다. 앞으로도 지속적인 개선과 확장을 통해 더욱 정교하고 효율적인 추천 시스템을 구축할 계획입니다.

- **다양한 요소를 고려한 랭킹**

  이번 실험에서는 가게와 행동 이력 간의 유사도만을 활용해 가게를 재정렬했습니다. 향후 랭킹 시스템에서는 유사도 외에도 다양한 피처들을 고려해 더욱 정교한 추천을 제공할 계획입니다.

- **사용자 의도 파악 방안 모색**

  사용자의 의도를 더 정확하게 파악하기 위한 방법을 고민하고 있습니다. 현재는 사용자가 방금 클릭한 가게나 방금 검색한 검색어만을 사용하고 있지만, 이 외에도 사용자의 의도를 파악할 수 있는 다른 요소를 탐구하고 도입할 계획입니다. 예를 들어 사용자의 브라우징 패턴, 장바구니 담기 행동, 특정 시간대의 활동 등을 분석해 사용자를 더 깊게 이해하고자 합니다.

- **컴포넌트 성능 최적화**

  실시간 반응형 추천 시스템의 성능을 더욱 향상시키기 위해 각 컴포넌트의 성능을 모니터링 및 최적화하고 있습니다. 특히 사용량이 많은 벡터 유사도 검색 및 실시간 데이터 스트리밍 파이프라인의 성능 개선에 집중할 계획입니다.

- **컴포넌트 간 통신 방식 개선**

  시스템의 성능과 안정성을 높이기 위해 컴포넌트 간의 통신 방식을 개선할 예정입니다. 현재는 REST 방식으로 HTTP 프로토콜을 통해 통신하고 있지만, gRPC 등의 효율적이고 안정적인 통신 프로토콜을 도입하는 것을 고려하고 있습니다.

마치며

이번 글에서는 실시간 반응형 추천 시스템을 간략하게 소개해드렸습니다. 세 가지 컴포넌트를 중심으로 시스템의 구성 방식을 소개했고, 노출 대비 주문전환율 40.23% 상승이라는 뛰어난 성과를 확인한 A/B 테스트 관련 내용까지 공유드렸습니다.

개발 과정이나 트러블슈팅 기록 등 기술적인 부분들에 대한 더 자세한 내용은 이어지는 글에서 이야기하겠습니다.

07
실시간 반응형 추천 개발 일지 2부

벡터 검색, 그리고 숨겨진 요구사항과 기술 도입 의사 결정을 다루는 방법

#AI   #Machine Learning   #MLOps

 정현

2025. 01. 13

🔍6장 '실시간 반응형 추천 개발 일지 1부'에서 새롭게 도입한 실시간 반응형 추천 시스템이 기존의 시스템과 어떻게 다른지, 어떤 컴포넌트가 새롭게 도입되었는지, 어느 정도 성능 향상이 있었는지를 소개했습니다. 그럼에도 지금 내가 다루는 시스템에 어떻게 적용할지 모르겠다면, 혹은 적용할 수 없다면 많이 아쉬울 겁니다. 그래서 이 글에서는 요구사항부터 완성된 버전까지 "어떻게 고민하고 결정했을까"의 관점에서 설명해보려고 합니다.

1부에서 살펴본 실시간 반응형 추천 시스템에서 사용한 컴포넌트는 3가지로, 실시간 행동 이력 스트리밍, 인코더 모델 학습 및 임베딩 추출, 벡터 유사도 검색입니다. 이번 글에서는 이 컴포넌트를 어떻게 정의했는지에 대해 다루며, 다음과 같은 질문을 통해 실제 개발 과정에서의 구체적인 고민을 짚어보겠습니다.

- 프로젝트의 요구 사항은 무엇이었는가?
- 숨겨진 요구사항에서 기술적인 문제로 환원된 사항은?
- 어떻게 도입 컴포넌트 후보를 선정하고, 평가하며 결정할 수 있었나?

또한 실제 사례 연구로써 벡터 검색 컴포넌트를 어떻게 도입하고 결정해가는지를 함께 알아보도록 하겠습니다.

프로젝트에서는 원했다, 숨겨진 요구사항을

서비스에서 요구한 내용을 기술적인 문제로 환원하고, 기술적인 문제를 잘 풀어서 실제 서비스의 문제를 해결하는 것이 우리 엔지니어의 업무일 겁니다. 그러려면 요구사항에서 정말로 필요한 것이 무엇인지, 놓치고 있는 것은 없는지 확인해야 합니다. 잠시 이 글의 1편에서 프로젝트를 설명한 문장을 가져오겠습니다.

> 우리는 사용자의 관심사를 실시간으로 파악하고, 이 관심사에 맞춰 추천을 제공하는 시스템을 만들어보기로 했습니다. 그리고 이를 위해 세 가지 새로운 컴포넌트를 개발했습니다.

프로젝트의 요구사항이 문장으로 드러난 내용은 다음과 같습니다.

- 사용자의 현재 관심사를 실시간으로 파악한다.
- 관심사에 맞춰서 추천을 제공한다.

드러나지 않은 내용에 대해서도 살펴볼까요? 구체적으로 질문을 던져 봅니다.

사용자의 현재 관심사라는 건 뭘까요? 사용자의 현재 관심사를 정의하는 여러 가지 방법이 있겠지만, 우리는 사용자의 현재 행동 이력, 그중에서도 현재 사용자가 입력한 검색 키워드와 클릭한 가게를 암묵적 피드백 implicit feedback 즉, 사용자의 취향을 간접 유추할 수 있는 반응이라고 생각했습니다.

관심사에 맞춰서 추천을 제공한다는 건 뭘까요? '관심사에 맞춰서'라는 것과 '추천을 제공한다'는 두 가지로 볼 수 있어요. 이 프로젝트의 추천은 가게를 대상으로 합니다. 그러니까 사용자의 관심사에 맞는 가게를 추천한다는 이야기입니다. 그러기 위해서는 앞서 정의한 관심사와 가게를 비교할 수 있어야 합니다. 따라서 모델이 생성한 행동 이력과 가게에 대한 임베딩을 가지고 유사도를 계산하여 순서를 매겼습니다.

가게는 전국 어디에 있든 관심사에 맞으면 될까요? 우아한형제들의 서비스는 '문 앞으로 배달되는 일상의 행복'이라는 비전을 가지고 있기 때문에 사용자에게 배달 가능한 위치의 가게를 추천해야 합니다.

사용자의 위치는 언제 알 수 있을까요? 사용자의 위치는 추천을 조회하는 시점에만 알 수 있습니다. 즉, 사용자가 추천을 조회하는 시점에서 결과를 생성해야 합니다.

이를 정리하여 프로젝트의 요구 사항으로 만들면 다음과 같습니다.

- 다음의 모든 것은 사용자가 추천을 조회하는 시점에 수행한다.
- 사용자의 관심사를 최대한 빨리 얻어낸다.
- 사용자의 현재 위치 기반으로 배달 가능한 가게 목록을 최대한 빨리 얻어낸다.
- 사용자의 관심사와 가게의 유사도를 최대한 빨리 비교할 수 있도록 준비해야 한다.
- 사용자의 관심사에 가장 잘 맞는 순서로 최대한 빨리 정렬한다.

모든 요구사항에 똑같은 표현이 들어가 있는 걸 눈치챘나요? 바로 '최대한 빨리'입니다. 이용자에게 음식이 식지 않도록 빠르게 배달해야 하는 것처럼 추천도 최대한 빠르게 전달해야 합니다. 이 시스템의 이름이 '실시간 반응형'인 이유도 여기에 있습니다.

특히나 미리 준비할 수 없고 고객이 추천을 조회하는 시점에서만 얻을 수 있는 데이터를 기반으로 추천을 만들어서 서빙하는 것은 아주 어려운 문제 중 하나입니다. 런타임에만 얻을 수 있는 정보를 기반으로 하는 추천 서빙 시나리오에서 프로덕션 트래픽을 받는 서비스를 만들 때 검토할 사항은 여러 가지입니다. 더 다양한 추천/AI 서빙 시나리오와 주안점, 그리고 제가 어떻게 우아한형제들에서 사용하는 추천/ML 서빙 API 플랫폼을 구축했는지 궁금하신 분들은 2023 우아콘에서 발표했던 영상 링크를 참고하세요!*

---

* '여기, 주문하신 '예측' 나왔습니다: 추천/ML에서 '예측'을 서빙한다는 것에 대하여' 발표 영상 bit.ly/4jdQRAC

기술적인 문제로의 환원

이제 프로젝트 요구 사항을 기반으로 주요 컴포넌트를 정의해보겠습니다.

- **실시간 행동 이력 스트리밍** : 사용자의 관심사를 최대한 빨리 얻어낸다.
- **좌표 반경 검색** : 사용자의 현재 위치 기반으로 배달 가능한 가게 목록을 최대한 빨리 얻어낸다.
- **인코더 모델 학습 및 임베딩 추출** : 사용자의 관심사와 가게의 유사도를 최대한 빨리 비교할 수 있도록 준비해야 한다.
- **벡터 유사도 검색** : 사용자의 관심사에 가장 잘 맞는 순서로 최대한 빨리 정렬한다.

앞서 소개한 세 가지에서 하나가 추가된 것 같네요? 우리 요구 사항에서 본 것처럼 '관심사에 맞는 가게'에서 '관심사에 맞는 배달 가능한 가게'를 찾아야 합니다. 따라서 현재 위치 기준으로 배달이 가능한지를 알아내려면 좌표 기반 반경 검색이 꼭 필요합니다. 특히 조금 이따가 살펴볼 벡터 유사도 검색은, 일반적인 벡터 유사도 검색과는 다른 요구사항을 지니는데, 이때 필터 요소로 사용됩니다.

새로운 기술 컴포넌트 도입 후보 선정하기

자, 이제 컴포넌트를 정의했으니 개발을 시작해야 합니다. 저 모든 컴포넌트를 자세히 설명드리고 싶지만, 그럼 저도 여러분도 이 자리에 오래 머물러야 할 테니, 엔지니어링 부분에서 가장 어려웠던 점만 설명하겠습니다. 이 시스템에서 엔지니어링의 핵심이자 도전적인 영역은 모델이 생성한 임베딩을 활용하여 벡터 유사도 검색을 수행하고, 추천 가게의 리스트로 빠르게 제공하는 부분입니다.

다시 정리하면, 다음과 같습니다.

- 사용자의 실시간 관심사를 얻었다고 가정
- 좋은 모델을 통해 관심사와 가게를 임베딩 공간에 잘 표현해두었다는 가정
- 어떻게 빨리 사용자의 관심사에 맞는 가게를 찾아서 잘 맞는 순서대로 정렬한 다음에 전달할 것인가

구현하려면 어떤 기술이 필요하고, 가능한 옵션 중에서 어떤 기술 스택을 골라야 할까요? 일단 사내 위키를 뒤져볼까요? 앗, 이전에 도입한 사례가 하나도 없네요. 스택 오버플로랑 구글 검색에서 나온 기술 블로그들을 찾아봐야 할까요? 그런데 우리 케이스랑 딱 맞는 사례는 없는 것 같기도 하네요.

벡터 유사도 검색을 우아한형제들 최초로 사용해야 했기에 참고할 만한 좋은 자료가 많이 부족했습니다. 가끔 이렇게 새로운 기술 도입을 해야 하는 경우에, 어떻게 의사 결정을 해야 할지 어떤 것들이 중요한지 고민을 많이 해보셨을 겁니다. 이때, 제가 중요하게 생각하는 점은 다음과 같습니다.

- 내가 풀려고 하는 문제는 이 기술의 어떤 부분을 사용해야 하는가?
- 우리는 (일반적인 상황과) 무엇이 다른가?
- 내가 중요하게 생각하는 점은? (개발 생산성, 확장성, 운영 가능성, 비용 등)

벡터 유사도 검색이 필요한 이유

다시 한번, 우리가 풀고자 하는 문제를 생각해봅시다.

모델에서 나온 결과인 임베딩이 잘 저장되어 있을 때, 우리는 최대한 빠르게 고객의 위치에서 배달 가능한 가게들과 사용자의 현재 관심사와의 유사도를 계산하여 랭킹으로 제공해야 합니다. 임베딩을 검색하고 정렬한다는 점에서 벡터 유사도 검색VSS, Vector Similarity Search 기술이 필요합니다.

벡터 유사도 검색을 하는 방법에는 Exact-KNN과 ANN이 있습니다. Exact-KNNk-Nearest Neighbor은 임베딩 벡터 공간 내의 좌표 간 거리를 정확하게 계산하는 것입니다. ANNApproximate Nearest Neighbor, 근사 최근접 이웃이 더 많이 쓰이는데요, ANN은 재현율recall을 합리적으로 희생하면서도 검색 성능을 올리는 알고리즘입니다. IVFFlat*이나 HNSW** 같은 알고리즘이 그 예죠.

실제로 서비스를 개발하던 당시에는 LLM, RAG에서 벡터 유사도 검색이 사용되다 보니, 몽고디비MongoDB나 레디스Redis Enterprise 등 여러 서비스에서 벡터 유사도 검색을 경쟁적으로 오픈하고 홍보하던 시기였습니다. 관련 예제들도 공식 문서에서 볼 수 있었습니다. 성능이 좋은 알고리즘과 예제 코드까지 있네요! 그럼 그대로 사용해 볼까요?

---

*   벡터 공간을 여러 클러스터로 나누고, 쿼리 시 해당 클러스터 내에서 검색하여 효율성을 높이는 알고리즘
** 벡터를 계층적 그래프로 구성하여, 상위 레벨에서 하위 레벨로 내려가며 점점 더 정밀한 검색을 수행하는 알고리즘

벡터 유사도 검색 : 우리는 무엇이 다른가?

우리 문제는 대부분 문제들이 그러하듯이 한 번에 해결이 되지는 않습니다.

무엇이 문제였을까요? 자, 예를 들어, 배달 가능한 가게들이 2000개 이상 넉넉하게 있고, 추천 가게를 최소 1000개를 제공하고 싶다고 해보겠습니다. 관심사 임베딩과 가게 임베딩을 가지고 HNSW나 IVFFlat 알고리즘을 사용해서 limit을 1000으로 놓고 결과를 얻었습니다. 다소 재현율을 희생했지만, 계산 시간을 단축하면서 찾은 '현재의 사용자의 관심사에 유사한 가게들'이니 이해해줄 만합니다. 문제는, 이 1000개의 목록이 **"현재의 사용자 위치에 배달 가능한가?"**에 대한 답이 아니라는 데 있습니다. 입력 임베딩에는 우리 모델의 생성물인 관심사와 가게 임베딩만 있다 보니, ANN 알고리즘을 사용해 얻은 결과가 현재 사용자의 위치로 배달 가능한 가게인지 알 수 없습니다. 이쯤에서 "목록을 넉넉하게 2000개를 뽑고, 배달 가능한지 보면 되지 않을까?" 생각하실지 모르겠습니다.

그렇게 간단한 문제는 아닙니다. 흔히 이 문제는 포스트 필터 post filter 문제라고 부르는데요, ANN을 사용해 얻은 결과에서 우리가 원하는 조건 필터를 적용해 최종 엔트리를 확정 짓는 방법입니다. 문제는 포스트 필터로 얼마나 남는지 그때그때 알 수가 없다는 점입니다. 정말 운이 나쁘다면 서울에 있는 사용자를 위해 3000개를 뽑았는데, 3000개가 전부 제주도에 있어서 제공 가능한 가게가 0개가 될 가능성도 있습니다. 즉, 결과 보장성이 떨어지는 이슈가 있습니다.

그렇기 때문에, 우리는 포스트 필터가 아닌 방법으로 접근해야 합니다. 프리 필터 pre filter라고 부르는 방법인데요. 먼저 조건 필터를 통해 우리가 원하는 대상을 축소한 다음에 후보군에 대해 벡터 유사도 검색을 통해 랭킹을 지정하는 것을 의미합니다.

문제는 ANN 알고리즘, 위에서 말씀드린 HNSW, IVFFlat 등은 흔히 말하는 미리 인덱스를 빌드해놓고, 검색 시점에서는 인덱스를 통해 성능을 향상시키는 방식의 알고리즘입니다. 이를 인덱스 빌드 시점과 검색 시점이라고 부르겠습니다. 우리가 앞에서 본 것처럼 현재 사용자의 위치를 기준으로 먼저 검색 대상 후보군을 좁힌 다음에 이 후보군에 대해서만 벡터 유사도 검색을 진행하면 인덱스 빌드 시점에 전체를 대상으로 만든 인덱스를 활용하기 어렵습니다.

HNSW 알고리즘에서 보는 프리 필터의 문제

ANN 중 대표적인 HNSW 알고리즘을 기준으로 설명해보겠습니다. HNSW는 일종의 그래프를 활용하여 가까운 검색 대상을 효율적으로 찾는 알고리즘입니다. 모든 연결 그래프를 다 탐색하면 시간이 걸리니, 미리 검색에 사용할 밀도를 낮춘 그래프를 레이어 기반으로 인덱스 빌드 시점에 만들어둡니다. 데이터 갱신이 없다는 가정하에, 이 작업은 1회성이고, 이 인덱스를 빌드하는 데도 역시 오버헤드가 존재합니다. 검색 시점에서는 이 레이어를 사용하여 가까운 노드로 이동하고 레이어를 이동하는 방식입니다.

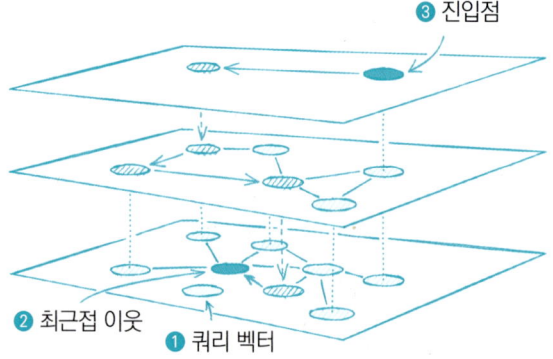

위 참고 그림(출처 : pinecone.io/learn/series/faiss/hnsw)에서 기준으로 보면 ❶ 쿼리 벡터query vector를 기준으로 ❷ 최근접 이웃nearest neighbor를 구하기 위해 맨 위 레이어의 ❸ 진입점entry point으로부터 시작하여 레이어를 타고 들어가 맨 아래에 있는 쿼리 벡터 근처에 있는 노드를 탐색할 수 있습니다. 구현 방식은 라이브러리에 따라 다르지만, 대체로 확률 기반 스킵 리스트를 사용하여 랜덤으로 레이어를 구성하고 인덱스로 생성합니다.

문제는 검색 시점에 프리 필터로 좁힌 대상들에 대한 인덱스가 미리 준비되어 있지 않다는 점입니다. 사용자 위치는 사용자의 조회 시점에서야 비로소 고정되며, 배달 가능 권역은 사용자의 위치 기반으로 좌표 반경을 기준으로 정해집니다. 따라서 검색 시점에 주어진 좌표를 기준으로 반경 어느 대상의 인덱스를 미리 준비해야 할지 알 수 없습니다. 그렇다고 모든 가능한 후보 군들만 따로 포함된 인덱스를 미리 생성할 수는 없습니다. 이것이 프리 필터 문제의 핵심입니다.

다시 돌아와서, 정리해보겠습니다. ANN의 성능 개선은 대체로, 검색 전에 데이터를 기준으로 미리 인덱스를 만들고, 검색 시점에 인덱스를 사용하는 데서 나옵니다. 우리의 프리 필터 문제는 좁혀둔 후보군에 대응하는 인덱스가 없기 때문에 ANN을 사용할 수 없습니다.*

기술 후보군 선택과 실험 설계하기

자 이제, 기술과 우리의 특수한 상황의 이해를 마쳤습니다. 문제 조건을 만족하는 후보군들을 고르고, 그중에서 어떤 것을 선정할지 고민하는 과정이 남았습니다. 후보군 선택과 검증을 위한 실험을 2차례 진행했습니다. 먼저, 개발 가능성과 기능 검증을 위한 소위 '찍먹' 단계의 실험을 진행했고, 이후 실제 운영 환경을 감안하여 선정한 후보군들에 대한 성능 평가 실험을 진행했습니다. 각 단계에서 중요하게 생각했던 요소들에 대해서는 각 실험 섹션에서 설명하겠습니다.

이제 제가 진행한 실험에 대해 설명드릴 텐데요, 중요하게 먼저 짚고 넘어가야 할 것이 있습니다. 이 실험에 대한 설명은 어떤 특정 소프트웨어가 더 강점이 있다는 것을 알려드리려는 것이 아닙니다. 설명드리고자 하는 바는, 후보군 중 우리의 주안점을 만족하면서 문제를 잘 해결할 수 있는 것이 무엇이었는지를 검증하는 과정을 보여드리는 데 있습니다. 개발 당시와 현재 상황이 다를 수 있음을 감안해주시길 바랍니다.

---

* 이렇게 미리 빌드한 인덱스를 사용하되, 검색시점에 조건 필터링을 스코어로 사용하여 검색하는 일종의 하이브리드 알고리즘에 HQANN이 있습니다. 0.6.0 버전에 proposal 상태로 논문이 제안되었으나 2025년 1월 기준 아직 구현되지 않았습니다.

1차 실험

2023년 6월경에 실시한 1차 실험에서는 벡터 검색을 실제로 어떻게 동작시키는가와 플랫폼 구축을 어떻게 할 수 있는가에 집중했습니다. 기본적으로 이미 사용하던 몽고디비 외에는 OSS(Open Source Software)를 기반으로 하고 K8S 위에 올릴 수 있는 대상을 위주로 살펴보았습니다. 이 단계에서의 실험은 각 플랫폼이 어떻게 돌아가는지 파악 및 코드 개발, 기능에 대한 검증, 플랫폼 운영 등에 대해 검증해보려고 했습니다. 중요한 벡터 검색 자체의 경우에는 조건절이 들어가지 않는 순수 벡터 검색과 조건 필터링이 들어가는 하이브리드 검색 2가지로 분류하여 코드를 작성해보았습니다.

1차 실험에서 선정한 후보군은 밀버스(Milvus), 레디스 스택(Redis Stack), 몽고디비 아틀라스 서치(MongoDB Atlas Search), 오픈서치(OpenSearch)였습니다.

왜 Pinecone과 같은 전문 벡터 검색 솔루션 등이 후보에 없었는가 같은 질문을 하실 분이 있을지도 모르겠습니다. 저희 프로젝트 요구 사항 외에도 시스템 개발, 확장 가능성, 운영, 유지 보수의 측면도 고려했습니다. 사내에 도입되어 있지 않거나 관리 주체가 없는 상황일 때는 완전 관리형 서비스(fully-managed service)를 고려하기 쉽지만, 신규 비용 계약을 검토해야 하는 등의 이슈가 있습니다. 이에 먼저 기존 도입된 솔루션과 OSS를 빠르게 사용해서 운영 가능한 솔루션이 있는지 먼저 검증해보고, 없다면 그때 가서 신규 완전 관리형 서비스를 고려해보자는 것이 당시의 생각이었습니다.

1차 실험 구축

각 후보군에 대해서는 설치 → 데이터 인덱싱 → 검색(순수 벡터 검색, 하이브리드 조건 검색) → 결과 예제 → 기타 사항에 대해 진행했습니다.

```
2.1. milvus

정현/추천프로덕트팀님이 작성, 2023-06-20에 최종 변경   71 views since 19 Jun 2023

  • 1. operator 설치
  • 2. milvus cluster 생성
      ○ 2.1. milvus depends / component
          ○ 2.1.1. metastore
          ○ 2.1.2. minio (s3 호환 API 사용 분산 저장소, data pv를 위한 영역)
          ○ 2.1.3. mq (standalone, cluster 모드일 때 우선순위 다름)
          ○ 2.1.4. 그 외 컴포넌트
  • 3. 데이터 인덱싱
  • 4. 데이터 검색
      ○ 4.1. 벡터 검색 (https://milvus.io/docs/search.md)
      ○ 4.2. 하이브리드 검색 (https://milvus.io/docs/hybridsearch.md)
  • 5. 결과 예제
  • 6. 기타
```

출처 : 실험 당시 작성했던 실험 관련 문서 목차

대상 데이터는 팀 내 데이터 과학자가 만든 배민스토어 상품 관련 임베딩을 사용했고 스니펫과 타입은 다음과 같았습니다.

```
  product_id                      vector_representation
0      64524    [1.1706082, -0.15787698, 0.6167851, 0.97479737...
  [2+1] 콜라제로500ml             17              배민마트24
1      39351    [0.9947525, 0.33829537, 0.868921, 0.3935619, 1...
  [2+1] 밤80g(S)                 17              배민마트24
2      34514    [1.0548345, 0.14422302, 0.7457907, 0.3638356, ...
  [1+1] 사이다제로500ml           17              배민마트24
```

```
3         62758   [2.6520822, -1.4434108, 1.1016191, 0.20771386,...
[1+1] 제로청포도석류355ml           17              배민마트24
4         35036   [2.7884235, -1.5786803, -1.4717882, -0.0563466...
감자칩어니언1700(20)                17              배민마트24
```

필드명	타입	예시	비고
product_id	str	64524	
vector_representation	list[float]	[1.1706082, -0.15787698, 0.6167851, 0.97479737…	dim=50, 데이터 정규화되어 있지 않음.
product_name	str	[2+1] 콜라제로500ml	
headquarter_id	str	17	
headquarter_name	str	배민마트24	

1차 실험에서는 플랫폼 구축과 운영 가능성, 인덱스 하의 벡터만을 사용한 검색과 조건 필터를 사용한 검색의 구현 가능성만 확인하기 때문에 코드가 다소 단순합니다. 위에 첨부된 실험 관련 목차 스크린 샷처럼 크게 인덱스 생성, 데이터 입력, 검색 파트로 나눌 수 있습니다.

예를 들어 밀버스에서 코드를 살펴보겠습니다. 인덱스 생성과 데이터 입력은 아래와 같습니다.

```
# 기타 import 생략
from pymilvus import (
    connections,
    FieldSchema, CollectionSchema, DataType,
```

```python
    Collection,
)

df: pd.DataFrame = pd.read_pickle('df_prod_vec_hq.pkl')

connections.connect('default', host='localhost', port='19530')

# data schema (fields -> schema -> collection)
fields = [
    FieldSchema(name='product_id', dtype=DataType.VARCHAR, is_primary=True, auto_id=False, max_length=10),
    FieldSchema(name='vector_representaion', dtype=DataType.FLOAT_VECTOR, dim=50),
    # (후략) 그 외 필드에 대한 스키마 작성
    # ...
]
schema = CollectionSchema(fields, 'baemin_store item')
baemin_store_milvus = Collection('baemin_store', schema, consistency_level='Strong')

entities = [
    df['product_id'].values.tolist(),
    df['vector_representation'].values.tolist(),
    # (후략) 그 외 필드에 대한 데이터 변형 처리
    # ...
]

insert_result = baemin_store_milvus.insert(entities)
baemin_store_milvus.flush()
print(f'# entities in milvus inserted: {insert_result}')

# create index
```

```
print('create IVF_FLAT index')
index = {
    'index_type': 'IVF_FLAT',
    'metric_type': 'L2',
    'params': {'nlist': 128}
}

baemin_store_milvus.create_index('vector_representation', index)
baemin_store_milvus.load()
```

검색 관련해서는 아래처럼 할 수 있어요.

```
search_params = {
    'metric_type': 'L2',
    'params': {'nprobe': 10},
}

# 벡터 검색
result = baemin_store_milvus.search(vector_to_search, fieldname_
vector, search_params, limit=10, output_fields=['product_name',
'headquarter_name'])

# 하이브리드 검색
result = baemin_store_milvus.search(vector_to_search, fieldname_
vector, search_params, expr="headquarter_id == \"17\"",
limit=10, output_fields=['product_name', 'headquarter_name'])
```

당시에 우리 팀은 몽고디비를 이미 운영 중이었습니다. 몽고디비에서 지원하는 아틀라스 서치Atlas Search 쪽 코드를 살펴보겠습니다. 아틀라스 서치는 웹 UI에서 인덱스를 설정합니다.

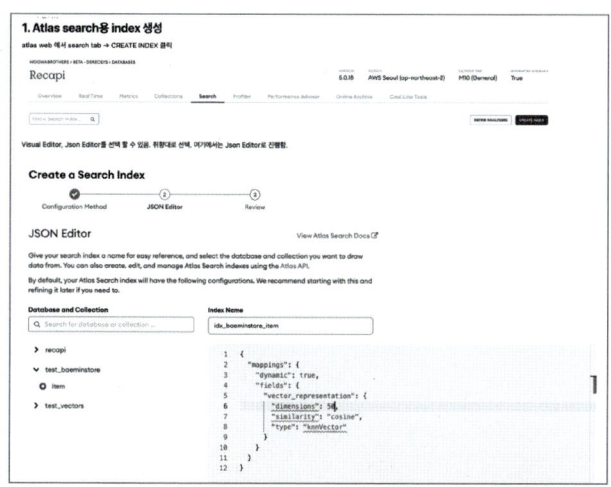

출처 : 실험 당시 작성한 사내 위키 문서에서 발췌

그럼 준비된 인덱스에 데이터를 넣어보겠습니다.

```
# import 생략

mg = MongoClient(mg_url)
coll = mg[db_name][coll_name]

df = pd.read_pickle('df_prod_vec_hq.pkl')
df_dict = df.to_dict(orient='records')
batch = []
for d in df_dict:
    d['vector_representation'] = d['vector_representation'].tolist()
    batch.append(InsertOne(d))

coll.bulk_write(batch)
```

검색은 아래처럼 할 수 있습니다.

```
ret = coll.aggregate([
    {
        '$search': {
            'index': 'idx_baeminstore_item',
            'knnBeta': {
                'vector': query_vector,
                'path': 'vector_representation',
                'filter': None,
                'k': 10,
            }
        },
    },
    {
        '$project': {
            'product_id': True,
            'product_name': True,
            'headquarter_id': True,
            'headquarter_name': True,
            'score': {'$meta': 'searchScore'},
            '_id': False
        }
    }
])
```

위 코드에 대한 설명을 달아두었습니다.

mongodb의 pipeline / aggregate 쿼리를 사용함. 크게 3페이즈로 나눌 수 있음.

$search
    사용 인덱스, 입력 벡터, 검색 필드, k 수치 지정

> filter
> $search 내에 필터링 텍스트를 통해 하이브리드 서치를 사용 가능. 필요 없을 시 None 지정
> $project
> $search phase에서 hit된 결과들을 어떻게 출력할지에 대한 옵션 필요시 필드에 True, 필요 없을 시 False로 제외 가능
>   score 필드는 위에서 볼 수 있듯 '$meta': 'searchScore'로 지정할 수 있음.

이렇게, 각 시스템의 비슷한 기능의 구현을 비교하면서 개발 가능성과 운영 가능성을 검증합니다. 이때는 운영용 코드를 작성하기보다는 시스템에 익숙해지는 데 주력합니다. 예를 들면 팀에서는 대량의 데이터를 스파크를 사용해서 처리하는데, 위 코드에서는 이런 복잡한 영역을 단순화하거나 생략합니다. 최대한 대상 플랫폼 자체의 기능만을 검증하는 데 집중하는 것이죠. 특히, 잘 모르는 시스템이라면 공식 문서 등을 통해 구조 분석을 하기도 합니다. 저는 분석 후 다음과 같이 문서로 만들어두었습니다.

2.1.1. Milvus 구조와 동작 방식에 대해

정현/추천프로덕트팀님이 작성, 2024-01-04에 최종 변경, 35 views since 10 Jul 2023

- 1. milvus 개략적 구조
- 2. Milvus 2.0 디자인 원칙
    - 2.1. 디자인 원칙 ver1 (https://milvus.io/blog/milvus2.0-redefining-vector-database.md)
    - 2.2. 디자인 원칙 ver2 (https://milvus.io/blog/deep-dive-1-milvus-architecture-overview.md)
- 3. Main Components - 4 layer
    - 3.1. Access layer
    - 3.2. Coordinator service
    - 3.3. Worker node
    - 3.4. Storage
        - 3.4.1. Meta Store
        - 3.4.2. Log broker
        - 3.4.3. Object store
- 4. 데이터 모델
- 5. 인덱싱에 대해
    - 5.1. In-memory index
    - 5.2. on-disk index

1. milvus 개략적 구조

아래 글의 내용은 출처: https://milvus.io/docs/v2.0.x/architecture_overview.md 에서 자세하게 확인 가능하다.

출처: 실험 당시 작성한 Milvus 구조 분석 문서

이제 대략적으로 어떻게 개발하면 될지, 운영은 가능할지 검증이 끝났습니다. 이 실험의 결론을 아래처럼 정리했습니다.

각각에 대한 총평은 아래와 같다.

	사용 가능한가?	판단 이유	특이점

Milvus	운영 불가	• 개발팀에서 운영할 수 없음
		• 전담 운영팀이 필요할 것으로 보임
			• K8S 기반 클러스터 방식으로 확장성, 설치 등이 용이하다고 생각했음.
			• 실제로는 기반 플랫폼 의존도가 높음
			  • 테스트로 S3, Kafka로 기반 플랫폼을 분리해서 분산 노드 클러스터로 구성했음.
			  • 특히 기반 플랫폼 중 Kafka 같은 경우에는 전사 카프카 팀의 도움이 필요함.
			• 권한 이슈 등 운영 이슈가 있을 것으로 보임

redis stack	운영 불가	• AWS elastic cache에서 지원되지 않음. 앞으로 지원 가능 여부 불투명 • (2023.12 추가) 서울 리전에는 아직 서비스하지 않지만 지원 예정이다.	• redis enterprise에서 사용 가능한 것으로 보임. • RedisSearch가 클러스터를 지원한다고는 되어있으나 현재까지는 Enterprise 전용 기능으로 보인다. (RSCoodinator가 OSS로 나왔다고는 하나, 문서가 부족하고, 관련 문의에도 답변이 없음.) • 클러스터링을 사용하지 않는다면, 단일 머신을 사용해야하기 때문에 스케일링에 제약이 있어보인다.
Atlas mongodb	운영 가능	• Preview 스테이지이나 기능은 동작함.	• 현재 추천팀에서 가장 활발하게 사용하고 있는 저장소로 접근성이 높다. • aggregate 쿼리 자체가 몽고디비의 CPU 연산량이 높다. 기존처럼 K-V 저장소가 아니라 쿼리용 엔진으로 보고 운영 패턴을 바꿔야할 수 있다.
OpenSearch(OSS)	운영 가능	• 전통적 강자 • 가장 많은 옵션 (엔진, 메트릭, 각 세부 옵션등) • 시맨틱 + 렉시컬 검색 등 하이브리드 케이스에서도 가장 유리 • 태생적으로 분산처리 • OSS, Managed 구성 가능	• 예를 들면, faiss 의 pq 등이 지원된다. hnsw에서도 ef_*류의 파라미터를 제어할 수 있다. • 일부 지원되는 스페이스 검색을 위해서는 사전 모델 트레이닝이 필요 할 수 있다.

출처 : 실험 당시 작성한 결과 문서

여러 요소 들을 고민해 본 결과 실제 성능 테스트인 2차 실험에서 검증해볼 후보는 몽고디비(Atlas Search)와 오픈서치로 좁혀졌습니다.

2차 실험

2차 실험은 1차 실험과 검증 성격이 다릅니다. 실제 워크로드하에서 부하를 주고, 성능을 검증해보는 데 그 목적이 있습니다.

2차 실험을 진행하려던 2023년 10월경에 Amazon RDS for PostgreSQL(이하 RDS)에서 pgvector extension 0.5.0(HNSW 지원, 거리 함수 성능 개선 등)을 지원하게 되었다는 뉴스를 전해 듣게 되었습니다. RDS는 전사 DB를 관리하는 클라우드스토리지개발팀에서 운영을 지원해주고, pgvector는 벡터 검색 시나리오에서 많이 사용되고 있는 기술입니다. 클라우드스토리지개발팀과의 협업으로 2차 실험에서 이것도 같이 검증하기로 합니다.

다행히(?) 1차 실험에서 살아남은 몽고디비는 관리형 서비스이고, 오픈서치도 AWS 매니지드 버전으로 사용할 수 있습니다. 새롭게 후보로 추가된 RDS 역시 매니지드 서비스라고 볼 수 있습니다. 이로써 2차 실험 후보군들은 운영, 유지 보수에 대해 유리한 환경을 가지고 있습니다.

우리의 최종 요구 사항에는 프리 필터(현재 위치로 배달 가능한 가게들로 좁혀진 후보군)를 사용해야 하기 때문에 이 부분도 반영해서 코드를 작성해야 합니다. 앞서 HNSW 알고리즘의 예를 들어 프리 필터가 있는 경우, ANN을 사용하기 어렵다고 했는데요, 이 부분에 대해서도 각 후보군의 구현과 동작이 그러한지 실제로 확인이 필요합니다.

지면 관계상, 후보 중 하나인 오픈서치의 공식 문서를 기준으로 설명 드리겠습니다.

Efficient k-NN filtering

You can perform efficient k-NN filtering with the `lucene` or `faiss` engines.

Lucene k-NN filter implementation

k-NN plugin version 2.2 introduced support for running k-NN searches with the Lucene engine using HNSW graphs. Starting with version 2.4, which is based on Lucene version 9.4, you can use Lucene filters for k-NN searches.

When you specify a Lucene filter for a k-NN search, the Lucene algorithm decides whether to perform an exact k-NN search with pre-filtering or an approximate search with modified post-filtering. The algorithm uses the following variables:

- N: The number of documents in the index.
- P: The number of documents in the document subset after the filter is applied (P <= N).
- k: The maximum number of vectors to return in the response.

The following flow chart outlines the Lucene algorithm.

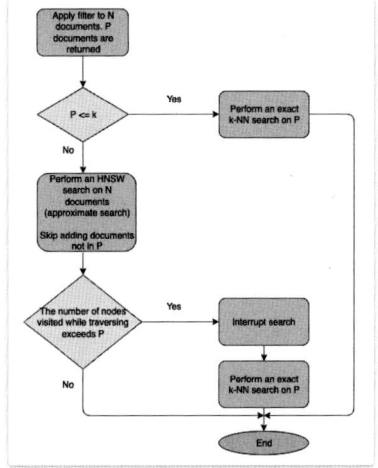

For more information about the Lucene filtering implementation and the underlying `KnnVectorQuery`, see the Apache Lucene documentation.

오픈서치의 공식 문서의 내용을 간단하게 설명하면, 오픈서치 Efficient k-NN filtering은 프리 필터 적용 여부에 따라 ANN / Exact-KNN을 선택하는 알고리즘입니다. 우리의 시나리오를 기반으로 따라가 보면 Exact-KNN이 선택되는 것을 알 수 있습니다. 가능하다면, 이런 식으로 다른 후보군에 대해서도 내부 동작에 대해 조사합니다.

실제 동작에서 우리의 가설이 맞는지 실험을 통해 확인해볼 수 있습니다.

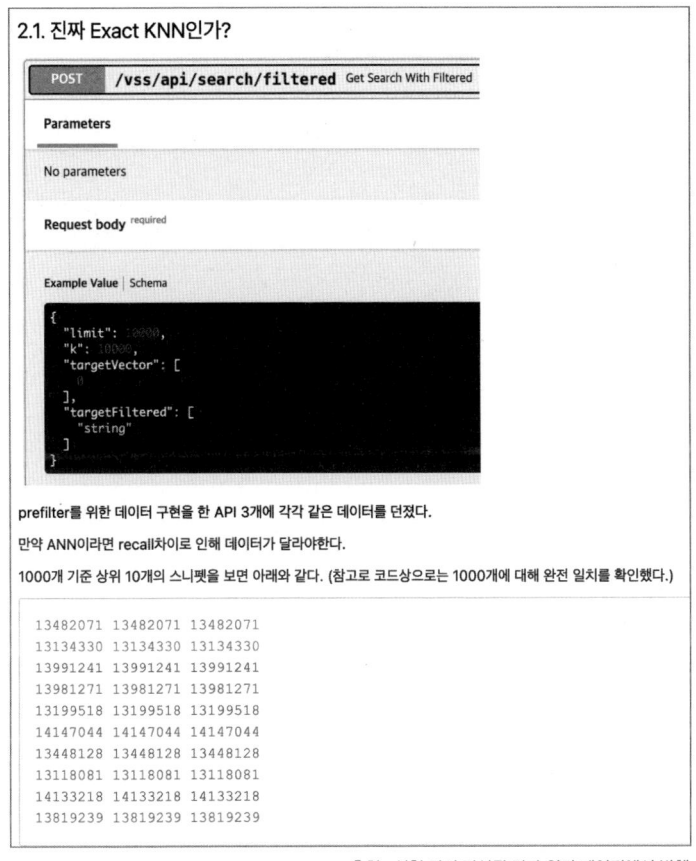

출처 : 실험 당시 작성된 결과 위키 페이지에서 발췌

몽고디비의 경우 프리 필터 코드 스니펫은 다음과 같습니다.

```
filtered_shop = {"shop_no": {"$in": target_filtered}}
ret = coll.aggregate(
```

```
[
    {
        "$vectorSearch": {
            "index": "idx_embedding",
            "path": "embedding",
            "queryVector": target_vector,
            "filter": filtered_shop,
            "limit": limit,
            "numCandidates": k,
        }
    },
    {"$project": {"shop_no": True, "score": {"$meta":
"vectorSearchScore"}, "_id": False}},
    ]
).to_list(limit)
```

오픈서치는 아래처럼 검색할 수 있습니다.

```
query = {
    "size": limit,
    "query": {
        "knn": {
            fieldname: {
                "vector": target_vector,
                "k": k,
                "filter": {"terms": {"shop_no": target_filtered}},
            }
        }
    },
}
ret = es.search(body=query, index=indexname, size=limit)
ret = ret["hits"]["hits"]
```

RDS의 경우에는 아래처럼 검색할 수 있습니다. pgvector에서 지원하는 거리 메트릭 타입마다의 연산자를 써서 SQL을 작성하고 쿼리를 실행하면 됩니다(pgvector extension 설치와 테이블 생성 부분은 생략했습니다).

```python
# 거리 메트릭 정의, enum 값은 pgvector 거리 연산자
class BaeminVSSDistanceType(str, Enum):
    L2 = "<->"
    IP = "<#>"
    COSINE = "<=>"


def _make_vss_query(
    target_col_name: str,
    embedding_col_name: str,
    distance_type: BaeminVSSDistanceType,
    embedding: list[float],
    table: str,
    candidates_str: str,
    part_date: str,
    limit: int,
) -> str:

    stmt = ""
    if distance_type == BaeminVSSDistanceType.COSINE or distance_type == BaeminVSSDistanceType.L2:
        stmt = f"""
        (
            SELECT
                {target_col_name}
                , 1 - ({embedding_col_name} {distance_type.value} '{str(embedding)}') AS similarity
```

```
            FROM {table}
            WHERE {target_col_name} IN({candidates_str}) AND part_
date = '{part_date}'
            ORDER BY similarity DESC
            LIMIT {limit}
        )
        """
    elif distance_type == BaeminVSSDistanceType.IP:
        stmt = f"""
        (
            SELECT
                {target_col_name}
                , ({embedding_col_name} {distance_type.value}
'{str(embedding)}') * -1 AS similarity
            FROM {table}
            WHERE {target_col_name} IN({candidates_str}) AND part_
date = '{part_date}'
            ORDER BY similarity DESC
            LIMIT {limit}
        )
        """

    return stmt
```

target_filtered에 파이썬 리스트로 프리 필터된 집합이 들어 있어서 이 부분을 SQL로 바꾸는 부분
target_filtered_str: str = str(target_filtered)[1:-1]
embedding은 유저의 행동이력(키워드, 혹은 클릭 가게)에 대한 임베딩 (구현 생략)
키워드, 가게에 대한 임베딩은 벡터 검색 외에도 해당하는 아이디 값으로 검색했을 때 쿼리 벡터를 꺼낼 수 있도록 데이터가 적재되어 있습니다.
아래 get_actions_embed 함수를 통해 특정 유저의 실시간 행동 이력을 1

```python
개 얻어오고 행동 이력의 타입에 따라 임베딩을 꺼냅니다.
# 이를 우리는 쿼리 벡터로 사용할 것입니다.
embedding = await get_actions_embed(mem_no)
params: dict = {
    "embedding": embedding,
    # 그 외 _make_vss_query 함수에 필요한 파라미터
}
# ... 중략 ...

# SQL query 생성
stmt = _make_vss_query(**params)

async with pg.connection() as conn:
    async with conn.cursor() as cur:
        await cur.execute(stmt)
        ret = await cur.fetchmany(limit)
```

이제 성능 측정에 대한 준비가 끝났습니다.

2차 실험 구축

2차 실험에서는 실제 워크로드 기반으로 부하를 측정합니다. 이를 위해 입력에 필요한 값들이 있는데요, 테스트의 단순화를 위해 아래처럼 가정합니다.

- 우리는 사용자의 위치에 따라 좌표 반경 검색을 수행하고, 이를 통해 후보 가게군을 알고 있다고 가정합니다.

- 우리는 실시간 파이프라인에서 사용자의 행동이력을 가져와서 입력으로 넣어줄 수 있다고 가정합니다.

이렇게 API에 필요한 데이터를 준비하고 각 구현된 API(몽고디비, 오픈서치, RDS)에서 응답시간을 확인해봅니다. API 구현은 파이썬 기반의 추천/ML 서빙 API 플랫폼을 기반으로 하며, 같은 로직에 저장소만 다르게 구현했습니다.

비부하 테스트

부하 테스트를 실행하기 전에 어느 정도의 응답 속도를 보여주는지 비부하 상태에서 호출을 수행해봅니다. 이를 통해, 어느 정도의 성능 기대치를 가지고 부하 테스트를 진행해야 하는지에 대한 대략적인 감을 잡을 수 있습니다. 우리의 상황에서는 ANN을 쓸 수 없지만, 그래도 Exact-KNN과 얼마나 성능 차이가 나는지도 알아볼 겸, 필터가 없는 단순 검색 ANN과 Exact-KNN에 대한 응답시간에 대해 기록했습니다.

3. 결과 한눈에 보기

	k=10000	avg(ann)	avg(exact)	k=1000	avg(ann)	avg(exact)	k=100	avg(ann)	avg(exact)
A		889.8	789.0		123.2	98.0		18.9	14.5
O		1117.9	971.0		143.0	116.1		25.0	22.7
P		X	144.3		21.0	21.5		4.0	3.0

4. 정리

비부하 상태에서의 호출로 인해 아래와 같은 사항을 알 수 있다.
- 시스템에서 지원하더라도 8코어 규모의 데이터 베이스에서 K, limit = 10000 은 서비스의 응답시간이 크리티컬하지 않을 때 사용할 수 있다.
- Prefilter를 하게 되면 Exact KNN이 동작하지만 ann보다 수행시간이 빠르다.
  - 이 경우에는 내 경험과, 주위에서의 조언을 기반으로 정리하면 아래의 경우에 대체로 그러하다.
    - 인덱스 빌드할 대상 집합이 큰 경우 (이 테스트 데이터 셋은 70만 건이 넘는다.)
    - Prefilter된 집합이 충분히 작은 경우

출처 : 실험 당시 작성된 결과 위키 페이지에서 발췌(A는 몽고디비, O는 오픈서치, P는 Pgvector)

부하 테스트

부하 테스트는 저희가 사용하는 Locust를 기준으로 진행했습니다. 부하를 넣으면서 초당 처리량(RPS), 응답 시간, 대상 시스템의 부하 정도가 어떻게 바뀌는지를 확인해야 합니다. 몽고디비부터 보겠습니다.

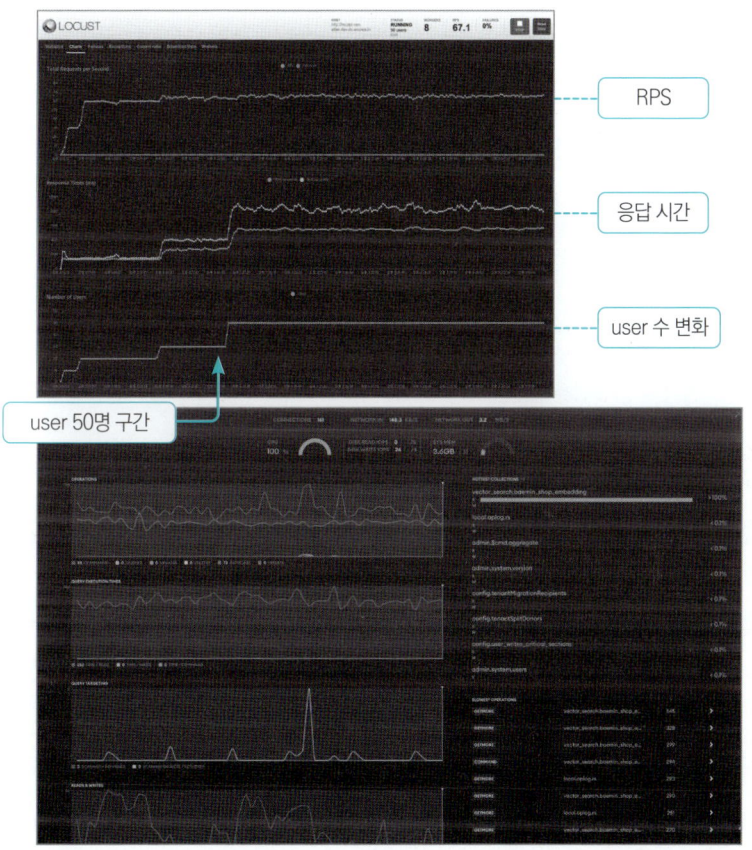

위 결과를 보면 알 수 있듯, user가 추가 투입된다고 RPS가 상승하지는 않는다. 이미 user 50명에서 CPU 사용률이 100%에 육박하는 것을 알 수 있다.

출처 : 실험 당시 작성된 결과 위키 페이지에서 발췌

부하를 추가하면서 RPS 증가 여부와 대상 시스템의 부하를 살펴봅니다. 위 이미지는 로커스트Locust에서 보여주는 성능 측정 그래프와 몽고디비 모니터링 이미지인데요, CPU가 100%가 되는 시점에서는 API의 처리량은 늘어나지 않고 응답 시간이 느려지는 것을 볼 수 있습니다.

그 다음은 오픈서치입니다.

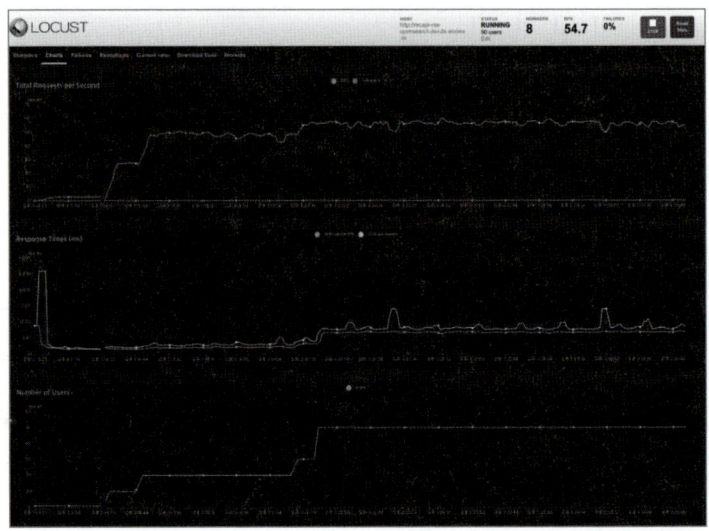

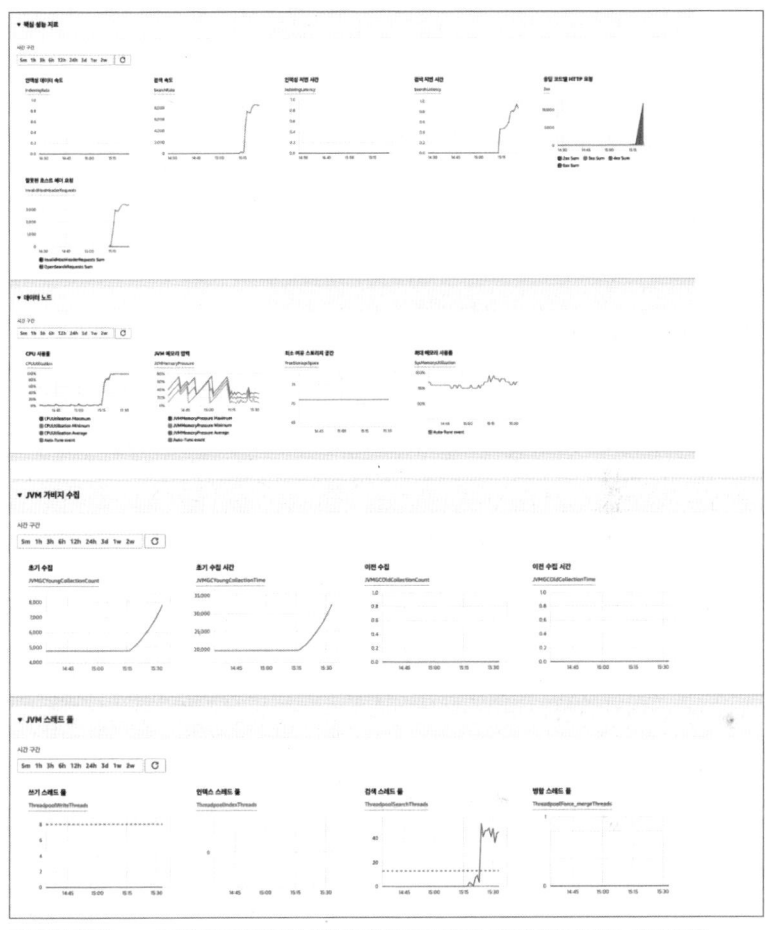

마찬가지의 패턴이다. user = 50에서 응답시간이 출렁이기 시작하며, 내부 메트릭을 보면 CPU 사용률이 100%에 육박하는 것을 볼 수 있다.

출처 : 실험 당시 작성된 결과 위키 페이지에서 발췌

이 경우에도 오픈서치의 부하가 최대치에 달하면서 API의 요청 성능이 더 나아지지 않는 포인트를 확인할 수 있습니다.

마지막으로 RDS입니다.

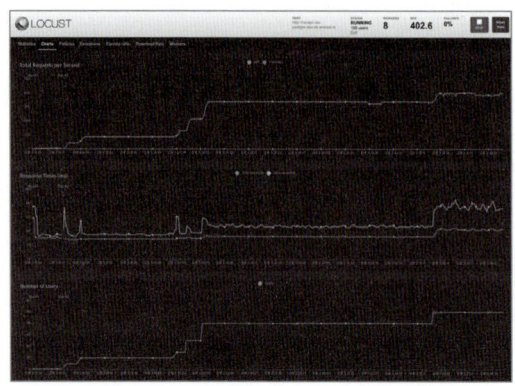

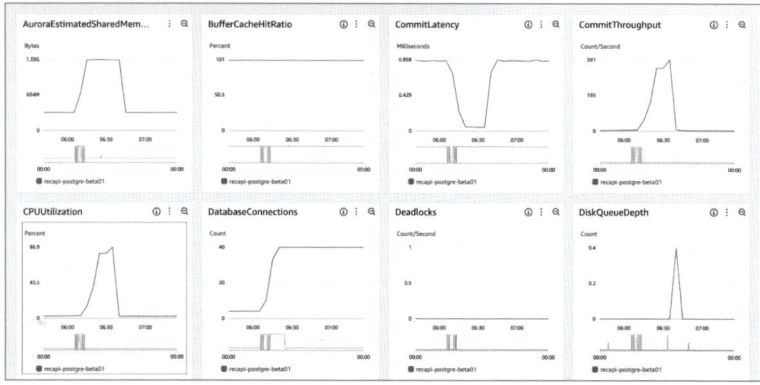

응답시간이 출렁이기는 하나, 최대 응답시간이 현저하게 낮고, user 투입에 따라 RPS가 상승한 user=80에도 여유가 있으며 user=100에서도 운영 서비스를 할 수 있을 정도로 보인다. CPU 역시 87% 정도로 최대치는 아닌 것도 주목할 만하다.

출처 : 실험 당시 작성된 결과 위키 페이지에서 발췌

당시 실험 문서에 써둔 문구에서도 확인 가능한데요, 다른 시스템에 비해 처리 가능한 요청량이 많고, 더 많은 요청을 처리하면서도 RDS 시스템에 여유가 있습니다.

최종 리포트를 정리하면 다음과 같습니다. 아래 리포트에서는 초당 요청량, 각 퍼센타일 별 응답시간Latency, 응답 실패 여부 등을 확인합니다.

• 몽고디비 •

Request Statistics

Method	Name	# Requests	# Fails	Average (ms)	Min (ms)	Max (ms)	Average size (bytes)	RPS	Failures/s
POST	/vss/api/search/filtered	84654	0	305	86	945	11008	83.8	0.0
	Aggregated	84654	0	305	86	945	11008	83.8	0.0

Response Time Statistics

Method	Name	50%ile (ms)	60%ile (ms)	70%ile (ms)	80%ile (ms)	90%ile (ms)	95%ile (ms)	99%ile (ms)	100%ile (ms)
POST	/vss/api/search/filtered	320	360	390	430	480	530	620	940
	Aggregated	320	360	390	430	480	530	620	940

출처 : 실험 당시 작성된 결과 위키 페이지에서 발췌

• 오픈서치 •

Request Statistics

Method	Name	# Requests	# Fails	Average (ms)	Min (ms)	Max (ms)	Average size (bytes)	RPS	Failures/s
POST	/vss/api/search/filtered	106685	165	208	7	956	10991	103.6	0.2
	Aggregated	106685	165	208	7	956	10991	103.6	0.2

Response Time Statistics

Method	Name	50%ile (ms)	60%ile (ms)	70%ile (ms)	80%ile (ms)	90%ile (ms)	95%ile (ms)	99%ile (ms)	100%ile (ms)
POST	/vss/api/search/filtered	200	220	240	260	290	320	400	960
	Aggregated	200	220	240	260	290	320	400	960

Failures Statistics

Method	Name	Error	Occurrences
POST	/vss/api/search/filtered	BadStatusCode('http://recapi-vss-opensearch.dev.ds.woowa.in/vss/api/search/filtered', code=500)	165

출처 : 실험 당시 작성된 결과 위키 페이지에서 발췌

이 시점에는 부하를 견디지 못하고 500으로 요청 실패도 등장했습니다.

• RDS •

Request Statistics									
Method	Name	# Requests	# Fails	Average (ms)	Min (ms)	Max (ms)	Average size (bytes)	RPS	Failures/s
POST	/vss/api/search/filtered	501543	0	26	13	214	11008	478.9	0.0
	Aggregated	501543	0	26	13	214	11008	478.9	0.0

Response Time Statistics									
Method	Name	50%ile (ms)	60%ile (ms)	70%ile (ms)	80%ile (ms)	90%ile (ms)	95%ile (ms)	99%ile (ms)	100%ile (ms)
POST	/vss/api/search/filtered	24	26	29	32	38	45	61	210
	Aggregated	24	26	29	32	38	45	61	210

출처 : 실험 당시 작성된 결과 위키 페이지에서 발췌

2차 실험에 대한 정리를 해보면, 저희 시나리오에서는 RDS가 가장 좋은 성능을 보여주는 것을 확인할 수 있었습니다. 초당 요청량이 높고, 실패 건이 없으며 각 퍼센타일percentile별 응답시간 역시 다른 후보들 대비 더 짧은 것을 볼 수 있습니다. 이렇게 2차 실험인 부하 테스트를 통해 어느 정도 트래픽에 어느 정도 리소스를 투입할 수 있는지에 대한 감을 잡고 개발을 진행할 수 있었습니다.

간단한 성능 최적화 방법(RDS)

끝으로 성능 개선을 진행했던 건에 대해 간단히 말씀드리겠습니다. 우리의 케이스를 보면 행동 이력 N건에 대해 각 임베딩을 쿼리 벡터 삼아 후보군과의 벡터 검색을 N회 진행하고, 이를 전체적으로 정렬하는 과정이 있습니다. API에서 DB인 RDS에 쿼리를 여러 번 보내는 것보다 1번의 실행으로 처리할 수 있게 코드를 수정하여 성능을 최적화했습니다.

```python
# _make_vss_query 함수에 추가 파라미터 i를 받도록 수정, 해당 파라미터
# i는 각 호출에 대한 group_id로, select query에 필드로 넣어서 최종 쿼리
# 를 group_id로 분리하기 위해 넣습니다.
query_list = [
    _make_vss_query(
        i,
        target_col_name,
        embedding_col_name,
        distance_type,
        embedding,
        table,
        candidates_str,
        part_date,
        limit,
    )
    for i, embedding in enumerate(embeddings)
]
stmt = " UNION ALL ".join(query_list)

# ... 중략 ...
# stmt 실행(쿼리 결과를 ret에 저장)

pg_ret = [BaeminPGVSSResult(group_id=x[0], item=x[1], score=x[2])
for x in ret]

def _group_by_id(self, vss_results: list[BaeminPGVSSResult]) ->
list[list[BaeminPGVSSResult]]:
    ret: dict[int, list[BaeminPGVSSResult]] = {}
    for vss_result in vss_results:
        if vss_result.group_id not in ret:
            ret[vss_result.group_id] = []
        ret[vss_result.group_id].append(vss_result)
```

```
        return [v for _, v in sorted(ret.items(), key=lambda kv: kv[0])]

# _group_by_id를 통해 최종 결과를 그룹별로 정렬
multiple_reranked = _group_by_id(pg_ret)

# Reciprocal Rank Fusion(RRF) 방식을 사용하여 여러 VSS 결과를 하나로
통합합니다. (구현 생략)
shop_results = _get_reciprocal_rank_fusion_scores(multiple_reranked)
```

간단하게 설명드리면, 여러 쿼리를 union으로 묶어서 한 번에 실행하고 결과를 파싱해 groupby 했습니다. 이 내용을 생각할 때는 '괜찮은 방법인데?'라고 생각했는데요, 실제로 2024년에 참여했던 〈AWS Summit Seoul〉에서도 관련 내용을 꿀팁으로 전수해주는 세션을 듣게 되었습니다. 만약 이와 같은 방식으로 구현해야 한다면 고려해보시길 바랍니다.

마치며

자, 이제 드디어 결론까지 왔습니다. 지금까지 알아본 것을 정리하면 다음과 같습니다.

- 프로젝트의 요구 사항은 무엇이었는가?
- 숨겨진 요구사항에서 기술적인 문제로 환원된 사항은?
- 어떻게 도입 컴포넌트 후보를 선정하고, 평가하며 결정할 수 있었나?

위 질문들을 실시간 반응형 추천의 요구사항에서 출발해서 기술 컴포넌트로 정의하고, 이에 맞는 후보군 선정과 검증 단계까지 진행해보았습니다. 추가적으로, 벡터 유사도 검색이라는 기술을 요구사항에 맞춰서 연구하고 검증해나가는 구체적인 사례도 함께 알아보았습니다. 벡터 검색에 대한 이해와 우리에게 필요한 부분에 대해 범위를 좁혀나가고, 그 과정에서 새로운 기술을 도입하면서 고민해야 할 부분들인 운영 구축, 부하 응답 성능 등도 같이 알아보았습니다. 실험과 기술, 코드 관련된 내용은 시간이 지나고 버전이 바뀌면서 금방 아웃데이티드(outdated)되는 것들이 많겠지만, 벡터 검색을 처음부터 도입해야 하는 분들에게 개략적인 이해와 도움이 될 수 있기를 기대합니다.

실시간 반응형 추천에 대한 이해를 도와드릴 수 있도록 WOOWACON 2024 추천프로덕트팀 홍보 부스에 전시되었던 그림 일부를 보여드리면서 마무리하겠습니다.

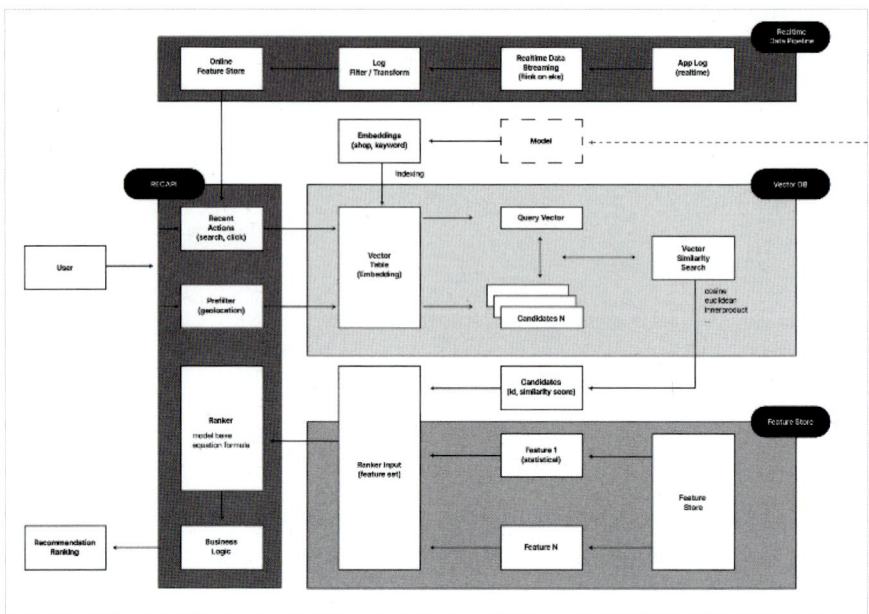

Q1
일반적인 벡터 유사도 검색과 어떤 점이 다른가요?

차이점은 크게 두 가지로 나눌 수 있습니다. 반경 검색과 prefilter를 활용한 벡터 유사도 검색 최적화입니다. 저희 서비스에서는 지역 정보가 중요하기 때문에, 모든 가게 임베딩을 대상으로 유사도 검색을 수행할 필요가 없었습니다. 유사도 검색 후 post filter를 적용하면 최소한의 검색 결과를 보장할 수 없기 때문에 먼저 prefilter를 적용하여 후보군을 걸러내는 방식이 필요했습니다. 일반적인 ANN을 사용할 수 없게 되어 계산량이 늘어나는 이슈도 있었습니다. 이러한 이유로, 운영 스케일에서 좌표 기반의 반경 검색과 벡터 유사도 검색의 연산 최적화에 중점을 두고 시스템을 설계했습니다.

Q2
어떻게 실시간 유저의 행동에 바로 반응하는 추천을 만들 수 있었나요?

실시간으로 유저의 행동에 반응하는 추천 시스템을 구축할 수 있었던 핵심은, 유저가 검색한 키워드와 클릭한 가게 등의 행동 로그를 신속하게 확보하고 이를 바탕으로 추천을 생성하는 데 있습니다. 이를 위해, 실시간 로그 파이프라인을 Flink on EKS로 구축하여, 필요한 로그를 빠르게 필터링하고 변환한 후 온라인 피처 스토어에 적재할 수 있게 했습니다. 이러한 구조 덕분에, 추천 요청이 들어오는 시점에 해당 유저의 최신 행동 이력을 바탕으로 즉각적으로 반응형 추천을 제공할 수 있었습니다.

Q3
최종 랭킹을 생성하는 방식은 어떤 방식인가요?

최종 랭킹을 생성하는 방식에는 여러 방법이 존재합니다. 실시간 추론을 통해 랭킹을 계산하거나, 가중치 기반의 수식 계산으로 랭킹 스코어를 생성하는 방식이 대표적입니다. 또한, 한 번 배포된 랭킹 방식이 고정되는 것이 아니라, 지속적인 실험과 개선을 통해 랭킹의 고도화를 추구하고 있으며, 이를 통해 더 나은 추천 결과를 제공하기 위해 끊임없이 노력하고 있습니다.

PART 3
AI로 쉽고 빠르게 데이터 활용하기

08
AI 데이터 분석가 '물어보새' 등장 1부
RAG와 Text-To-SQL 활용

#AI   #Artificial Intelligence   #RAG

BADA팀(성한영, 박준영, 이규철, 이범석, 윤영휘)
2024. 07. 12

AI 데이터 분석가 '물어보새'는 생성형 AI를 주제로 한 〈우아톤 2023〉* 을 계기로 탄생한 프로덕트입니다.

당시 '코드 없이 데이터 추출과 시각화를 자동으로 하는 서비스'로 1등을 차지했습니다. 우아톤 이후에도 구성원들의 요구와 관심이 지속되어 2024년 1월에 본격적인 개발을 위한 '언(言)지니어' 태스크포스(TF)가 구성되었습니다. 지난 6개월 동안 TF를 통해 '물어보새'는 더욱 발전해 쿼리문 생성뿐만 아니라 쿼리문 해석, 쿼리 문법 검증, 테이블 탐색 및 로그 안내 등의 다양한 기능을 갖추게 되었습니다.

지금부터 들려드릴 이야기는 지난 6개월 동안 TF 구성원들이 고군분투하며 만든, 세상에 없던 AI 서비스 '물어보새'의 개발기입니다.

---

* 우아한형제들 구성원 누구나 참여할 수 있는 사내 해커톤. https://techblog.woowahan.com/13929/

우리는 '왜' 다시 뭉치게 되었을까?

문제 정의

TF 시작에 앞서 해결해야 할 문제를 재정의하고, 프로덕트 개발 방향을 명확히 설정해야 했습니다. 이를 위해 모든 구성원을 대상으로 사내 데이터 활용 현황에 대한 설문조사를 진행했습니다. 설문조사 결과, 응답자의 약 95%가 데이터를 활용해 업무를 수행했습니다. 그러나 절반 이상의 응답자는 SQL을 업무에 활용하고 싶어도 학습 시간이 부족하거나, SQL 구문에 비즈니스 로직과 다양한 추출 조건을 반영해 작성하는 데 어려움을 느끼고 있었습니다. 또한 데이터를 적절히 추출했는지 신뢰도에 대한 고민도 있었습니다.

이 문제를 해결한다면 구성원이 본연의 업무에 집중할 수 있고, 데이터 기반 소통이 더 원활해질 것이라는 가능성을 확인할 수 있었습니다.

해결 방안

설문조사를 통해 도출한 구성원의 어려움을 해결하기 위해 프로덕트의 목적을 '구성원의 데이터 리터러시 상향 평준화'로 설정했습니다. 여기서 정의한 데이터 리터러시는 데이터를 통해 유의미한 정보를 추출하고 해석하며, 신뢰성을 검증하고, 데이터 탐색과 분석을 통해 통찰을 도출하고 합리적인 의사 결정을 내릴 수 있는 소통 능력입니다. 이를 통해 구성원의 어려움을 해결하는 것뿐만 아니라 업무 생산성을 크게 향상시키고 효율성을 극대화하는 것이 프로덕트의 방향성입니다. 다음과 같이 프로덕트의 목적을 달성하기 위한 네 가지 핵심 요소를 도출했습니다.

1. **체계화** : 데이터서비스실에서 제공하는 데이터 카탈로그의 테이블 메타 정보, 데이터 거버넌스의 비즈니스 용어, 그리고 검증된 데이터 마트를 활용해 데이터 정보의 일관된 체계를 수립한다.
2. **효율화** : 우아한형제들의 비즈니스를 이해하고, 사내 정보를 쉽고 빠르게 검색할 수 있는 기술을 개발한다.
3. **접근성** : 누구나 쉽고 빠르게 질문할 수 있도록 웹 기반이 아닌 업무 전용 메신저 슬랙의 대화창을 이용한다.
4. **자동화** : 데이터 담당자가 없어도 365일 24시간 언제 어디서나 이용할 수 있는 자동화된 데이터 서비스를 지향한다.

'데이터 리터러시 상향 평준화'라는 장기적인 목표와 네 가지 핵심 요소를 설정하고 구성원의 업무를 혁신할 수 있는 '나만의 데이터 분석가' 물어보새 프로덕트 개발에 도입했습니다.

우리는 '무엇을' 만들었을까?

물어보새 기반 기술

　물어보새의 기반 기술은 LLM, RAG, 랭체인^{Langchain}, LLMOps입니다. LLM^{Large Language Model}은 딥러닝 알고리즘 기반의 대규모 언어 모델입니다. 가장 유명한 모델로는 오픈AI의 GPT 시리즈가 있습니다. 해당 모델은 일반적인 질문에 대해 대답할 수 있지만, 특정 회사에서 통용되는 질문에 대해서는 제대로 답하지 못합니다. 그 이유는 그 회사의 데이터를 모델이 직접 학습하지 않았기 때문입니다.

　이를 보완하기 위해 사내 정보를 저장하고 검색해 활용함으로써 LLM의 답변 성능을 개선하는 기술을 RAG^{Retrieval-Augmented Generation}라고 합니다. 모델이 데이터를 직접 학습하지 않고 필요한 정보를 검색해 답변에 활용하게 됩니다. 이를 효과적으로 구현하기 위해 LLM과 애플리케이션을 개발할 수 있도록 지원하는 오픈 소스 프레임워크가 랭체인입니다.

　마지막으로 LLMOps^{Large Language Model Operations}는 LLM의 배포, 관리, 모니터링을 위한 운영 기법과 도구들을 의미합니다. 구체적으로 모델 학습, 튜닝, 버전 관리, 성능 모니터링, 응답 속도 관리, 데이터 보안 및 비용 등 다양한 요소를 최적화합니다. 파운데이션 모델이 없어도 LLM 관련 엔지니어링 영역에 적용할 수 있습니다.

물어보새 개발 아키텍처

〈우아톤 2023〉에서는 프롬프트와 마이크로소프트 애저 오픈AI[Microsoft Azure OpenAI]의 GPT-3.5 API를 이용해 간단히 구축되었습니다. 그러나 기존 방식은 '체계화', '효율화', '접근성', '자동화'를 구현하기에 한계가 있어 다음과 같이 4가지 관점에서 새로운 아키텍처를 설계했습니다.

1. 벡터 스토어 기반 비정형 데이터 파이프라인 구축

- 사내 방대한 도메인 지식을 이해하기 위해 비즈니스 용어, 테이블 메타 정보, 데이터 추출 코드 등의 비정형 데이터를 자동으로 수집할 수 있는 파이프라인을 구축했습니다.
- 비정형 데이터는 임베딩을 통해 벡터화하고, 벡터 유사도 검색을 활용할 수 있도록 VectorDB에 저장했습니다.
- 효율적인 데이터 업데이트를 위해 데이터 영역별 임베딩 인덱스를 적용했습니다.

2. 다양한 리터러시 기능 제공을 위한 RAG 기반의 멀티 체인 구조 개발

- 사용자가 질문을 하면 실시간으로 라우터 슈퍼바이저(Router Supervisor) 체인이 질문 의도를 파악해 적합한 질문 유형으로 분류합니다.
- 이후 사용자 질문에 답변을 해줄 수 있는 멀티 체인(예 : 쿼리문 생성, 쿼리문 해설, 쿼리 문법 검증, 테이블 해설, 로그 데이터 활용 안내 기능, 칼럼 및 테이블 활용 안내 기능 등)으로 매핑되어 최선의 답변을 생성합니다.
- 멀티 체인 실행 시, 체인별 서치 알고리즘을 활용해 리트리버*가 필요한 데이터를 선

---

* Retriever : 검색기 또는 검색자로 번역될 수 있으며, 주로 정보 검색 시스템에서 데이터나 문서를 찾아오는 역할을 하는 구성 요소

별적으로 추출합니다.

3. LLM 서비스 개발, 배포, 운영을 위한 LLMOps 구축

- A/B 테스트를 수행할 수 있는 실험 환경을 구축하고, 리더보드를 통해 성능이 가장 우수한 체인을 배포합니다.
- 응답 안정성, 속도, 오류 대응을 위해 API 로드 밸런싱, GPT 캐시, 피드백 루프, 운영 모니터링 대시보드 등 서비스 운영 품질을 개선하기 위한 기능과 환경을 구축했습니다.
- CI/CD를 통해 서비스 배포는 자동으로 진행됩니다.

4. 슬랙 기반의 다양한 응답 기능 도입

- 구성원은 간편하게 슬랙 앱을 통해 언제든지 궁금한 내용을 질문하고 답변을 받을 수 있습니다.
- 답변의 만족도를 긍정과 부정으로 평가할 수 있으며, 해당 결과가 GPT 캐시에 반영되어 다른 사용자에게도 표준화된 데이터 지식이 확산됩니다.
- 쿼리문 생성 기능의 경우 쿼리 검증을 통해 해당 쿼리문이 잘 실행되는지, 오류가 있는지 판단해 부가적인 설명을 제공합니다.

위의 기술들이 유기적으로 연결되어 물어보새는 양질의 답변을 안정적으로 제공하고 있습니다.

• 물어보새 아키텍처 •

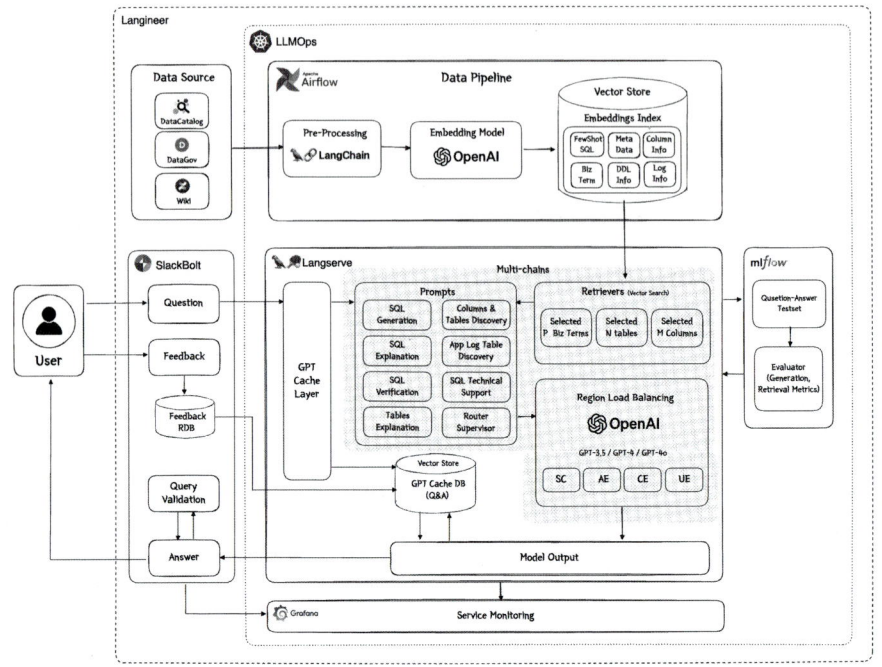

물어보새 캐릭터 디자인

기술적인 부분 외에도, 구성원이 적절한 답을 찾아가는 과정에서 로봇과 대화하는 것처럼 거부감을 느끼지 않고 친숙함을 느끼게 하는 요소가 중요하다고 판단했습니다. 또한 적절한 답변을 받지 못했을 때 부정적인 의견을 주기보다 함께 문제를 해결하는 동료와 같은 이미지를 주기 위해 캐릭터를 제작하게 되었습니다.

캐릭터 제작에 진심인 디자인실의 도움을 받아 우아한형제들 AI 데이터 분석가 '물어보새'가 탄생했습니다. 물어보새는 넓디넓은 우아한 데이터 바다에서 무엇이든 물어보면 가져다주는 친구입니다. 펠리컨과 폴더가 결합한 귀여운 너드 이미지를 갖추고 있으며, 겉모습은 귀엽지만 내부는 복잡한 시스템 구조로 이루어져 있습니다.

• 물어보새 캐릭터 디자인 •

우리는 '어떻게' 일을 했는가?

TF는 특정 기간 안에 제한된 리소스로 목표를 달성해야 하므로 짧은 호흡으로 작업을 진행했습니다. 개발 로드맵을 세 단계로 구분했고, 각 단계 안에서는 2주 단위로 스프린트를 진행했습니다.

LLM 기반의 프로덕트를 개발하는 것은 TF 구성원 모두에게 처음이라 각자의 강점이나 흥미를 명확히 알기 어려웠습니다. 이를 해결하기 위해 업무를 컴포넌트 형태로 분리하고, 스프린트마다 업무를 순환하는 방법을 도입했습니다. 업무 선택은 각 구성원이 하고 싶은 업무를 자율적으로 결정하도록 했습니다.

이 방법은 초기에 중복되는 업무도 있어 진척이 더딜 수 있지만, 스프린트가 반복될수록 업무의 진행 속도가 점차 빨라집니다. 그 이유는 업무를 순환하면서 각자 몰입할 수 있는 흥미 영역이 자연스럽게 형성되고, 각자의 강점을 살릴 수 있는 업무가 메인 업무가 되기 때문입니다.

이로 인해 피로도가 높은 TF 업무 수행에도 불구하고 팀원들은 흥미를 잃지 않고 지속적으로 높은 성과를 낼 수 있었습니다. 또한 순환 업무를 경험함으로써 구성원은 폭넓은 기술 셋을 갖추게 되었고, 서로의 업무에 대한 이해도가 올라가면서 자연스럽게 팀워크가 강화되었습니다.

Text-to-SQL을 '어떻게' 구현했을까?

이어서 본격적으로 물어보새의 개발 상세 히스토리를 말씀드리겠습니다. 처음 두 달 동안 집중한 키워드는 Text-to-SQL[Structured Query Language]입니다. Text-to-SQL은 물어보새의 핵심 기능 요소 중 하나로, 자연어를 SQL로 변환하는 기술입니다. SQL은 기업에서 데이터 기반의 의사 결정을 위해 필수적이며, 사용자가 데이터를 자유자재로 다루고 싶다면 반드시 배워야 할 핵심적인 역량입니다.

기본적으로 GPT-4o와 같은 LLM 모델들은 상당히 높은 수준의 SQL 쿼리문을 작성할 수 있습니다. 그렇다면 GPT-4o만을 활용해서 사내의 다양한 지식을 반영한 Text-to-SQL 기술을 구현할 수 있을까요?

정답은 '어렵습니다'. GPT-4o만 활용해서 쿼리문을 생성할 수 있지만, 실제 업무에 활용되기에는 품질이 떨어집니다. 이는 사내 도메인과 데이터 정책에 대한 이해도가 부족하고, 기본적으로 제공되는 리트리버의 성능이 떨어져 불필요한 데이터가 포함되기 때문입니다. 또한 LLM의 고질적인 문제인 환각Hallucination으로 인해 쿼리문 생성의 품질이 들쭉날쭉합니다. 결과적으로 그럴싸한 쿼리문 형태로 보이지만, 실제로는 활용할 수 없는 결과입니다. 이는 파운데이션 모델의 성능이 향상됨에 따라 답변 품질이 일정 수준 올라갈 수 있지만, 결국 한계에 도달할 수 있음을 보여줍니다.

이를 어떻게 해결할 수 있을까요? 물어보새는 랭체인에서 제공하는 도큐먼트로더*, 벡터스토어**, RAG QA 등을 활용해 도메인 지식을 기반으로 LLM 답변을 생성하는 기능을 만들었습니다. 그리고 다음과 같은 네 가지 요소인 '데이터 보강', '검색 알고리즘 개발', '프롬프트 엔지니어링', '실험 및 평가 시스템 구축'에 집중해 새로운 구조를 개발했습니다.

---

* DocumentLoader : 문서를 불러와 처리하거나 데이터로 변환하는 역할을 하는 컴포넌트나 모듈. 주로 문서에서 데이터를 읽어오는 데 사용됩니다.

** Vectorstore : 벡터 데이터를 저장하고 관리하는 데이터베이스나 시스템. 주로 벡터 임베딩을 효율적으로 검색하고 저장하는 데 사용됩니다. 우리말로는 벡터 저장소 또는 벡터 데이터 저장소라도 부릅니다.

물어보새 Text-to-SQL

물어보새 Text-to-SQL chain 영역을 알아보겠습니다.

• 물어보새 Text-to-SQL Chain •

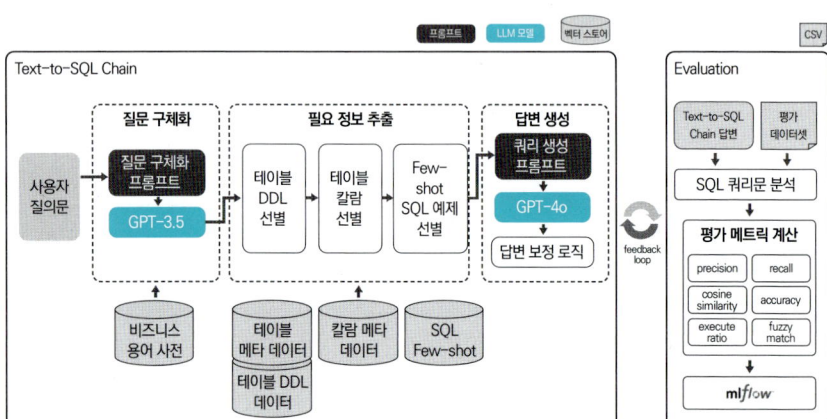

데이터 보강

"Garbage in Garbage Out"이라는 표현을 많이 들어보셨겠지만, 이는 LLM에도 여전히 통용되는 문장입니다. GPT 기반의 Text-to-SQL 성능을 향상시키려면 어떤 문서를 수집하는지가 가장 중요합니다. 2023년 NeurIPS 학회에서 발표된 논문*은 데이터 모호성 문제 개선의 중요성과

---

* 〈Data Ambiguity Strikes Back: How Documentation Improves GPT's Text-to-SQL〉

방법을 다루고 있습니다.

이를 기반으로 테이블 메타 데이터를 풍부하게 할 방법들을 고안했고, 기존보다 고도화된 메타 데이터 생성 작업을 진행했습니다. 기존에도 잘 되어 있었지만, 테이블의 목적과 특성, 칼럼의 상세 설명, 주요 값 및 키워드 등 기존에 기록되지 않았던 상세한 내용을 추가했습니다. 또한 주로 사용되는 서비스와 질문들을 정리했습니다. 테이블 메타 데이터를 기반으로 테이블 DDL 데이터를 생성하니 기존보다 훨씬 풍부한 DDL*을 만들 수 있었습니다. 이 과정에서 사내 데이터 카탈로그 시스템을 통해 손쉽게 메타 정보를 추가하고 API를 통해 자동으로 최신 데이터를 수집할 수 있었습니다.

사용자의 질문에는 사내 구성원만 이해할 수 있는 다양한 비즈니스 용어들이 사용됩니다. 해당 용어는 서비스 또는 조직별로 다를 수 있어, 커뮤니케이션에 혼동이 없도록 표준화와 관리가 필수입니다. 우아한형제들에는 데이터 거버넌스를 관리하는 조직이 있어 데이터와 비즈니스 용어를 잘 관리하고 있었습니다. 따라서 기존에 구축되어 있던 비즈니스 표준 용어 사전을 활용해 Text-to-SQL 전용 비즈니스 용어집을 구축했습니다.

마지막으로 퓨샷 SQL[few-shot SQL] 예제 데이터 구축을 진행합니다. 퓨샷이란 프롬프트에 몇 가지 예시 답변을 입력하는 기법입니다. 이는 모델이 답변에 필요한 여러 정보를 학습해 사용자의 질문에 대해 더 정확하고 관련성 높은 답변을 생성하도록 도울 수 있습니다. 도메인 지식을 쿼리문에 반영하는 데 있어 중요한 부분으로, 예시 쿼리문의 품질이 높을수록 답변

---

* DDL(Data Definition Language) : 테이블의 구조를 정의하거나 변경하는 데 사용되는 SQL 명령어

성능에 긍정적인 영향을 미칩니다. 따라서 데이터 분석가가 기존에 생성해놓은 높은 품질의 쿼리문과 주요한 비즈니스 질문에 대한 쿼리문을 추가로 작성해 예제 데이터를 수집했습니다. 그리고 각 쿼리문에 해당하는 질문을 작성해 쿼리문-질문 데이터셋을 구축했습니다. 퓨샷 SQL 예제 데이터의 경우 늘 새롭게 변경되는 데이터 추출 기준과 급변하는 비즈니스 상황에 대응할 수 있어야 하므로 각 도메인 지식에 특화된 데이터 분석가가 관리해야 합니다. 향후 해당 부분은 도메인 데이터 분석가와 원활하게 의사소통을 하고 데이터를 관리할 수 있도록 협업 체계를 구축할 계획입니다.

위의 데이터는 비정형 데이터 수집 파이프라인을 통해 매일 수집됩니다. 따라서 시시각각 변화하는 최신 데이터 정책을 자동으로 수집해 빠르게 확인하고 서비스에 반영할 수 있습니다. 그뿐만 아니라 데이터양이 점점 증가함에 따라 데이터 업데이트 속도를 향상시키기 위해 벡터디비에 인덱싱을 적용해 변경이 발생한 부분만 업데이트하는 환경을 구축했습니다.

검색 알고리즘 개발

프롬프트 활용 시, 사용자 질문과 단계마다 적합한 검색 알고리즘을 활용해 데이터를 입력시키는 것이 중요합니다. 사용자 질문이 모호하거나 짧고 명확하지 않은 경우, 질문을 구체화해야 합니다. 질문을 구체적으로 만들 때는 반드시 비즈니스 용어를 먼저 이해해야 하므로 질문의 의도와 관련이 있는 적절한 용어를 추출해야 합니다. 이 단계에서는 비슷하지만 의도와 관련이 없는 용어를 추출하면 LLM이 오히려 잘못된 질문을 만들어낼 수 있기 때문에 의도를 정확히 파악할 수 있는 정교한 검색 알고리즘이 필요합니다.

구체화된 질문을 기반으로 쿼리 작성에 필요한 정보를 추출하는 단계에서는 테이블 및 칼럼 메타 정보, 테이블 DDL, 퓨샷 SQL 등을 활용합니다. 수많은 정보 중 사용자 질문에 대답하기 가장 적합한 정보를 추출하는 것이 중요합니다. 다시 말해 사용자 질문의 문맥을 파악해 가장 유사도가 높은 정보를 추출하거나, 특정한 단어가 포함된 정보를 선별하는 등 다양한 검색 알고리즘을 활용해 조합해야 합니다.

마찬가지로 퓨샷 SQL 예시도 질문과 가장 유사한 예시를 선별해야 하며, 유사한 예시가 없으면 새롭게 추가해야 합니다. 각 단계별로 합쳐진 입력값을 GPT에 입력하면 허위 생성이 줄어든 고품질 쿼리문 답변을 생성할 수 있습니다.

프롬프트 엔지니어링

프롬프트는 질문 구체화 프롬프트와 쿼리 생성 프롬프트로 나뉘지만, 공통적으로 활용하는 요소가 있습니다. 먼저, 두 프롬프트 모두 데이터 분석가의 페르소나를 부여받습니다. 설정된 페르소나에 따라 결과물의 품질이 달라질 수 있으므로 원하는 역할과 기대하는 결과물에 대해 충분한 논의가 필요합니다.

프롬프트 구조 설계에는 다양한 방법이 있습니다. 그중 ICLR 2023 학회에서 발표된 논문*에 따르면, LLM 기반 ReAct** 방법은 다양한 벤치마크에서 모방 학습과 강화 학습에 비해 더 높은 답변 성능을 보여준다고 합니다. ReAct 방법은 문제 해결 과정을 위한 순차적 추론 단계(chain-of-thought, COT)와 특정 작업 수행을 위한 도구 또는 행동으로 나뉩니다. 이 두 요소를 함께 활용하면 시너지가 발생해 단일 방법만을 사용한 답변보다 더 정확한 답변이 나오게 됩니다.

물어보새는 ReAct 방법의 아이디어를 응용해 쿼리 생성 프롬프트를 개발했습니다. 이 프롬프트는 사용자 질문에 적합한 쿼리문을 생성하기 위해 단계별 추론 과정COT을 거칩니다. 또한 사용자 질문에 적합한 데이터를 동적으로 검색해 선별합니다. 이처럼 추론 과정과 검색 과정이 결합되면서 답변이 점점 정교해집니다. 이는 단순 추론 기법만을 사용할 때보다 훨씬 더 정확한 답변을 제공할 수 있었습니다.

그 외에도 다양한 프롬프트 엔지니어링 방법이 적용되고 있으며, 지속적인 실험을 통해 점진적으로 Text-to-SQL 성능을 향상시키고 있습니다.

---

*   〈ReAct : Synergizing Reasoning and Acting in Language Models〉

** ReAct : LLM(대형 언어 모델) 기반의 프롬프트 설계 기법으로, 모델이 추론(Reasoning)과 행동(Action)을 반복하며 문제를 해결하도록 설계된 방식. 주로 지식 기반 시스템이나 에이전트 설계에서 사용되며, 모델이 논리적으로 문제를 해결하는 동시에 외부 도구(예: 검색기, 계산기 등)를 활용해 최적의 답을 도출할 수 있도록 합니다.

실험 및 평가 시스템 구축

Text-to-SQL 성능을 평가하고 경쟁하는 다양한 리더보드가 있습니다. 가장 유명한 리더보드는 예일 스파이더*와 알리바바 버드**가 있습니다. 또한 LLM과 RAG 애플리케이션의 지속적인 개선을 위해 지표 기반의 개발을 추구하는 라고스***도 있습니다. 이러한 평가 방법과 지표들의 공통점은 Text-to-SQL의 성능을 평가 데이터와 평가 지표를 통해 판단하고, 현황을 파악해 개선할 수 있다는 점입니다.

그러나 공개된 지표와 리더보드를 사용해 사내의 다양한 비즈니스 문제를 해결하기에는 한계가 있습니다. 도메인에 특화된 문제를 해결해야 하고, 비즈니스 상황에 따라 중요하게 판단되는 주요 지표를 새롭게 업데이트하기 어렵기 때문입니다. 이를 해결하기 위해 리더보드와 지표를 벤치마킹해 사내 Text-to-SQL 성능 측정의 기반이 되는 평가 지표와 평가 데이터를 직접 개발했습니다.

개발된 평가 지표와 평가 데이터를 활용해 Text-to-SQL 기능의 성능을 향상시키기 위해 단계별로 테스트를 진행했습니다. 테스트 단계는 쿼리

---

* YALE Spider : 복잡한 도메인 간 시맨틱 파싱 및 텍스트에서 SQL로 변환하는 대규모 데이터셋. 예일 대학 연구진이 개발했으며, 200개 이상의 데이터베이스에서 5,693개의 고유한 SQL 쿼리와 10,181개의 질문을 포함합니다. 이 데이터셋의 목적은 자연어로부터 SQL 쿼리를 생성하는 모델의 성능을 평가하고 향상시키는 것입니다. https://yale-lily.github.io/spider

** Alibaba BIRD : 알리바바에서 개발한 대규모 데이터 처리와 지능형 연구 개발을 지원하기 위해 구축한 인프라. https://bird-bench.github.io/

*** Ragas : Retrieval Augmented Generation(RAG) 파이프라인을 평가하는 프레임워크. 이 프레임워크는 외부 데이터를 사용해 LLM의 컨텍스트를 확장하는 응용 프로그램을 평가하는 데 필요한 다양한 평가 지표를 제공합니다. https://docs.ragas.io/

문법 이해도를 평가하는 단계부터 복잡한 도메인 지식이 반영된 쿼리의 실행 결과 정확도를 평가하는 단계까지 나뉩니다. 현재는 복잡한 도메인 지식을 이해하고 쿼리 실행 결과의 정확도를 평가하는 테스트를 진행 중이며, 사용자들의 질문도 추가해 개선 작업을 진행하고 있습니다.

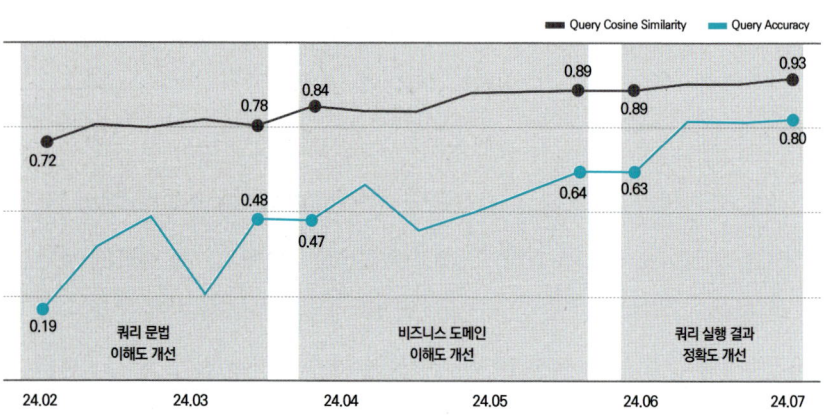

• 물어보새 Text-to-SQL 성능 평가 결과 •

위와 같은 실험이 가능한 이유는 자동화된 실험 및 평가 시스템을 구축해 누구나 손쉽게 성능을 평가할 수 있는 기반을 마련했기 때문입니다. 이를 통해 누구나 일관된 평가 데이터, 프롬프트, 리트리버, 체인 등 다양한 요소를 선택해 실험할 수 있으며, 수십 개의 지표를 개발해 세부적인 요소를 모두 측정할 수 있게 되었습니다.

자체적으로 사내 리더보드를 구축하고 각자의 아이디어를 실현하기 위해 500번 이상의 A/B 테스트를 수행했습니다. 특히, 개개인이 만든 결과가 순위로 측정되면서 게임 요소로 작용해 재미있게 참여할 수 있었습니다. 주 단위 싱크 업을 통해 가장 높은 성능을 낸 결과를 운영에 배포해 점진적으로 서비스를 고도화했습니다. 위의 요소 외에도 랭서브 플레이그라운드*를 활용하면 변경된 프롬프트나 체인의 성능 변화를 빠르게 확인할 수 있습니다.

물어보새 쿼리문 생성 및 해설 기능

앞서 말씀드린 물어보새의 기본 아키텍처와 Text-to-SQL 기능 구현을 통해 쿼리문 생성 및 해설 기능을 두 달 만에 개발할 수 있었습니다. 이 기능은 30초에서 1분 이내에 사용자에게 답변을 제공하며, 업무에 참조할 수 있는 수준의 쿼리문을 제공합니다.

---

* LangServe Playground : 랭체인의 실험 환경으로, 개발자가 다양한 입력 값과 구성 요소를 실시간으로 테스트할 수 있는 UI를 제공합니다. 이를 통해 LLM 애플리케이션의 구성 요소(예 : 모델, 리트리버)를 쉽게 조정하고, 스트리밍 출력과 중간 단계를 시각적으로 확인할 수 있습니다. 또한 팀원들과 공유하여 협업할 수 있으며, 기술적이지 않은 사용자도 애플리케이션을 쉽게 테스트해볼 수 있는 기능을 제공합니다.

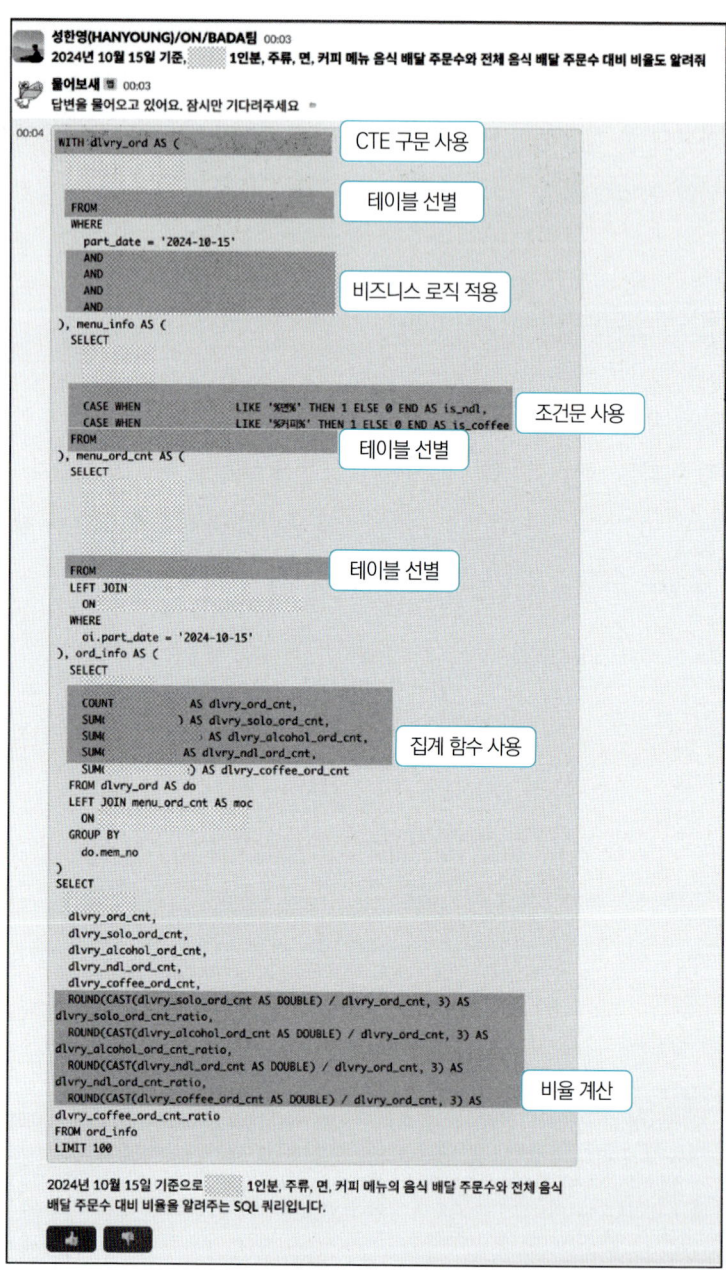

회사에 처음 입사했거나 다른 서비스 도메인 업무를 맡은 구성원은 물어보새의 쿼리문 생성 및 해설 기능이 업무 이해도를 높이는 데 큰 도움이 된다고 평가합니다. 그러나 일부 구성원들은 비즈니스 로직의 정확성과 질문 이해도의 개선이 필요하다고 의견을 주었습니다. 더 정확한 정보 전달을 위해 다양한 의견과 질문 이력을 참고해 여러 방법과 실험을 통해 성능 개선 작업을 진행하고 있습니다.

물어보새 1부를 마치며

점진적으로 테스트 참가자와 대상 조직을 늘려나가면서, 쿼리문 생성 답변뿐만 아니라 데이터 디스커버리 영역에 대한 질문 비중이 상당히 높다는 것을 알게 되었습니다. 데이터 디스커버리^{Data Discovery}는 테이블 칼람, 테이블 구조, 테이블 유형 등을 탐색하고 이해해 유의미한 인사이트를 도출하고, 이를 비즈니스 인텔리전스[BI] 리포트로 작성하는 과정을 의미합니다. 이를 위해서는 쿼리문 작성뿐만 아니라 다양한 데이터 질문에 대해 답변할 수 있어야 하기 때문에, Text-to-SQL을 넘어서 데이터 디스커버리 영역으로 물어보새의 기능을 확장하게 되었습니다.

지금까지 프로덕트 소개와 Text-to-SQL 기능 구현에 대해 설명했습니다. 이어서 이 글의 2부에서는 데이터 디스커버리 기능들과 향후 계획을 이야기하겠습니다.

09
AI 데이터 분석가 '물어보새' 등장 2부
데이터 디스커버리

#AI   #Artificial Intelligence   #GenAI   #RAG

BADA팀(성한영, 박준영, 이규철, 이범석, 윤영휘)
2024. 08. 09

 이 글의 1편에서는 구성원의 데이터 리터러시 향상을 돕는 AI 데이터 분석가 물어보새의 개발 계기, 목적, 핵심 기능, 그리고 RAG, LLMOps, Text-to-SQL과 같은 기술의 구현 방법을 자세히 다루었습니다. 여기에서는 Text-to-SQL을 넘어, LLM을 활용해 사내의 다양한 데이터를 탐색하고 이해해 유의미한 인사이트를 도출하는 물어보새의 데이터 디스커버리 기능을 알아보겠습니다.

우리는 '왜' 데이터 디스커버리 영역으로 확장했을까?

사용자 베타 테스트

 사용자의 피드백을 기반으로 물어보새 기능의 유용성을 검증하고 개선할 부분을 확인할 목적으로 두 차례의 베타 테스트를 진행했습니다. 이를 통해 다양한 사용자 질문에서 중요한 개발 인사이트를 얻을 수 있었습니다.

첫 번째 베타 테스트에서는 데이터 분석가와 엔지니어를 대상으로 Text-to-SQL 초기 버전을 테스트했습니다. 이를 통해 테이블 선별 정확도와 비즈니스 로직 반영 등 쿼리 생성 기능에 대한 피드백을 받았으며, 트리노^{Trino} 쿼리 함수와 응답 시간 개선이 필요함을 확인했습니다. 또한 쿼리 생성뿐만 아니라 쿼리 해설에 대한 요구도 파악할 수 있었습니다.

두 번째 베타 테스트는 PM을 대상으로 진행했습니다. 이 테스트를 통해 물어보새의 실무적 활용성을 검증하고, 데이터 관련 직군이 아닌 사용자의 사용 가능성을 확인했습니다. 수집된 질문에는 쿼리문 생성 외에도 쿼리문 해설, 테이블 해설, 특정 정보가 담긴 테이블과 칼람 탐색, 로그 데이터 활용 등 다양한 데이터 디스커버리 질문이 있었습니다. 이를 통해 더 많은 사용자가 유용하게 활용할 기능을 파악할 수 있었습니다.

• 물어보새 PM 대상 베타 테스트 질문 유형 분류 •

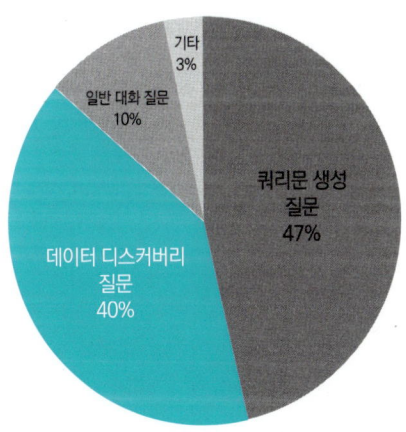

데이터 디스커버리 기능 확장

물어보새는 사용자 베타 테스트에서 얻은 인사이트를 바탕으로, 사용자의 다양한 질문을 이해하고 답변할 수 있는 데이터 디스커버리 기능을 추가했습니다. 이 기능은 사내 모든 테이블과 칼람에 대한 상세한 정보가 저장되어 있는 데이터 카탈로그 Data Catalog 와 앱과 웹에서 발생하는 사용자의 행동과 이벤트 정보를 로그 단위로 통합 관리하는 로그 체커 Log Checker 등 사내 데이터 디스커버리 플랫폼에 있는 데이터를 벡터 스토어에 저장하고 활용합니다. 이를 통해 물어보새는 사용자 질문의 의도를 파악하고 관련 정보를 찾아 답변할 수 있습니다. 이후 더 상세한 정보가 필요할 경우, 사용자를 데이터 카탈로그나 로그 체커에 연결해 데이터 활용의 시너지를 극대화할 수 있도록 했습니다.

구체적으로 데이터 디스커버리 기능은 Text-to-SQL 기반의 쿼리문 생성 답변뿐만 아니라 쿼리문과 테이블 해설, 로그 데이터 활용 안내 답변까지 구성원의 데이터 리터러시를 향상시키는 데 도움을 주는 다양한 정보 획득 기능으로 구성되어 있습니다. 다음은 현재 제공 중인 기능과 각 기능에 대한 상세 설명입니다.

• 물어보새 데이터 디스커버리 기능 상세 •

순번	단계	기능명	설명
1	질문 이해	질문 유형 분류	사용자의 질문을 정확히 이해할 수 있도록 질문 의도와 유형을 분류
2	정보 획득	쿼리문 생성 답변	Text-to-SQL 기술을 활용해 비즈니스 문제 해결에 필요한 쿼리문 제공
3		쿼리문 해설 답변	쿼리문을 입력하면 주요 조건과 정보를 사용자가 이해할 수 있는 자연어로 번역해 제공
4		테이블 해설 답변	테이블의 목적, 주요 칼럼, 활용 예시 등 테이블 전반적인 설명 제공
5		쿼리 문법 검증 답변	작성된 쿼리 문법이 올바르게 작성됐는지 피드백을 제공
6		데이터 기술 지원 답변	쿼리 함수 및 데이터베이스 관련 질문에 대한 정보 제공
7		테이블 및 칼럼 활용 안내 답변	특정 정보를 담고 있는 테이블 및 칼럼에 대한 정보 제공
8		로그 데이터 활용 안내 답변	로그 체커 데이터를 기반으로 질문과 관련된 로그 정보 제공

데이터 디스커버리 기능 구조

데이터 디스커버리 기능은 질문 이해와 정보 획득을 기반으로 한 계층 구조로 구현했습니다. 이를 통해 사용자의 다양한 질문을 이해함으로써 LLM의 환각 문제를 최소화하며, 동시에 데이터 디스커버리 기능의 확장성을 확보할 수 있었습니다.

• 물어보새 데이터 디스커버리 기능 구조 •

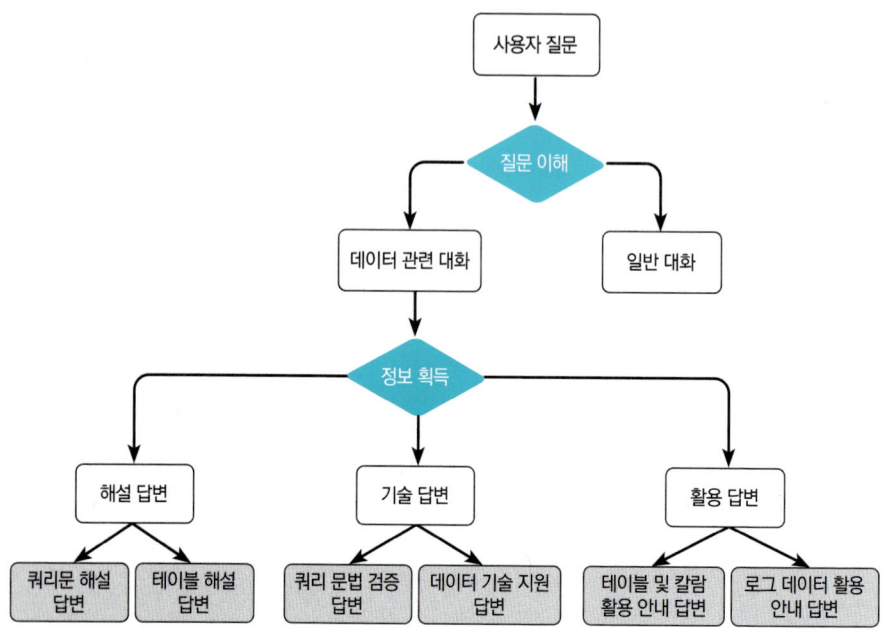

질문 이해 단계는 '어떻게' 구현했을까?

지금부터 데이터 디스커버리 구조에서 첫 번째 단계인 '질문 이해'와 두 번째 단계인 '정보 획득'을 어떻게 구현했는지 상세하게 알아보겠습니다.

두 차례의 베타 테스트 기간 동안, 쿼리문 생성 외에도 다양한 질문이 발생해 하나의 체인으로 모든 질문에 대응하기 어려웠습니다. 무엇보다 사용자의 데이터 이해도와 활용 역량이 다르기 때문에 질문 수준도 다양했습니다. 예를 들어 "어제자 주문 마스터 테이블에서 테스트 매장을 제외하고 알뜰 배달 주문 비중을 소수점 둘째 자리에서 반올림해 구해줘"라고 묻는 사용자가 있는 반면, 어떤 사용자는 질문을 어떻게 시작해야 할지 모를 수도 있었습니다.

따라서 사용자의 데이터 활용 역량에 상관없이 질문의 완성도를 높이고, 적절한 체인으로 연결해 답변 품질을 높일 방안이 필요했습니다. 이를 위해 사용자의 질문 의도를 정확히 파악하고 적절한 답을 전달할 수 있는 라우터 슈퍼바이저 체인을 구현했습니다. 라우터 슈퍼바이저 체인은 랭그래프의* 에이전트 슈퍼바이저**에서 아이디어를 응용했습니다. 구체적인 방법을 알아보겠습니다.

사용자 질문 개선 방법

사용자 질문을 개선하는 과제는 '질문 해석 능력 개선'과 '질문 생성 능력 개선', 양방향으로 진행했습니다.

'질문 해석 능력 개선'은 전달받은 질문이 데이터와 얼마나 연관되어

---

*   LangGraph : 랭체인 위에 구축된 모듈. 주로 복잡한 에이전트 실행 환경에서 사이클이 있는 그래프를 쉽게 생성할 목적으로 설계되었습니다. 이 모듈은 에이전트의 여러 작업 간 전환을 제어하는 상태 기계를 구현하고, 다중 에이전트 워크플로를 관리하며 LLM 애플리케이션에서 유연한 처리 흐름을 제공합니다. https://blog.langchain.dev/langgraph/

**   Agent Supervisor : 랭그래프에서 사용하는 개념으로, 여러 에이전트를 관리하고 연결하는 역할을 합니다. 각 에이전트는 자체적인 프롬프트, 도구, LLM(대형 언어 모델)을 가지고 독립적으로 동작하며, 이들 간의 작업을 조율합니다. 이 구조는 복잡한 에이전트 기반 워크플로로서 각 에이전트가 특정 작업을 담당하게 하고, 에이전트 간의 협력을 통해 최종 목표를 달성할 수 있게 합니다.

있으며, 문제 해결을 위한 구체적인 단서를 얼마나 포함하는지 평가하는 단계입니다. 해당 단계를 추가한 이유는 질문 유형이 LLM을 통해 분류되더라도 오류가 있을 수 있으므로, 질문의 품질을 한 번 더 평가하는 단계가 필요했기 때문입니다. 질문 평가 기준을 수립하고, 평가 항목별 점수를 합산해 종합 점수를 산출했습니다. 프롬프트 엔지니어링 기법을 활용해 기준을 충분히 달성했는지에 대한 일관성 있는 점수를 부여했습니다. 질문을 점수화하는 과정에서 Text-to-SQL 부분과 유사하게 벡터 스토어를 사용해 사내 용어와 질문을 결합해 추상적이거나 전문적인 질문을 쉽게 이해할 수 있는 질문으로 변경했습니다. 일정 기준 점수와 분류 모델을 통과한 질문은 다음 단계인 정보 획득 단계로 넘어갑니다. 통과하지 못한 질문은 적합한 질문 예시를 참고해 조금 더 구체적으로 질문해 달라는 안내 문구를 자동으로 제공합니다.

질문 해석 능력 개선 방법 외에도 '사용자의 질문 생성 능력'을 향상시키기 위한 방법을 고민했습니다. 문제 상황에 맞는 적합한 질문을 할 수 있도록 사용자 가이드를 제공했으나, 사용자들이 가이드북을 제대로 읽지 않고 질문하는 경우가 지속적으로 발생했습니다. 그래서 원하는 답을 얻지 못하는 경우가 발생했습니다. 이를 해결하기 위해 물어보새 슬랙 앱 등록 시, 튜토리얼과 같은 활용 안내 화면을 개발해 직관적인 사용자 가이드를 제공했습니다. 이를 통해 현재 제공 중인 기능과 기능별 대표 질문 및 예시 답변을 통해 어떤 질문을 할 수 있으며 어떤 답변을 받을 수 있는지 인지시킬 수 있었습니다.

대화 유형별 대응 방법

대화 유형별 대응 방법으로 싱글 턴Single-Turn, 가이디드 싱글 턴Guided Single-Turn, 멀티 턴Multi-Turn 방식이 있습니다.

'싱글 턴' 대화 유형은 하나의 질문과 응답으로 구성됩니다. 구축이 간단하고 응답 속도가 빠르지만, 문맥이 유지되지 않다는 단점이 있습니다. 질문 이해 단계에서는 응답 속도가 중요하므로 주로 싱글 턴을 사용했습니다. 베타 테스트 결과에 따르면 데이터와 관련 없는 질문도 10% 이상 발생한다는 것을 알 수 있습니다. 이런 질문들을 Text-to-SQL 질문으로 연결하면 엉뚱한 답변이 나올 수 있습니다. 따라서 사용자의 질문을 우선적으로 데이터 또는 비즈니스 관련 여부에 따라 자동으로 분류합니다. 날씨 문의와 안부 인사처럼 관련 없는 질문은 일반 대화로 분류해 별도의 처리 없이 적절한 답변을 제공합니다. 전통적으로 문장 분류는 머신러닝 기반 분류 모델을 사용해왔으나, 최근에는 LLM 기반의 프롬프트 엔지니어링으로 자동 분류가 가능해졌습니다. 이를 통해 구축이 더 쉬워지고 분류 성능도 우수해졌습니다.

데이터 또는 비즈니스 관련 질문으로 분류되면 어떤 정보 획득 유형이 적합한지 한 번 더 분류합니다. 예를 들어 질문이 해설 답변을 요구하는지, 또는 검증 답변을 요구하는지에 따라 상세하게 분류합니다. 두 가지 질문을 할 때는 기능의 우선순위와 문제 해결에 가장 적합한 답변을 우선 제공합니다. 이 두 단계의 분류 과정을 통해 사용자의 질문에 최대한 적합한 답변을 제공합니다.

'가이디드 싱글 턴' 대화 유형은 하나의 질문과 응답으로 구성되지만 특정 방향으로 대화를 유도합니다. 질문이 구체적이지 않을 때, 물어보새는 질문 작성 가이드를 제공해 사용자가 더 구체적으로 질문하도록 유도합니다. 이는 멀티 턴 대화는 아니지만, 사용자가 멀티 턴 대화와 비슷한 경험을 할 수 있습니다.

'멀티 턴' 대화 유형은 질문과 응답이 연속적으로 이어지며, 문맥이 유지됩니다. 이를 통해 긴 대화를 이어가며 지속적인 상호작용할 수 있습니다. 하지만 다양한 기능과 연결될 때 답변의 허위 생성이 발생할 수 있어 적용 전에 충분한 테스트가 필요합니다. 현재 물어보새는 안정적인 서비스 제공이 가능한 멀티 턴 기능을 개발 중입니다.

지금까지 데이터 디스커버리 구조의 첫 번째 단계인 질문 이해를 알아보았습니다. 앞서 설명한 전략을 통해 사용자 질문의 완성도를 높이고, 다양한 질문에 효과적으로 답할 수 있었습니다. 덕분에 사용자 만족도와 신뢰도를 높일 수 있었습니다.

정보 획득 단계는 '어떻게' 구현했을까?

질문 이해 단계에서 분류된 사용자의 질문에 대해 구체적인 답변을 제공하는 정보 획득 단계를 알아보겠습니다. 정보 획득 단계는 '쿼리문과 테이블 해설 답변', '쿼리문 문법 검증과 데이터 기술 지원 답변', '테이블 및 칼럼 활용 안내 답변', '로그 데이터 활용 안내 답변'의 네 가지 복합 기능과 일곱 가지 세부 기능으로 구성되어 있습니다.

쿼리문과 테이블 해설 답변 기능

서비스를 개발하고 개선하는 과정에서 데이터 분석과 이를 위한 쿼리문은 중요한 역할을 합니다. 이에 따라 데이터에 익숙한 구성원부터 그렇지 않은 구성원까지 많은 구성원이 다양한 영역에서 쿼리문을 활용하고 있습니다. 하지만 배달의민족 서비스가 다양해지고 고도화됨에 따라 한눈에 이해하기 어려운 복잡한 쿼리문도 생성되었습니다. 이로 인해 쿼리문에 익숙하지 않거나, 쿼리문에 사용된 테이블을 잘 모르는 사람들은 쿼리문을 이해하는 데 많은 시간이 걸리곤 했습니다. 또한 서비스 담당자가 바뀌는 경우 인수인계를 받은 사람이 기존에 활용되던 쿼리문을 깊이 이해하기 어려운 상황이 자주 발생했습니다.

쿼리문과 테이블 해설 답변 기능은 이 같은 어려움을 해결하기 위해 도입되었습니다. 사용자가 쿼리문을 입력하면 해당 쿼리문에 사용된 주요 비즈니스 조건, 주요 칼럼, 최종적으로 추출되는 정보, 해당 쿼리문의 활용 방법에 대한 정보를 제공합니다. 사용자가 테이블명을 입력하는 때에는 테이블의 주요 칼럼, 칼럼 설명, 그리고 테이블의 활용 예시에 대한 정보를 제공합니다. 답변 마지막에는 사용자의 질문에 포함된 테이블의 데이터 카탈로그 정보 링크를 제공해 더 상세한 정보를 탐색할 수 있도록 합니다.

• 물어보새 테이블 해설 답변 예시 •

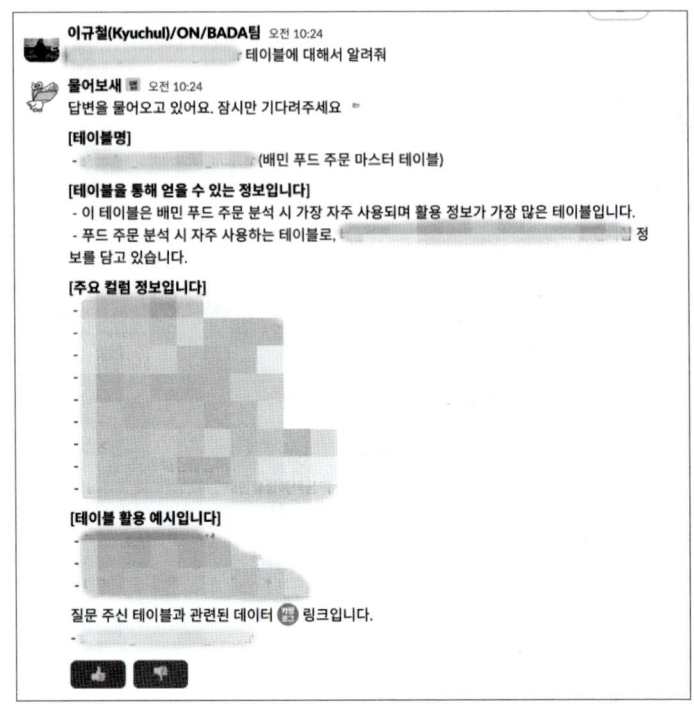

 쿼리문 해설 답변 기능 구현은 사용자의 질문에 포함된 테이블명을 추출하는 것으로부터 시작됩니다. SQLGlot*이라는 파이썬 라이브러리와 정규표현식을 활용해 질문을 분석하고 테이블명을 추출한 후, DDL** 벡터 스토어에서 해당 테이블에 대한 정보를 가지고 옵니다. 사용자가 입력한 내

---

* SQLGlot : SQL 파서 및 변환기. 여러 SQL 방언 간의 쿼리를 변환하고 최적화하는 파이썬 라이브러리입니다. 다양한 SQL 엔진 간에 쿼리 변환을 쉽게 처리합니다.

** Data Definition Language : 데이터베이스의 구조를 정의하는 SQL 명령어들의 집합으로, 테이블 생성, 수정, 삭제 등 데이터베이스의 스키마를 관리하는 데 사용됩니다. 주요 명령어로는 CREATE, ALTER, DROP 등이 있으며, 데이터의 정의나 변경과 관련된 작업을 수행합니다.

용에 개인정보 보호 등의 이유로 정보를 제공할 수 없는 테이블이 포함된 경우, 해설 정보가 부정확할 수 있다는 안내 문구를 답변에 추가합니다.

질문에 포함된 테이블의 DDL을 추출한 이후에는, 일부 칼럼에 대한 정보만 추출하는 DDL 축소 로직을 적용합니다. DDL을 축소하는 이유는 두 가지입니다. 첫 번째, LLM에 입력되는 프롬프트 길이가 길어질수록 환각 현상이 발생할 가능성이 높아진다는 겁니다. 두 번째, 칼럼 수가 매우 많은 일부 DDL의 경우 전체 내용을 프롬프트에 입력하면 LLM의 토큰 제한에 걸려 에러가 발생하기 때문입니다. 따라서 쿼리문에서 사용된 칼럼명과 함께 테이블의 키 정보, 파티션 정보 등 주요 칼럼만 추출하는 로직을 적용해 축소된 DDL을 프롬프트에 입력합니다. 이 프롬프트는 기존의 CoT 방법론의 한계를 개선하기 위해 개발된 'Plan and Solve Prompting'* 방법을 적용해 쿼리문과 테이블에 대한 해석 방법을 지시했습니다.

쿼리문 문법 검증과 데이터 기술 지원 답변

쿼리문 문법 검증 기능은 사용자가 작성한 쿼리문 문법의 정확성을 확인하고, 필요한 경우 칼럼명, 조건 값, 실행 최적화를 위한 개선 방안을 제안합니다. 길고 복잡한 쿼리에서 오류가 발생했을 때 또는 사용자가 쿼리 작성에 익숙하지 않아 어떤 부분에서 잘못되었는지 모를 때 유용한 기능입니다.

---

* https://arxiv.org/pdf/2305.04091

데이터 기술 지원 기능은 '어제 일자 구하는 함수'와 같은 쿼리 함수뿐만 아니라 데이터 과학이나 데이터베이스와 관련된 데이터 전문 지식을 제공합니다.

쿼리문 문법 검증 기능은 두 단계의 세부 체인으로 구성되어 있습니다. 첫 번째 단계는 칼람명 보정 체인입니다. 쿼리문에 사용된 칼람명과 테이블명을 추출한 후, 추출된 테이블의 DDL을 기반으로 칼람명에 오류가 없는지를 확인하고 보정합니다. 이후 보정된 쿼리문을 기반으로 DDL을 축소합니다. 두 번째 단계는 쿼리문 문법 검증 및 최적화 체인입니다. 이전 단계에서 넘겨받은 보정된 쿼리문과 축소된 DDL을 기반으로 문법과 칼람 값에 대한 오류를 확인하고 최적화 방안을 제안합니다. 두 단계의 세부 체인으로 나눔으로써 각 단계에서 LLM은 더욱 세분화된 역할을 부여받고, 단계별로 필요한 정보량을 줄임으로써 허위 생성 가능성을 낮추고 성능을 더욱 향상시킬 수 있었습니다. 질문에 쿼리문이 없는 때에는 데이터 기술 지원 기능 체인으로 정보를 전달해 답변할 수 있도록 합니다.

쿼리문 문법 검증 기능은 이름에서 알 수 있듯이 쿼리에서 사용된 비즈니스 로직에 대한 수정 사항을 제안하지는 않습니다. 이는 쿼리문 조건별 비즈니스 의미에 대한 메타 정보가 현재는 퓨샷 SQL 예제 데이터로 구축되어 있기 때문입니다. 따라서 상세한 수준의 비즈니스 로직에 대한 정보를 벡터 스토어에서 검색해 제공하기는 어렵기 때문에 만족할 만한 수준의 답변을 내기가 어려웠습니다. 또한 대부분 질문에서 질문자가 어떤 상세 로직을 수정하고 싶은지 구체적으로 명시하지 않아 LLM이 정확한 답변을 하기 어렵습니다. 이와 같은 문제를 해결하고 해당 기능을 고도화하기 위해 특정 비즈니스 로직은 어떤 테이블에서 어떤 칼람과 조건값을 사용해야 하는지에 대한 메타 정보를 벡터 스토어에 저장하고, 질문을 구체적으로 할 수 있도록 사용자 가이드를 추가할 계획입니다.

테이블 및 칼람 활용 안내 답변

테이블 및 칼람 활용 안내 답변 기능은 특정 정보를 담고 있는 테이블명과 칼람 정보를 제공해 사용자가 필요한 데이터를 더 쉽게 찾고 활용할 수 있도록 돕습니다. 예를 들어 사용자가 "배민클럽 멤버십 구독 정보에 대해서 알 수 있는 테이블 알려줘"와 같은 질문을 하면 해당 정보를 담고 있는 테이블명과 주요 칼람, 활용 예시를 설명해줍니다. 그리고 더 상세한 정보를 확인할 수 있도록 데이터 카탈로그 링크를 제공합니다. 이처럼 검색 결과로서 요약된 형태의 종합 테이블 정보를 전달해준다는 점에서 기존의 검색 기능과 차별화됩니다.

테이블 및 칼람 활용 안내 답변 기능을 구현하기 위해 LLM을 이용해 테이블 메타 데이터 고도화를 진행했습니다. 이 글의 1부에서에서 Text-to-SQL 기능 구현을 위한 '데이터 보강'에서 소개한 것처럼, 고도화된 메타 데이터에는 테이블의 목적과 특성, 주요 키워드 등에 대한 정보가 포함되어 있어 사용자의 질문과 관련된 테이블을 검색하는 데 유용하게 활용할 수 있었습니다. 다만 수많은 테이블에 대한 메타 데이터를 LLM을 통해 생성하는 과정에서 허위 생성 문제가 발생해 일부 테이블에 대한 정보가 잘못 기입되는 경우도 있었습니다. 이 부분은 향후 메타 데이터 생성 프롬프트 고도화와 보완 로직을 통해 개선할 계획입니다.

다음으로, 사용자의 질문을 이해하기 위해 비즈니스 용어 사전과 토픽 모델링을 활용한 질문 구체화 체인을 구현했습니다. 비즈니스 용어 사전을 통해 서비스 구조와 용어를 기반으로 LLM이 사용자의 질문을 확장할 수 있도록 했습니다. 또한 DDL을 구성하는 단어들을 기반으로 토픽 모델링을 수행해 선정된 토픽과 키워드를 질문 구체화 프롬프트에 입력했습니다. 이를 통해 LLM이 사용자의 질문과 가장 밀접한 관련이 있는 키워드를 선별하고, 더욱 풍부한 키워드를 기반으로 테이블을 검색할 수 있도록 했습니다.

마지막으로, 구체화된 사용자의 질문과 가장 밀접한 테이블을 찾기 위해 테이블 메타 데이터와 DDL을 이용한 리트리버와 LLM의 혼합 검색 체인을 구현했습니다. 이 혼합 체인에서는 세 단계의 검색을 거쳐 수많은 테이블 중 한두 테이블을 선별하고, 선별된 테이블에 대한 설명 정보를 사용자에게 제공합니다.

로그 데이터 활용 안내 답변

테이블과 같이 정형화되어 있지 않은 형태인 로그 데이터를 탐색하는 기능인 '로그 데이터 활용 안내 답변' 기능을 알아보겠습니다.

'로그 데이터 활용 안내 답변 기능'은 사용자의 질문을 분석해 로그 체커에 있는 방대한 로그 데이터를 효과적으로 탐색하고 활용할 수 있도록 돕습니다. 예를 들어 사용자가 "가게 상세페이지 관련 로그에 대해 알려줘"와 같은 질문을 하면, 물어보새는 가게 상세페이지를 의미하는 'ShopDet'와 같은 특정 로그 단어를 추출해 관련 로그를 찾고, 원하는 데이터를 조회할 수 있도록 로그 구조와 의미 등 안내 답변을 제공합니다.

이 기능은 로그 데이터에 익숙하지 않은 구성원이나 익숙하지 않은 도메인의 로그를 찾아야 하는 구성원, 또는 새 로그를 개발하는 구성원이 필요한 로그 정보를 빠르게 찾고 이해할 수 있도록 도와줍니다.

'로그 데이터 활용 안내 기능'은 앞서 설명한 다른 기능과는 달리 테이블의 DDL 정보를 사용하지 않고, 로그 체커의 데이터를 사용합니다. 다음은 로그 체커 데이터의 예시입니다. Screen Name, Group, Event, Type은 각각 '로그 발생 지면', '로그 발생 지면 내 서브 영역', '로그를 통해 발생하는 이벤트 정보', '로그 유형'을 의미합니다.

• 로그 체커 데이터 예시 •

로그 이름	로그 설명	Screen Name	Group	Event	Type	새롭게 정의된 로그 설명
가게 상세 〉 쿠폰 받기	배포 일자 기록	ShopDet	Cpn	CpnDown	Click	가게 상세 쿠폰 다운로드 클릭
1배민스토어 〉 가게카드 노출	배포 앱 버전 기록	Store	SellerCard	SellerCard	Imp	배민스토어 셀러 카드 노출

테이블 DDL 정보에는 칼럼명과 칼럼에 대한 설명이 함께 포함되어 있

습니다. 반면, 로그 체커에는 '로그 이름'과 '로그 설명'이 있지만 로그를 설명하기 위해 만든 플랫폼이 아니다 보니 DDL에 있는 칼람 설명처럼 자세한 설명이 작성되어 있지 않았습니다. 로그 데이터 안내 기능을 구현하려면 새로운 접근 방법이 필요했습니다. 검토 결과 '로그 이름'을 그대로 사용하는 것이 아닌 로그 체커의 고유 조합 값인 Screen Name, Group, Event, Type을 바탕으로 '로그 설명'을 새롭게 만들기로 했습니다. 하지만 '로그 설명'을 만들기 전 몇 가지 문제를 해결해야 했습니다.

첫 번째는 로그 체커 영문 단어의 한글 번역 문제입니다. 사용자의 질문을 이해하려면 각 로그별 한글 설명이 필요합니다. 로그 체커 내 한글 정보인 '로그 이름'과 '로그 설명'을 그대로 활용하면 좋겠지만, '로그 이름'은 하나의 로그를 설명하기엔 정보가 부족하고, '로그 설명'은 운영을 위한 설명이 기록되어 있어 사용할 수 없었습니다. 이 문제를 해결하기 위해 로그 이름을 세부 단어로 분리한 후 각 단어를 번역한 '로그 용어 사전'을 만들었습니다.

두 번째는 우아한형제들에서만 사용하는 단어 정의 문제입니다. 일반적으로 '가게'라는 단어는 'Shop', 'Store' 등 다양하게 번역될 수 있습니다. 그러나 사내에서 사용하는 단어로 '가게'는 'Shop'이며, 'Store'는 '배민스토어'를 의미합니다. 이처럼 번역만으로 해결할 수 없는 단어를 보정할 '로그 용어보정 사전'을 추가했습니다.

마지막으로 축약 단어 문제입니다. 'ShopDet'와 같이 축약된 단어가 'Shop Detail'과 같다고 인식할 수 있는 방법이 필요했습니다. 앞서 만든 '로그 용어 사전'의 영단어와 고유 조합 값의 항목들을 유사도 기반으로 연결했습니다. 'Shop Detail'은 가장 유사도가 높은 'ShopDet'와 연결되어 가게 상세에 대한 단어임을 인지할 수 있습니다.

위의 세 가지 단계를 거쳐 '로그 설명'을 새롭게 만들었습니다. 생성된 '로그 설명'은 사용자의 질문에 대한 로그 매핑 데이터로 사용됩니다. 생성된 '로그 설명'과 같이 새롭게 정의되며, 신규로 등록된 로그도 같은 과정을 거쳐 매주 업데이트합니다.

'로그 데이터 안내 기능'은 두 개의 주요 체인으로 구성되어 있습니다. 이 기능의 핵심은 기존의 복잡한 검색 알고리즘을 LLM으로 대체해 더 유연하고 손쉽게 구현할 수 있다는 점입니다.

첫 번째는 로그 단어 체인입니다. 로그 단어 체인은 사용자 질문과 로그 시스템 특화 용어를 연결하는 역할을 합니다. 우선, 사용자의 질문과 미리 구축된 로그 용어 사전의 단어 간 유사도를 계산해 유사도가 높은 로그 단어들을 선별합니다. 이후, LLM을 활용해 선별된 단어 중 사용자 질문과 가장 연관성이 높은 로그 단어를 최종 선정합니다. 이 과정에서 LLM은 복잡한 로직 없이도 문맥을 이해한 결과를 제공합니다.

두 번째는 로그 검색 체인입니다. 로그 검색 체인은 벡터 스토어에 저장되어 있는 로그 정보 중 사용자가 원하는 로그만 선별해서 가져오는 역할을 합니다.

1 로그 단어 체인에서 선별된 단어를 기반으로 벡터 스토어에서 연관된 로그들을 검색합니다.

2 검색된 로그 중 LLM을 활용해 사용자 질문과 가장 연관성이 높은 로그를 선정합니

다. 허위 생성을 줄이기 위해 LLM에게 로그를 구분할 수 있는 고유 키값만 출력하도록 지시했습니다.
3. 그리고 LLM이 출력한 고유 키값들을 바탕으로 벡터 스토어에서 최종 로그를 검색해 제공합니다.

이 방법을 통해 선별된 최종 로그 정보를 누락 없이 정확하게 제공할 수 있습니다.

이렇게 LLM을 활용한 검색 방식은 기존의 알고리즘 기반 검색보다 더 유연하고 구현이 용이합니다. 복잡한 검색 로직을 개발하는 대신, LLM의 자연어 이해 능력을 활용해 사용자의 의도를 파악하고 관련성 높은 로그를 찾을 수 있도록 구현할 수 있습니다. 구현된 로그 데이터 안내 기능은 다음 그림과 같이 정형화된 출력 형태에 맞춰 사용자에게 답변을 제공합니다.

• 물어보새 로그 데이터 활용 안내 답변 예시 •

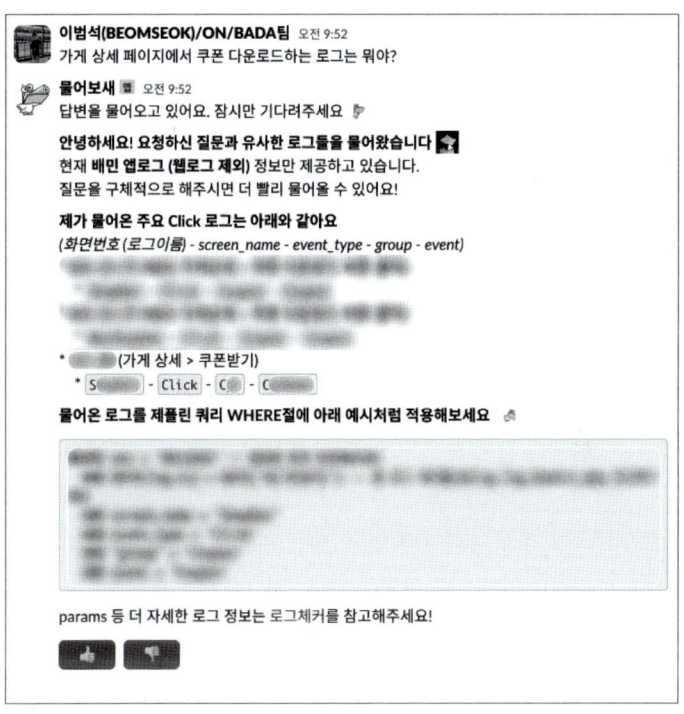

물어보새의 향후 계획

지금까지 Text-to-SQL 기반 쿼리문 생성 기능과 다양한 데이터 탐색 기능을 살펴보았습니다. 물어보새 기능의 핵심 특징은 사용자의 질문을 이해하고, 질문 유형에 따라 필요한 데이터와 프롬프트가 실시간으로 개인화되어 동적으로 변경된다는 점입니다. 앞으로도 이런 부분을 더욱 강화하기 위해 새로운 기능과 기술을 지속적으로 도입할 계획입니다.

구체적으로는 개발 예정인 지식 생성 단계가 있습니다. 지식 생성은 데이터를 탐색하고 시각화하며, 분석된 정보를 바탕으로 실행 가능한 사업 전략과 기획 방안을 제안하는 단계를 의미합니다. 이를 구현하려면 정보 획득 단계의 성능 개선과 기능별 연계가 필수적입니다. 따라서 Text-to-SQL 성능 개선과 기존의 단일 기능이 아닌 여러 기능을 결합한 AI 에이전트 도입을 위해 개발 및 테스트를 진행하고 있습니다. AI 에이전트는 사람의 개입 없이 특정 작업을 수행하는 자율 지능형 시스템을 의미합니다.

또한 다양한 데이터 디스커버리 기능을 개발할 예정입니다. 사내에서 제공 중인 BI 포털 서비스를 더 잘 활용할 수 있도록, 질문과 연결해 문제 해결에 필요한 대시보드도 제안할 계획입니다.

이런 기능들이 개발되면 구성원의 업무 효율을 높일 수 있는 새로운 기반이 마련될 겁니다. 앞으로 물어보새의 활용 단계는 총 5단계입니다.

- **1단계** : 물어보새가 구성원의 업무를 지원합니다. 데이터를 이해하고 추출하며, 참고 자료를 제공합니다. 이 단계에서는 구성원의 역량이 중요합니다.
- **2단계** : 물어보새가 구성원의 일부 업무를 대신합니다. 데이터 생성 및 검증을 수행하며, 생성된 데이터를 신뢰하고 공유할 수 있습니다.
- **3단계** : 여전히 의사 결정 담당은 구성원이지만 물어보새와 협업이 가능합니다. 데이터 탐색 및 분석을 함께 수행하고, 물어보새는 의사 결정에 참고할 정보를 생성합니다.
- **4단계** : 물어보새가 데이터 기반의 의사 결정을 제안합니다. 의사 결정에 직접 활용되는 지식을 제공합니다.
- **5단계** : 물어보새가 최적의 의사 결정을 수행합니다. 데이터 기반 의사 결정을 자동화해 최적의 결과를 도출합니다.

• 물어보새 활용 단계 •

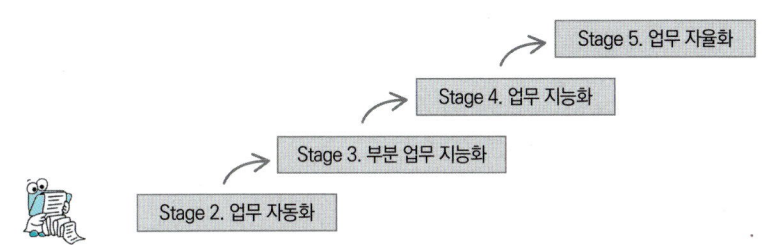

서비스 단계	1. 업무 보조	2. 업무 자동화	3. 부분 업무 지능화	4. 업무 지능화	5. 업무 자율화
의사 결정 담당	구성원	구성원	구성원	구성원 + 물어보새	물어보새
데이터 리터러시	데이터 이해 및 추출 지원	데이터 생성 및 공유	데이터 분석 업무 수행	데이터 기반 의사 결정 지원	데이터 기반 의사 결정 최적화

마치며

AI 데이터 분석가 물어보새는 앞으로 더 똑똑하고 빠른 의사 결정을 내릴 수 있도록 지속적으로 진화할 예정입니다. 또한 2024년 8월부터 정규 조직인 BADA(Baemin Advanced Data Analytics)팀을 신설해 데이터 분석 분야뿐만 아니라 조직 내 다양한 업무를 이해하고, 여러 질문에 대답함으로써 지식을 공유하고 확장할 수 있는 새로운 분야를 개척하고 있습니다. 이를 통해 사내 업무 생산성을 비약적으로 향상시킬 수 있는 우아한형제들만의 차별화된 서비스로 발전할 것으로 기대하고 있습니다. 앞으로 우아한형제들의 물어보새 서비스가 발전하는 모습을 기대해주세요.

10
폴라스로 데이터 처리를 더 빠르고 가볍게 with 실무 적용기

#Data

한상윤
2024. 07. 23

　배달시간예측서비스팀은 배달의민족 앱 내의 각종 서비스(배민배달, 비마트, 배민스토어 등)에서 볼 수 있는 배달 예상 시간과 주문 후 고객에게 전달되기까지의 시간을 데이터와 AI를 활용해 예측하는 시스템을 개발합니다. 고객, 라이더, 사장님의 만족을 위해 앱 사용자에게 보이지 않는 다양한 시간과 리소스도 함께 예측합니다. 팀 내에서 데이터를 더 효율적이고 빠르게 처리하기 위해 고민했던 내용과 이를 해결하기 위해 폴라스* 라이브러리를 적용하고 성능을 개선한 경험담을 공유합니다.

　특히 다음과 같은 분들께 유용한 글이 되리라 기대합니다.

---

* Polars : 빠르고 효율적인 데이터 프레임 라이브러리로, 특히 대용량 데이터를 처리하는 데 최적화된 성능을 제공합니다. Rust로 작성된 폴라스는 판다스와 비슷한 기능을 제공하지만, 멀티스레딩을 활용해 더 빠른 연산 속도를 자랑하며, 메모리 효율성을 극대화합니다. 판다스의 대안으로 주목받고 있으며, 특히 데이터 크기가 클수록 성능 차이가 두드러집니다. https://pola.rs

1 판다스*보다 메모리 효율적이고 빠른 데이터프레임** 라이브러리를 원하는 분들
2 GB 단위의 데이터를 처리하는 데에 스파크***를 써야 할지 고민이신 분들
3 편의성, 비용, 학습 곡선, 복잡성(인프라, 관리 등)을 고려하니 스파크는 과한 것 같아서 대체재를 찾고 계신 분들
4 판다스의 가독성, 표현식에 아쉬움을 느끼고 계신 분들

폴라스가 필요했던 이유

배달시간예측서비스팀에서는 학습 데이터 가공, 피처 엔지니어링, 추론 결과 처리 및 적재, 마트 생성 등의 데이터 처리 작업을 수행하고 있습니다. 이런 작업을 할 때는 주로 다음과 같은 구조로 작업을 수행합니다.

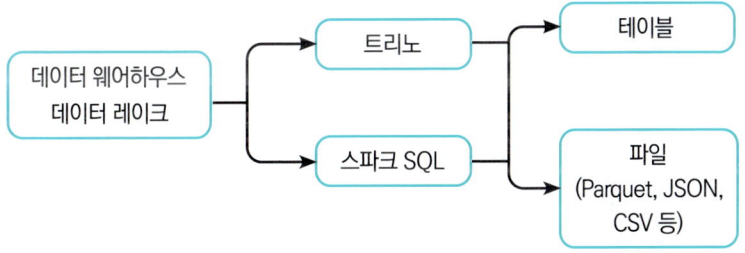

* Pandas : 파이썬에서 데이터 조작과 분석을 쉽게 할 수 있도록 해주는 강력한 데이터 처리 라이브러리. 특히 테이블 형식의 데이터를 다루는 데 유용한 데이터프레임 구조를 제공합니다.

** DataFrame : 행과 열로 이루어진 2차원 데이터 구조로, 서로 다른 데이터 타입을 가진 열들을 포함할 수 있습니다. 테이블 형식의 데이터를 효율적으로 관리하고 분석할 수 있도록 다양한 함수와 메서드를 제공합니다.

*** Apache Spark : 대규모 데이터 처리를 위한 분산 컴퓨팅 프레임워크로, 빠르고 확장 가능한 데이터 처리 및 분석을 지원합니다. 스파크는 메모리 내에서 데이터를 처리하여 기존의 하둡(MapReduce)보다 훨씬 빠르게 데이터를 처리할 수 있으며, 데이터 스트리밍, 머신러닝, 그래프 분석 등 다양한 기능을 제공합니다.

대용량 분산 처리가 필요한 부분은 트리노*나 스파크 기반 SQL을 사용해 1차 전처리를 하고, 이를 테이블 형태 또는 S3** 내에 파일 형태로 저장합니다. 데이터 처리의 중간 산출물을 저장해두는 이유는 파이프라인의 개발 및 운영 용이성을 향상하고 이슈 추적이나 데이터 드리프트 판단, 시뮬레이션 및 오프라인 섀도우 테스트에 사용하기 때문입니다. 이런 작업을 거치고 나면 수 MB에서 수십 GB 정도의 데이터로 줄어들게 되고, 이를 가지고 데이터 과학자와 데이터 엔지니어가 SQL로 처리하기 어려운 작업(예 : UDF*** 적용 등)이나 피처 엔지니어링 등의 후속 작업을 수행하게 됩니다.

이 과정에서 본격적으로 제시하고자 하는 문제점과 기술 탐색의 동기가 드러나게 됩니다.

판다스의 문제점

- 느리고 리소스(CPU, 메모리)가 많이 소모된다.
- 멀티 코어를 제대로 지원하지 않고 병렬 처리가 미흡하다.

---

* Trino : 분산 SQL 쿼리 엔진으로, 여러 데이터 소스에서 데이터를 통합하여 실시간으로 쿼리할 수 있는 기능을 제공합니다. 원래 PrestoSQL로 알려져 있었으며, 다양한 데이터베이스나 데이터 레이크에 걸쳐 효율적인 분석을 수행할 수 있는 오픈 소스 도구입니다.

** 아마존 Simple Storage Service : AWS에서 제공하는 확장성 높은 객체 스토리지 서비스입니다. S3는 데이터를 파일 형태로 저장하며, 무제한의 데이터 저장을 지원하고 안정적인 백업, 데이터 아카이빙, 웹 애플리케이션 호스팅 등의 용도로 사용됩니다.

*** UDF(사용자 정의 함수, User-Defined Function) : 데이터베이스 또는 프로그래밍 언어에서 사용자가 직접 정의한 함수로, 기본 제공 함수 외에 특정 작업을 수행하기 위해 만들어집니다. 데이터베이스에서는 SQL 쿼리 내에서 복잡한 계산이나 로직을 처리할 때, 프로그래밍 언어에서는 코드 재사용성을 높이기 위해 사용됩니다.

- 가독성이 떨어진다.

스파크의 문제점

- 모든 데이터 과학자가 스파크로 데이터 처리 로직을 구현하고 튜닝하는 것에 익숙지 않다(러닝 커브 존재).
- 비용 효율성이 낮다(비싼 리소스, Driver & Executor 리소스* 고려).
- 대용량 데이터가 아닐 때는 오히려 오버헤드가 발생한다(슬로우 스타트 문제**).

즉, 데이터를 분석하고 처리하는 데에 있어 판다스는 너무 느리고 무겁고, 스파크는 과하고 비싼데, 뭔가 이들을 대체할 라이브러리 또는 프레임워크가 없을까라는 고민에서 시작됐습니다.

그래서 요구사항을 정리하면 다음과 같았습니다.

- 로컬 환경에서도 편하게 개발 및 테스트가 가능해야 하고,
- 별다른 인프라가 필요 없고,
- 성능도 좋고,
- 러닝커브도 적고,

---

* 스파크에서 Driver는 애플리케이션의 메인 컨트롤러 역할을 합니다. Executor는 실제 작업(task)을 수행하는 워커 프로세스입니다.
** 스파크와 같은 대용량 분산 처리 시스템에서는 시스템 규모에 비해 처리할 데이터 양이 적을 때 전체 작업 속도가 기대보다 느려지는 현상이 나타납니다. 대규모 데이터 처리를 가정하고 최적화된 클러스터 자원 할당, 작업 스케줄링, 노드 간 통신과 같은 오버헤드가 실제 연산 시간보다 상대적으로 크게 작용하기 때문입니다. 그 결과, 적은 양의 데이터를 처리하는 데 불필요한 초기화나 세팅 비용으로 인해 처리 속도가 더디게 느껴집니다.

- 아파치 에어플로* 환경 또는 컨테이너 기반으로 잘 패키징해서 운영 데이터 파이프라인에서 문제없이 돌릴 수 있는…

그래서 스터디를 진행했습니다

이를 위해 팀 내에서도 기술 조사와 테스트를 해보고 있었는데 문득 다음과 같은 생각들이 스쳤습니다.

- 이런 고민은 우리만 할까?
- 다른 회사나 팀에서는 이와 관련된 고민을 했을까? 했다면 어떻게 해결했을까?
- 다들 거대한 데이터만 다루기 때문에 스파크를 무조건 써야 할까?
- 우리가 모르는 다른 방식은 없을까?
- 관련 경험과 아이디어를 공유하면 더 좋은 해결책을 얻을 수 있지 않을까?

그래서 이를 사내/외 다양한 분들과 함께 고민하면 어떨까 싶어서 저희 회사에서 주기적으로 주최하는 우아한스터디에 관련 스터디를 열었습니다. 스터디 그룹을 모집할 당시엔 폴라스는 하나의 후보였고 주로 레이**, 대스크***를 위주로 공부하면서 위 고민을 해결하려고 했습니다. 다양한

---

* Apache Airflow : 데이터 파이프라인의 작성, 스케줄링, 모니터링을 자동화하는 오픈 소스 워크플로 관리 도구

** Ray : 파이썬 기반의 분산 컴퓨팅 프레임워크로, 대규모 병렬 처리를 쉽게 구현할 수 있도록 설계되었습니다. 머신러닝, 딥러닝, 데이터 처리 등 다양한 분산 작업을 효율적으로 지원합니다.

*** Dask : 파이썬 기반의 병렬 컴퓨팅 라이브러리로, 대규모 데이터 처리와 분산 작업을 지원합니다. 판다스, 넘파이 등의 친숙한 API를 제공하면서 멀티코어 및 클러스터 환경에서 확장 가능합니다.

회사, 다양한 분야의 데이터 과학자와 엔지니어가 의견을 나누고 공부하면서 판다스나 스파크를 대체할 오픈 소스를 조사하고 테스트했습니다.

폴라스를 본격적으로 소개하기에 앞서, 이 당시 공부했던 내용을 간략하게 정리하면서 다른 라이브러리들은 왜 실무에 채택되지 않았는지, 어떤 한계가 있었는지 등을 말씀드리겠습니다. 이렇게 다른 경쟁 프로젝트들의 장단점을 이야기하면 이후 이 글의 핵심인 폴라스의 장점이 더욱 두드러질 것 같습니다.

도구	설명
레이	• https://www.ray.io • 레이 자체는 데이터 처리보단 분산 처리 프레임워크에 가깝지만, 레이 데이터셋 API를 사용하면 스파크나 대스크처럼 병렬/분산 처리를 할 수 있지 않을까라는 생각에 살펴보았습니다. • 분산 처리에 초점이 맞춰져 있고 데이터 처리 기능이 부족했고, 스파크와 비슷하게 작은 데이터엔 더 비효율적이었습니다. • 운영 배포 시 어느 정도 인프라 구축이 필요했습니다. 분산 학습과 하이퍼파라미터 튜닝 등 분산 처리를 쉽게 적용할 수 있어서 좋은 발견이었으나 데이터 처리 목적에 맞지 않아서 탈락했습니다.

대스크	- https://www.dask.org - 판다스와 문법이 비슷하면서 상대적으로 성능이 좋았습니다. 하지만 대스크의 데이터프레임은 병렬화를 위해 판다스 데이터프레임을 잘게 나눈 여러 파티션으로 구성되어 있어서 성능상의 한계가 존재했습니다. - 필요한 인프라를 구성하면 병렬 처리뿐만 아니라 여러 노드에 분산 처리까지 가능하다는 장점이 있었지만, 내부적으로 판다스 데이터프레임을 그대로 사용했기 때문에 성능상 아쉬운 부분을 보여줬습니다.
모딘 (Modin)	- https://modin.readthedocs.io - 판다스와의 호환성을 완벽하게 지원해 러닝 커브나 코드 수정 없이 기존 데이터 처리 성능을 개선할 수 있다는 큰 장점이 있었습니다. - 하지만 성능 향상에 한계가 있었습니다.
벡스 (vaex)	- https://vaex.io/docs/index.html - 문법 구조가 다르고 기능이 부족했으며, 사용 사례가 매우 적어서 탈락했습니다.
넘바 (Numba)	- https://numba.pydata.org - 일부 연산을 병렬화 및 고속화할 수 있지만 코드 레벨에서의 다양한 연산을 지원하지 않고 범용성이 떨어졌습니다.

폴라스 소개

고성능 데이터 분석 및 처리 라이브러리를 선택하려고 고민했던 내용을 전달하려는 마음에 서론이 길어졌습니다. 이제 본격적으로 이 글의 주

인공인 **폴라스**를 소개하겠습니다.

　폴라스는 판다스와 같은 기존의 데이터 처리 라이브러리가 가진 성능 한계를 극복하기 위해 탄생했습니다. 러스트* 프로그래밍 언어로 작성된 폴라스는 멀티스레딩과 병렬 처리를 지원해, 대규모 데이터셋을 더 빠르고 효율적으로 처리할 수 있도록 설계되었습니다. 주요 목적은 데이터 과학자와 엔지니어들이 대용량 데이터를 다룰 때 직면하는 성능 문제를 해결하고, 메모리 사용을 최적화하며, 직관적이고 간결한 API를 통해 사용성을 높이는 겁니다. 단일 머신의 자원을 최대한 활용할 수 있도록 병렬 처리와 벡터화 연산을 통해 칼럼 지향 처리를 최적화하고, 캐싱도 효율적으로 관리해 벡터화된 쿼리 엔진** 라이브러리라고 불리기도 합니다. 한마디로 '성능이 엄청나게 뛰어난 데이터 분석용 데이터프레임 라이브러리'로 요약할 수 있겠습니다.

　오픈 소스라면 아무리 성능이 좋고 사용성이 뛰어나도 사용자가 적다면 금방 없어질 수도 있고 버전업이 더딜 수도 있습니다. 폴라스의 깃허브 스타 수가 빠르게 늘고 있습니다. 아래 그래프를 보면 탄생한 지 10년도 넘은 이 분야의 오랜 강자인 판다스를 빠르게 추격하고 있습니다.

---

*　Rust : https://www.rust-lang.org

**　Vectorized Query Engine : 데이터베이스에서 쿼리를 처리할 때, 개별 데이터 포인트가 아니라 데이터 벡터(배열 단위)로 묶어서 처리하는 방식으로, CPU 캐시 효율성을 높여 성능을 크게 개선하는 기술입니다. 벡터화된 쿼리 엔진은 주로 대규모 데이터 처리 성능을 향상시키기 위해 사용됩니다.

• 폴라스 깃허브 스타의 성장세 •

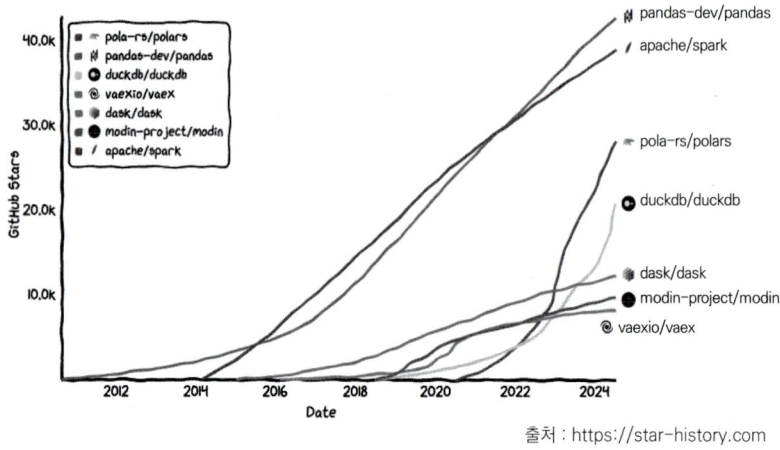

출처 : https://star-history.com

　이제 폴라스를 기술적인 장점과 사용성 측면에서의 장점을 나누어서 설명하겠습니다.

기술적인 폴라스 장점

　폴라스는 Pola + rs(rust)의 조합입니다. 그 정도로 러스트로 구현된다는 것을 강조하고 있습니다. 러스트의 소유권 모델 덕분에 메모리 관리에 대한 오버헤드가 없으며, 안전한 동시성과 병렬 처리가 가능합니다. 메모리 캐싱과 재사용성 또한 높습니다. 이런 특징이 데이터 처리 성능을 극대화하는 데 크게 기여합니다. 이처럼 폴라스의 코어는 러스트로 구현되어 있으며 이를 사용하기 위한 인터페이스로 파이썬, R, 자바스크립트를 지원한다고 이해하면 됩니다. 인터페이스 역할을 하는 언어는 앞으로도 계속 추가 예정이라고 합니다.

아파치 애로우 기반

아파치 애로우 모델*을 사용해 메모리상에서 칼럼 구조로 데이터를 정의하고, 이를 기반으로 벡터화(vectorized) 연산과 SIMD**를 사용한 CPU 최적화를 해 성능을 높였습니다. 제로 카피 데이터 공유***가 가능하고 직렬화/역직렬화 효율이 매우 높아서 여러 코어나 프로세스가 작업할 때 데이터 교환 비용을 줄일 수 있습니다.

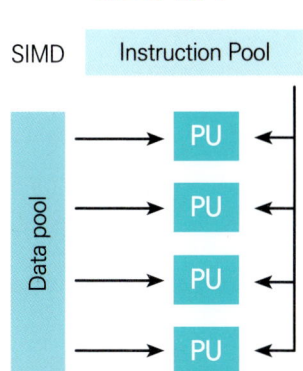

• SIMD 동작 방식 •

최근 판다스 v2.0 이후나 대스크, 레이 등의 오픈 소스에서 애로우를 채택하고 있습니다. 이를 위해 파이애로우(PyArrow)라는 구현체를 사용하는데 폴라스에서는 이것마저도 러스트로 개발된 구현체를 개발하여 사용합니다. 애로우를 사용하면 애로우테이블(ArrowTable) 형태로 타 오픈 소스나 아예 다른 프로그래밍 언어로 개발된 프로젝트와의 호환성을 어느 정도 유지하면서 데이터를 주고받을 수 있습니다.

---

* Apache Arrow 모델 : 대규모 데이터를 효율적으로 처리하기 위한 칼럼 기반 인메모리 형식으로, CPU 캐시 효율을 극대화하고 벡터화 연산을 지원합니다. 이를 통해 다양한 시스템과 언어 간 데이터 공유를 빠르게 메모리 복사 없이 할 수 있습니다.

** SIMD(Single Instruction, Multiple Data) : 단일 명령어로 여러 데이터를 동시에 처리하는 컴퓨터 아키텍처입니다. 주로 벡터 연산에서 사용되며, 같은 연산을 여러 데이터에 병렬로 수행함으로써 처리 성능을 크게 향상시킵니다.

*** Zero-copy : 데이터를 복사하지 않고, 동일한 메모리 공간을 여러 프로세스나 시스템이 공유하여 직접 접근하는 방식입니다.

• 레이 Dataset과 폴라스 DataFrame 간 데이터 호환성 코드 •

```
import ray
import polars as pl

# Ray Dataset -> Polars DataFrame
ds = ray.data.read_parquet("data.parquet")
pl_df = pl.from_arrow(ray.get(ds.to_arrow_refs()))

# Polars DataFrame -> Ray Dataset
pl_df = pl.read_parquet("data.parquet")
ds = ray.data.from_arrow(pl_df.to_arrow())
```

IO 기능

로컬 파일, 클라우드 스토리지, 데이터베이스 등 다양한 데이터 스토리지 계층을 지원하고 성능 또한 매우 우수합니다. 기본적으로 CSV, JSON, 파케이*, 아브로** 등 다양한 포맷에 대한 읽기/쓰기를 지원하고 파일을 읽을 때도 * 기호와 같은 글롭스 패턴***을 활용해서 여러 파일을 읽어 올 수 있어서 매우 편리합니다. 실무에서는 데이터베이스나 트리노 같은 쿼리 엔진에 쿼리를 제출하고 그 결과로 polars.DataFrame을 반환하는

---

* Parquet : 열 지향 저장 방식의 파일 형식으로, 대용량 데이터 분석에서 효율적인 저장과 빠른 읽기 성능을 제공하는 형식입니다. 주로 하둡과 같은 빅데이터 플랫폼에서 사용됩니다.

** Avro : 아파치 하둡에서 사용되는 행 지향 저장 형식으로, 스키마를 포함하여 데이터를 직렬화하고 역직렬화하는 데 유용하며, 데이터 호환성을 유지하는 데 중점을 둔 형식입니다.

*** Globs Pattern : 파일시스템에서 특정 파일들을 선택하기 위한 문자열 패턴 매칭 방법입니다. 주로 와일드카드 문자를 사용하여 파일 이름을 지정할 수 있습니다.

read_database( ) 기능도 자주 사용하고 있습니다.

```python
import polars as pl

# data-1.parquet, data-2.parquet 등과 같은 파일 한 번에 읽기
df = pl.read_parquet("docs/data/data-*.parquet")
df.write_parquet("docs/data/total_data.parquet")

# Cloud Storage에서 데이터 읽어오기
df = pl.read_parquet("s3://bucket/*.parquet")

# read from DB
df = pl.read_database_uri(
        query="SELECT * FROM foo",
        uri="postgresql://username:password@server:port/database"
)

df = pl.read_database(
    query="SELECT * FROM test_data",
    connection=user_conn,
    schema_overrides={"normalised_score": pl.UInt8},
)
```

read_*와 같은 함수 대신 scan_*라는 함수를 사용하면 Lazy API를 위한 LazyFrame으로 반환되어 이를 활용해 바로 Lazy 연산을 수행할 수 있습니다. 이렇게 되면 즉각적으로 모든 데이터를 메모리에 올리는 것이 아닌 최적화를 한 후 실제 연산을 수행해 더 효율적으로 처리할 수 있습니다.

710MB parquet file (7,373,092 rows * 64 columns)을 가지고 읽기 성

능 테스트한 결과는 아래와 같습니다.

	실행 시간
폴라스의 read_parquet	4.554초
판다스의 read_parquet	33.916초

Lazy API와 쿼리 최적화

폴라스의 Lazy API는 즉시 연산을 수행하지 않고, 쿼리 플랜Query Plan이라고 하는 연산 계획을 수립한 후 최적의 시점에 연산을 실행하는 지연 평가Lazy Evaluation 방식입니다. 이는 불필요한 중간 연산을 줄여주고 필터링과 푸시다운* 등의 최적화 기술을 사용해 필요한 데이터만 읽어와서 처리하기 때문에 메모리 소모와 연산 복잡도를 줄여줍니다. 폴라스에서는 polars.DataFrame 말고 polars.LazyFrame이 있는데 이는 즉각적으로 연산을 하는 게 아니라 쿼리 플랜만 담아두고 있다가 값이 필요할 때, 즉 구체화materialize할 때 collect() 함수를 호출해 연산하는 방식입니다.

다음 코드와 실험 결과를 통해 즉시 연산과 지연 연산의 차이를 보여드리겠습니다. 다음 코드는 점심/저녁 주문 피크 시간대(11시 ~ 14시, 18시 ~ 21시)에 배달 거리가 2Km 이상일 때, 지역별로 배달예상시간을 평균 내는 코드입니다.

---

* Pushdown : 데이터베이스나 분산 시스템에서 처리 작업을 데이터가 저장된 곳에서 수행하게 하여 성능을 최적화하는 기법입니다. 불필요한 데이터를 필터링해 네트워크 비용과 자원 소모를 줄입니다.

• Eager API vs. Lazy API 성능 비교 •

```
# Eager API
df = pl.read_parquet("predicted_data-1.parquet")
result = (df
.filter(pl.col("distance") >= 2 & pl.col("created_hour").is_in([11,
12, 13, 18, 19, 20]))
.group_by("pickup_zone_id").agg(
    pl.mean("delivery_time").alias("avg_delivery_time")
))

# Lazy API (scan_parquet 함수 사용과 마지막 collect 함수 호출이 유일한
차이)
df = pl.scan_parquet("predicted_data-1.parquet")
result = (df
.filter(pl.col("distance") >= 2 & pl.col("created_hour").is_in([11,
12, 13, 18, 19, 20]))
.group_by("pickup_zone_id").agg(
    pl.mean("delivery_time").alias("avg_delivery_time")
)).collect()
```

성능 비교 결과, predicted_data-1.parquet는 약 1.8GB의 parquet 파일 (70,765,275 rows * 26 columns)입니다.

	메모리 소모(peak)	실행 시간
Eager API	17.84GB	9.07초
Lazy API	5.9GB	1.009초

같은 폴라스로 처리했지만, 어떤 방식으로 처리했는지에 따라 엄청난 차이가 나는 것을 확인할 수 있습니다. 이와 같이 큰 차이가 나는 이유는

연산 시에 내부적으로 여러 최적화를 한 덕분입니다. 많은 최적화를 수행하고 있지만, 이 글에서는 푸시다운 최적화만 짧게 다뤄보겠습니다.

푸시다운은 쿼리 연산을 스토리지 계층으로 한 단계 내려서 데이터 로드 비용을 최소화하는 기술입니다. 푸시다운에 대한 정책과 구현은 솔루션이나 오픈 소스마다 다르지만, 해당 개념은 최적화를 위해 대부분 채택하고 있습니다. 폴라스에서는 아래 세 가지 푸시다운을 수행해 최적화를 수행합니다.

- **조건자 푸시다운(Predicate pushdown)** : 필터를 적용해 요청한 데이터만 읽는 방식 (filter pushdown이라고도 함)
- **프로젝트 푸시다운(Project pushdown)** : 필요한 열만 읽는 방식
- **슬라이스 푸시다운(Slice pushdown)** : 필요한 슬라이스(일부 행)만 읽는 방식

자세한 최적화 정보는 폴라스 사용자 가이드의 Optimizations 자료[*]를 참고해주세요.

아웃 오브 코어 방식(스트리밍 API)

폴라스에서는 스트리밍streaming이라는 기능을 활용해서 아웃 오브 코어 방식[**]으로 연산을 수행할 수 있습니다. 아웃 오브 코어 방식을 확장 메

---

[*] https://docs.pola.rs/user-guide/lazy/optimizations
[**] Out-of-core : 메모리(RAM)에 다 담을 수 없는 대용량 데이터를 디스크와 같은 외부 저장 장치를 사용해 처리하는 기법입니다. 주로 대규모 데이터셋을 처리할 때 메모리 한계를 극복하기 위해 사용됩니다. 예를

리external memory 알고리즘이라고도 하는데, 메모리에 담기 너무 큰 데이터를 처리할 때 디스크나 네트워크 등을 통해 일정 단위로 데이터를 가져와서 처리하는 방식을 말합니다. 즉, 한 번에 모든 데이터를 메모리에 올리는 것이 아니라 일정 단위로 데이터를 자르고 그 조각을 가져와서 처리하고 이를 반복하는 것이죠. 다음 그림을 보면 이해가 쉬울 것 같습니다.

• out of core의 동작 방식: 하나의 데이터셋을 배치 단위로 나누어서 작업 •

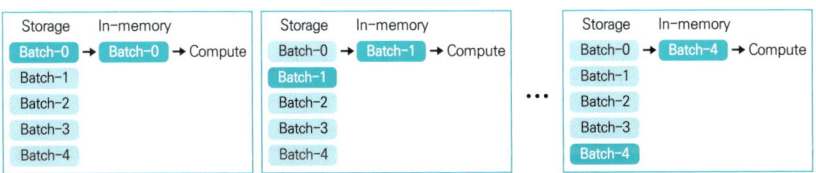

이 스트리밍 기능의 사용법은 매우 간단합니다. 다음 코드는 위에서 Lazy API와 Eager API를 비교할 때 사용한 로직입니다. 거의 같은 코드이지만 스트리밍 기능의 극적인 차이를 확인하기 위해 처리하는 데이터양을 늘렸습니다. 이전 실험에서는 1.8GB 파일이었는데 여기서는 다수의 파케이 파일을 가지고 테스트를 할 예정이며 용량의 총합은 8.8GB입니다.

```
# scan_parquet에서 *를 사용해 같은 패턴의 파일을 모두 읽어오도록 변경
df = pl.scan_parquet("predicted_data-*.parquet")
result = (df
.filter(pl.col("distance") >= 2 & pl.col("created_hour").is_in([11, 12, 13, 18, 19, 20]))
```

들어 대용량 데이터셋을 메모리에 적재하지 않고, 필요한 부분만 읽어와 처리할 수 있습니다.

```
.group_by("pickup_zone_id").agg(
    pl.mean("delivery_time").alias("avg_delivery_time")
)).collect(streaming=True)
```

스트리밍 API를 사용한다고 했는데 무슨 차이인지 모르시겠다고요? 바로 collect( ) 함수 내에서 streaming=True 옵션만 추가했습니다. 정말 간단하죠! 즉, 일반적인 Lazy 연산으로 개발하고 마지막 구체화 시점에 streaming 옵션만 추가해주면 됩니다. 위 연산은 판다스로는 애초에 아웃 오브 메모리*가 발생해 불가능하며 폴라스 기본 연산으로도 수십 기가의 메모리를 소모합니다. 하지만 스트리밍 기능을 이용하면 다음과 같은 수치가 나옵니다.

	메모리 소모(peak)	실행 시간
스트리밍 API	3.71GB	6.835초

5배 가까이 큰 데이터를 처리했는데 피크 메모리는 더 적고 실행 시간도 큰 차이가 나지 않습니다. 폴라스의 발표 자료를 보면 이 기능을 활용하면 200GB 정도의 데이터도 개인 랩톱 환경에서 처리할 수 있다고 합니다. 잘 활용한다면 매우 유용할 것 같습니다. 폴라스의 성능에 대한 자료는 많지만 최근 업데이트된 벤치마킹 자료를 참고하면 도움이 됩니다.**

---

* Out of Memory : 시스템이 작업을 수행하는 데 필요한 메모리가 부족하여 더 이상 작업을 진행할 수 없을 때 발생하는 오류입니다. 메모리 제한을 초과한 프로그램이 강제 종료되거나 시스템 성능에 심각한 영향을 줄 수 있습니다.

** https://pola.rs/posts/benchmarks

사용성 측면에서 폴라스 장점

폴라스는 SQL과 비슷한 표현식과 직관적인 문법을 가지고 있기 때문에 배우기 쉽고 가독성도 좋은 편입니다.

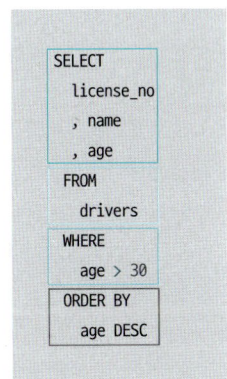

데이터를 분석하거나 피처 엔지니어링을 할 때 원하는 칼럼을 선택해야 하는 경우가 많습니다. 그럴 때 칼럼 이름을 리스트로 받아오거나 타입을 받아와서 필터링하기도 하는데 폴라스에서는 타입에 따라 선택할 수도 있고 정규식을 활용할 수도 있습니다. 학습이나 추론을 할 때 인코딩된 칼럼을 빈번하게 다루는데 다음 코드에서처럼 정규식으로 처리할 때 무척 편리했습니다. 테이블 생성을 위해 자료형을 일괄 변경할 때 정수형이나 숫자형 열을 일괄 선택하는 기능도 자주 사용했습니다. 자세한 사례는 아래에서 코드와 주석으로 설명해놓겠습니다.

```
import polars as pl
```

```
# 모든 칼럼 선택
selected_df = pl_df.select(pl.col("*"))
selected_df = pl_df.select(pl.all())

pl_df.select(pl.col(pl.Int64)) # 자료형과 타입 크기에 따라 선택 가능

import polars.selectors as cs

# int64, int32인지 구분하지 않고 정수형 칼럼을 선택하고 싶을 때
pl_out_with_int = pl_df.select(cs.integer())

# int64, int16, float32인지 구분하지 않고 실수형 칼럼과 문자열 칼럼을
선택하고 싶을 때
pl_out_with_num = pl_df.select(cs.numeric(), cs.string())

# 칼럼 이름에 정규식을 적용해서 선택(_encoded로 끝나는 칼럼)
pl_df.select(pl.col("^.*_encoded$"))

# 일부 열만 제외
pl_df.select(pl.exclude("name", "private_number"))
```

시계열 연산 - upsample 예시

폴라스는 시계열 지원이 좋은 편인데 시간과 관련된 여러 타입을 지원하며, 리샘플링이나 시간 윈도우 기반 그룹화 등의 기능도 제공합니다. 그리고 일치하는 키가 존재하지 않을 때 가장 가까운 값을 기준으로 조인 join하는 기능인 asof 조인도 지원해서 실무에서 자주 사용하고 있습니다.

다음은 30분 단위로 데이터를 생성하고, 이를 15분 간격으로 업샘플링하기 위해 중간 보간법을 사용하는 시계열 연산 코드입니다. 업샘플링을 했을 때 빈 값을 fill_null로 채우게 됩니다.

• upsample 예시 •

```python
import polars as pl
from datetime import datetime

df = pl.DataFrame(
    {
        "time": pl.datetime_range(
            start=datetime(2024, 7, 23),
            end=datetime(2024, 7, 23, 2),
            interval="30m",
            eager=True,
        ),
        "name": ["a", "a", "a", "b", "b"],
        "value": [1.0, 2.0, 3.0, 4.0, 5.0],
    }
)
print(df)

result = (
    df.upsample(time_column="time", every="15m")
    .interpolate()
    .fill_null(strategy="forward")
)
print(result)
```

• 결과 : 15분 단위로 값이 채워진다 •

```
shape: (5, 3)
┌─────────────────────┬──────┬───────┐
│ time                │ name │ value │
│ ---                 │ ---  │ ---   │
│ datetime[μs]        │ str  │ f64   │
╞═════════════════════╪══════╪═══════╡
│ 2024-07-23 00:00:00 │ a    │ 1.0   │
│ 2024-07-23 00:30:00 │ a    │ 2.0   │
│ 2024-07-23 01:00:00 │ a    │ 3.0   │
│ 2024-07-23 01:30:00 │ b    │ 4.0   │
│ 2024-07-23 02:00:00 │ b    │ 5.0   │
└─────────────────────┴──────┴───────┘
```

```
shape: (9, 3)
┌─────────────────────┬──────┬───────┐
│ time                │ name │ value │
│ ---                 │ ---  │ ---   │
│ datetime[μs]        │ str  │ f64   │
╞═════════════════════╪══════╪═══════╡
│ 2024-07-23 00:00:00 │ a    │ 1.0   │
│ 2024-07-23 00:15:00 │ a    │ 1.5   │
│ 2024-07-23 00:30:00 │ a    │ 2.0   │
│ 2024-07-23 00:45:00 │ a    │ 2.5   │
│ 2024-07-23 01:00:00 │ a    │ 3.0   │
│ 2024-07-23 01:15:00 │ a    │ 3.5   │
│ 2024-07-23 01:30:00 │ b    │ 4.0   │
│ 2024-07-23 01:45:00 │ b    │ 4.5   │
│ 2024-07-23 02:00:00 │ b    │ 5.0   │
└─────────────────────┴──────┴───────┘
```

시계열 연산 - group_by_dynamic 예시

group_by_dynamic을 사용하면 고정 윈도우 연산이나 롤링 윈도우 연산도 가능합니다. 다음 코드는 불규칙한 시간 단위로 생성된 데이터를 10분 윈도우로 평균과 합을 구하는 코드입니다.

• group_by_dynamic 예시 •

```python
import polars as pl
# 데이터프레임 생성
df = pl.DataFrame(
    {
        "timestamp": [
        "2024-07-23 00:00:00", "2024-07-23 00:01:00", "2024-07-23 00:02:00",
        "2024-07-23 00:10:00", "2024-07-23 00:12:00", "2024-07-23 00:20:00"
        ],
        "value": [10, 20, 30, 40, 50, 60]
    }
)

# timestamp 열을 날짜시간 형식으로 변환
df = df.with_columns(pl.col("timestamp").str.strptime(pl.Datetime, "%Y-%m-%d %H:%M:%S"))
print(df)

# 데이터프레임을 timestamp 열 기준으로 정렬
df = df.sort("timestamp")

# 10분 윈도우로 데이터프레임을 그룹화하고 각 그룹별로 평균과 합을 계산
result = (df
    .group_by_dynamic(index_column="timestamp", every="10m")
    .agg([
        pl.col("value").mean().alias("mean_values"),
        pl.col("value").sum().alias("sum_values"),
    ])
)
print(result)
```

• 결과 : 10분 윈도우로 그룹화해 연산 •

```
shape: (6, 2)
┌─────────────────────┬───────┐
│ timestamp           │ value │
│ ---                 │ ---   │
│ datetime[μs]        │ i64   │
╞═════════════════════╪═══════╡
│ 2024-07-23 00:00:00 │ 10    │
│ 2024-07-23 00:01:00 │ 20    │
│ 2024-07-23 00:02:00 │ 30    │
│ 2024-07-23 00:10:00 │ 40    │
│ 2024-07-23 00:12:00 │ 50    │
│ 2024-07-23 00:20:00 │ 60    │
└─────────────────────┴───────┘

shape: (3, 3)
┌─────────────────────┬─────────────┬────────────┐
│ timestamp           │ mean_values │ sum_values │
│ ---                 │ ---         │ ---        │
│ datetime[μs]        │ f64         │ i64        │
╞═════════════════════╪═════════════╪════════════╡
│ 2024-07-23 00:00:00 │ 20.0        │ 60         │
│ 2024-07-23 00:10:00 │ 45.0        │ 90         │
│ 2024-07-23 00:20:00 │ 60.0        │ 60         │
└─────────────────────┴─────────────┴────────────┘
```

SQL 직접 사용 예시

최근 DuckDB와 같은 도구에서 로컬 및 클라우드 스토리지 내 파일이나 DataFrame 객체에 직접 SQL 쿼리를 할 수 있도록 지원하는데, 폴라스 역시 비슷한 기능을 제공합니다. 파이썬 기반으로 연산하는 게 익숙치 않다면 SQL을 사용할 수도 있고, 이 기능을 사용하면 쿼리 최적화가 수행되기 때문에 성능을 높일 수도 있습니다.

• DataFrame 객체에 직접 SQL 쿼리하는 예시 •

```
pl_df = pl.DataFrame({
    "VendorID": ["A", "A", "B", "B", "B"],
    "passenger_count": [1, 1, 2, 2, 1],
    "trip_distance": [0.95, 1.2, 2.51, 2.9, 1.53],
    "payment_type": ["card", "card", "cash", "cash", "card"],
```

```
    "total_amount": [14.3, 16.9, 34.6, 27.8, 15.2]
})

# 위에서 만든 DataFrame에 my_table이라는 이름을 붙여줍니다.
ctx = pl.SQLContext(my_table=pl_df, eager_execution=True)
# eager_execution은 lazy evaluation을 끄고 즉시 결과를 보겠다는 것
result = ctx.execute("SELECT * FROM my_table WHERE trip_distance > 2")
print(result)
```

실무 적용 사례 소개

배달예상시간 학습 파이프라인 개선

 수천만 행의 학습 데이터(파케이 파일)를 가져와서 읽고 이를 전처리하는 부분이 학습 파이프라인에 포함되어 있었습니다. 기존에도 성능을 고려해 대스크를 적용해서 처리했는데 이 부분을 폴라스로 변경했고, 대스크 대비 실행시간은 80% 수준으로 단축하고 메모리는 40% 수준으로 감소시켰습니다.

• 대스크와 폴라스 메모리 사용 비교 •

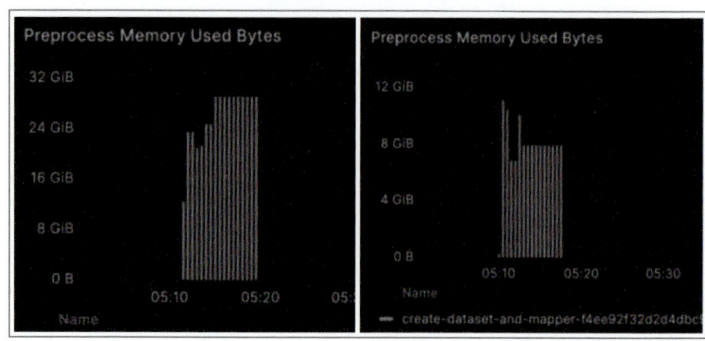

사용자 정의 함수 적용 시 개선

판다스에서는 apply( )를 활용해 사용자 정의 함수를 행 단위로 수행합니다. 폴라스도 같은 기능을 지원합니다. 사용자 정의 함수를 적용해 변환하는 부분을 폴라스로 변경하고 나서 성능 개선을 체감할 수 있었습니다. 물론 폴라스도 파이썬 사용자 정의 함수를 적용할 때는 자체 지원 함수를 사용할 때보다 성능이 현저하게 떨어지게 되고 이에 대한 경고 또한 공식 문서에 포함되어 있습니다. 왜냐하면 사용자 정의 함수 실행 때문에 러스트 코어의 장점이나 벡터화 연산의 장점을 많이 잃어버리기 때문이죠. 하지만 판다스 대비 훌륭한 실행시간 개선을 보여줬습니다.

팀에서 데이터 전처리를 할 때 위/경도 데이터를 가져와서 H3 인덱스로 변환하는 코드가 있습니다. 해당 부분을 다음과 같이 폴라스 코드로 변경했더니 기존 판다스로 24.3초 정도 걸리던 연산이 5.87초로 단축되었습니다. 거의 5배가량 빨라진 것이죠.

• 위/경도 데이터를 가져와서 H3 인덱스로 변환하는 폴라스 코드 •

```
h3idx_p9_null = h3idx_p9_null.with_columns(
    pl.Series(
        h3idx_p9_null.map_rows(
            lambda x: h3.geo_to_h3(
                x[shop_loc_pnt_lat_idx], x[shop_loc_pnt_lon_idx], 9
            )
        )
    ).alias("h3idx_p9"),
)
```

중요하고 많이 사용하는 사용자 정의 함수 경우에는 함수 자체를 러스트로 개발하고 이를 파이썬 코드에서 호출해서 사용하면 성능을 높일 수 있으니 참고해주세요.

준실시간 추론 파이프라인에 작용한 성과

저희는 고객에게 더 정확한 시간을 안내하기 위해 준실시간 추론을 하게 합니다. 배달예상시간의 경우, 사용자가 여러 가게에 대한 시간을 확인하기 때문에 모든 케이스를 고려해 미리 피처를 생성해놓고 준실시간 추론 시점에 피처를 가져와 메모리에 올리고 간단한 처리를 해 모델에 넣게 됩니다. 그리고 이 모델의 추론 결과를 비즈니스 로직과 전시를 담당하는 쪽에 이벤트로 만들어 전달해야 하죠. 이 과정에서도 폴라스를 적용해 눈에 띄는 성능 효율화를 가져올 수 있었습니다. 이때 수행한 작업은 파일 읽기, group_by 및 aggregation 작업, 이벤트 형태로 변환하기 위한 UDF 적용 작업이었습니다. 매번 실행할 때마다 24GB 정도의 메모리를 소모하던 것을 대략 40% 이하로 줄여서 10GB 정도로 감소시켰습니다. 이를 통해 k8s pod* 크기를 줄여서 비용효율을 높일 수 있었습니다.

마치며

폴라스를 선택하기까지의 과정과 이 기술의 장점을 살펴보았습니다. 이 라이브러리가 은총알은 아니지만 적절한 데이터 크기를 가진 환경에선 효율적인 도구가 될 겁니다. 판다스로 분석을 돌리고 기약 없이 기다리거나 주피터 노트북이 메모리 초과로 죽어서 고생하셨던 데이터 분석가나 과학자분들에게도 좋은 도구가 될 겁니다.

저희 팀에서는 대용량 데이터나 증가세가 뚜렷한 데이터는 스파크로 처리하고 그 이외 로직은 폴라스로 처리하면서 성능과 생산성, 비용효율성을 챙기고 있습니다. 앞으로도 생산성과 비용효율성을 고려한 데이터 엔지니어링과 ML 서빙을 위해 다양한 기술을 조사하고 적용해보려고 합니다. 좋은 결과가 있어서 또 공유드릴 수 있었으면 좋겠습니다.

---

* 쿠버네티스 파드 : 쿠버네티스(Kubernetes)에서 배포되고 관리되는 가장 작은 단위로, 하나 이상의 컨테이너(주로 Docker 컨테이너)를 포함합니다. 파드는 동일한 네트워크 네임스페이스를 공유하며, 같은 호스트에서 실행되면서 리소스를 공유하는 방식으로 동작합니다.

PART 4
안정적인 AI 서비스 운영하기

빠르고 안정적인 AI 서빙 시스템 구성하기

#AI #DeepLearning #Machine #Learning
#MLOps #AWS #쿠버네티스

임현호
2024. 11. 05

음식점에서 서빙 로봇을 어렵지 않게 만납니다. 음식이 손님에게 제공되기까지 재료 준비, 손질, 요리 서빙 등 여러 단계를 거쳐야 하는데요, 서빙 로봇을 사용하면 서빙하는 과정을 생략하고 요리에만 더욱 집중할 수 있습니다.

데이터를 학습해 AI 모델을 만들고 서비스로 배포하는 과정 또한 식당에서 음식을 제공하는 과정과 비슷합니다. 서비스로 배포하는 과정을 크게 신경 쓰지 않게 되면 AI 모델 학습에만 집중할 수 있을 겁니다.

우아한형제들 AI플랫폼에는 서빙 자동화 시스템이 구성되어 있어서 AI 모델을 생성만 하면 모델 배포 및 관리 등의 작업을 알아서 처리해줍니다. 이 서빙 자동화 시스템이 어떻게 구성되어 있는지 알아보겠습니다.

AI플랫폼이란?

AI 기술을 비즈니스에 접목하려면 매우 많은 기술이 필요합니다. 데이터를 관리하는 것뿐만 아니라, AI 모델을 학습하는 파이프라인부터 AI 모델 서빙 과정 등 여러 컴포넌트가 복잡하게 얽혀 있습니다. 이런 각 컴포넌트를 유기적으로 결합해 쉽게 사용할 수 있게 만든 것이 바로 AI플랫폼입니다. AI플랫폼을 구성한 환경은 다음 그림과 같습니다. 《요즘 우아한 개발》 4.2절 또는 기술 블로그 글 '배민 앱에도 AI 서비스가? AI 서비스와 MLOps 도입기'에서도 확인할 수 있습니다.

• 우아한형제들 AI 플랫폼 •

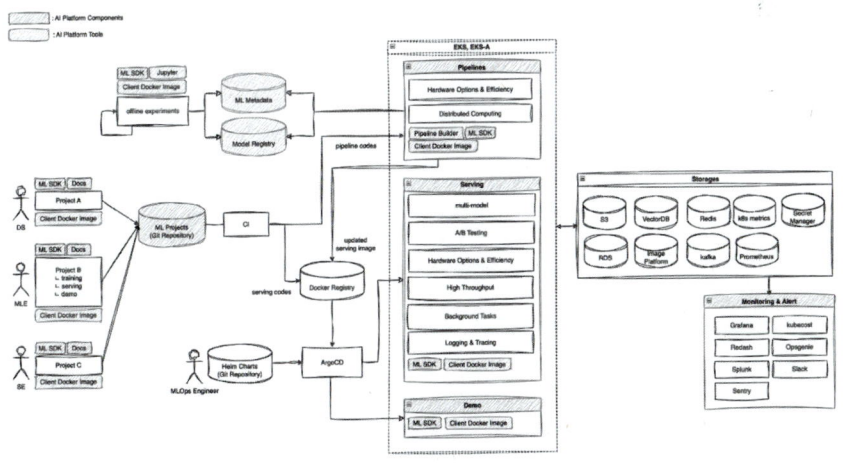

서빙이란, 학습된 AI 모델을 실제 운영 환경에 배포해 사용자가 실시간으로 요청할 수 있도록 API 형태로 제공하는 과정입니다. AI 모델이 안정

적이고 빠르게 응답할 수 있도록 성능 최적화, API 생성, 확장성 관리, 버전 관리, 모니터링 등을 포함합니다.

배달의민족 서비스에서는 매일 엄청난 양의 데이터가 생성되고, 생성된 데이터를 이용해 새로운 AI 모델이 꾸준히 학습하므로, AI 모델을 안정적으로 빠르게 서빙하는 것이 중요합니다. 현재 AI플랫폼의 서빙 시스템은 월 약 20억 건의 트래픽을 처리하고 있습니다. 이를 위해 모델을 변경하는 버전 관리, 새로 배포하는 과정에 유실이 없도록 하는 무중단 배포, 문제가 있을 때 빠르게 복구하는 롤백 처리 등이 철저히 이루어져야 합니다.

이제부터 서빙 환경에 대해 알아보겠습니다. 학습된 모델은 모델 레지스트리Model Registry(AI 모델의 버전 관리가 가능한 저장소)에 저장된 상황을 가정하겠습니다.

서빙 컴포넌트

AI 서비스 개발자는 파이토치PyTorch, 텐서플로TensorFlow, 캣부스트CatBoost, 사이킷 런Scikit Learn 등 다양한 프레임워크/라이브러리를 사용해 AI/ML 모델을 학습합니다. 그러나 이처럼 다양한 프레임워크로 모델을 서빙할 때는 모델을 불러오고 추론하는 방식이 달라 코드 일관성 유지와 유지보수가 어려워지고 시스템 복잡성이 증가합니다.

이 같은 문제를 해결하기 위해 AI플랫폼은 여러 프레임워크를 지원하며 빠른 개발이 가능한 벤토ML을 활용해 모델 서빙 환경을 구성했습니다. 벤

벤토ML*은 컨테이너화를 쉽게 지원해 이후 쿠버네티스 배포를 편리하게 하고, 전처리/후처리와 같은 비즈니스 로직을 간편하게 추가해 서비스 구성을 빠르게 완성할 수 있다는 장점이 있습니다.

아래의 코드는 AI플랫폼에서 벤토ML을 이용해 AI 모델을 API 형태로 서빙하는 예제입니다.

```
@service
class SampleProject:
    # 생성자. Model Registry에서 모델을 불러옵니다.
    def __init__(self):
        self.model = load_model(...)

    # 추론 함수. 들어온 입력에 대해 모델을 추론하고 그 출력을 반환합니다.
    @api
    def inference(self, text: str) -> int:
        output = self.model.infer(pre_process(text))
        return post_process(output)
```

이렇게 작성해주면 /inference path로 호출 시 모델 추론 결과를 얻는 API를 쓸 수 있습니다. 나머지 작업은 AI플랫폼에서 자동으로 해줍니다. AI 서비스 개발자는 다른 것은 신경 쓰지 않고 모델 개발에만 집중할 수 있어 개발 속도가 빨라지며 개발 코드 사이에 일관성 또한 유지됩니다. 그렇다면 어떻게 나머지 작업을 자동화했는지 살펴보겠습니다.

---

* BentoML은 머신러닝 모델을 배포하고 관리하기 위한 프레임워크로, 다양한 프레임워크에서 학습된 모델을 쉽게 패키징, 배포, 확장할 수 있도록 지원합니다.

CI : 이미지 생성 자동화

위에 보신 것과 같은 서비스 코드가 GitLab 코드 저장소로 푸시되면 GitLab CI 파이프라인에서 여러 테스트를 거쳐 도커 이미지가 생성됩니다. AI플랫폼에서는 하나의 레포에서 모든 서비스를 관리하는 모노레포 방식으로 관리하는데요, 이때 CI^{Continuous Integration}는 동적으로 파이프라인을 생성하도록 설계해 새로운 서비스가 생성될 때 추가 작업이 필요 없습니다.

이미지를 빌드하는 과정에서는 모델을 이미지 내에 넣는 방식을 사용했습니다. 빌드 시간이 오래 걸리고 데이터를 많이 차지한다는 단점이 있지만, 모델 레지스트리와의 연결이 생략되어 단일 장애 지점* 이슈를 회피하며 안정성을 높이는 장점이 있습니다. 그리고 서빙 로직과 모델 버전을 일치시키는 과정이 없어 문제가 있으면 빠르게 복구하며 코드 복잡도를 낮출 수 있다는 장점이 있습니다. 이렇게 생성된 이미지는 도커 레지스트리**에 저장되고 이후 쿠버네티스 환경에 배포됩니다.

---

* Single Point Of Failure, SPOF : 하나의 구성 요소가 장애일 때 전체 시스템이 중단될 위험이 있는 지점
** Docker Registry : 도커 이미지를 저장하고 배포하는 데 사용되는 도커 이미지 저장소

이때 각 서비스의 버전을 2.5.3과 같은 시맨틱 버저닝^{Semantic Versioning} 방식을 이용해 관리하는데요, 다음 그림처럼 각각 {Major Version}.{Minor Version}.{Patch Version}으로 구분해 변경 사항의 영향을 직관적으로 나타내는 버전 관리 방식입니다.

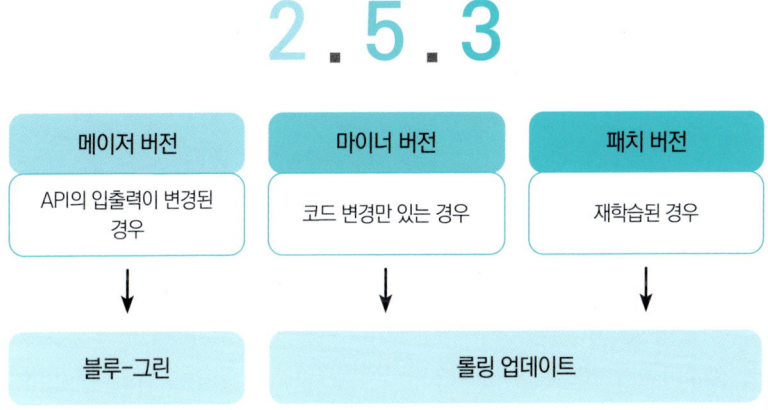

앞서 설명해드린 CI 파이프라인에서 이미지가 빌드되는 경우는 일단 코드 수정이 있었을 겁니다. 단순히 로직만 변경되는 때에는 마이너^{Minor} 버전이 올라가고(2.5.3 → 2.6.0), API 입출력이 변경된 때에는 메이저^{Major} 버전이 올라가게 됩니다(2.5.3 → 3.0.0). 매일 새로 학습되거나 특정 주기를 가지고 새로운 데이터를 이용해 학습할 수가 있습니다. 이렇게 재학습 파이프라인에 의해 모델이 새로 학습되는 때에는 패치^{Patch} 버전이 올라가게 됩니다(2.5.3 → 2.5.4).

마이너/패치 버전이 변경된 때에는 새로 배포해도 큰 문제가 없으므로 롤링 업데이트* 방식으로 무중단 자동 배포를 진행합니다. 만약 메이저 버전이 변경된 때는 기존 API와 연동이 되지 않을 겁니다. 그래서 CI 파이프라인에 OASDiff**를 이용해 현재 서빙되고 있는 API와 새로 생성될 API 사이에 브레이킹 체인지***가 있는지 감지할 수 있게 구성했습니다. 이때는 블루 그린**** 방식을 이용하는데요, 새 버전이 생성되고 API 호출을 모두 새로운 버전으로 전환하고 기존 버전을 삭제하는 형태로 수동 배포를 진행하고 있습니다.

CD : 서빙 자동화

이후에 쿠버네티스 환경에 API를 배포하게 되는데, CD^{Continuous Deployment}를 제공하는 쿠버네티스 환경은 다음과 같습니다.

---

* Rolling Update : 애플리케이션의 배포 과정에서 모든 인스턴스를 동시에 교체하지 않고, 일부 인스턴스를 점진적으로 교체하며 시스템 가용성을 유지하는 배포 전략입니다.

** OASDiff : OpenAPI Specification(OAS) 문서 간의 차이를 비교하고 변경 사항을 분석하기 위한 도구로, API 버전 관리와 변경 영향 평가에 사용됩니다. https://www.oasdiff.com/

*** Breaking Changes : 기존 코드나 API와 호환되지 않아 클라이언트나 사용자 애플리케이션에 문제가 발생할 수 있는 변경 사항을 의미합니다.

**** Blue-Green Deployment(블루-그린 배포) : 두 개의 환경(Blue : 현재 배포 중, Green : 새 버전)을 사용하여 배포 중 다운타임을 최소화하고, 문제가 발생하면 쉽게 이전 버전으로 롤백할 수 있는 배포 전략입니다.

• CD를 제공하는 쿠버네티스 환경 •

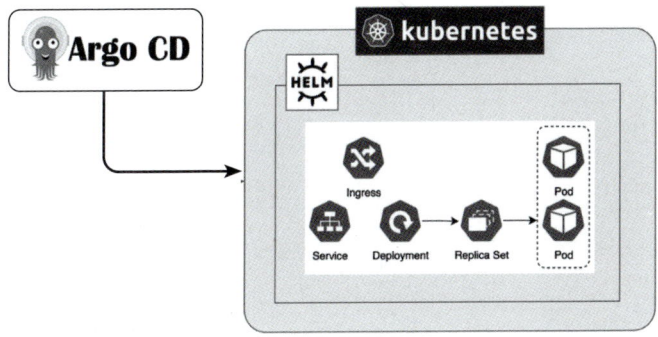

서비스별로 네임스페이스Namespace를 사용하며, 디플로이먼트Deployment를 이용해 파드* 형태로 컨테이너가 배포됩니다. 이렇게 배포된 파드는 스케줄링 시스템에 의해 동적으로 리소스가 조절됩니다. 호출이 많아지면 레플리카**를 늘리고(스케일 아웃scale out) 적어지면 다시 줄이게 됩니다(스케일 인scale in).

사용자의 호출은 인그레스***와 서비스Service를 거쳐 파드로 전달됩니다. 이때 인그레스는 AWS의 애플리케이션 로드 밸런서****를 사용하는데, 요청량에 따라 로드밸런서의 가용량이 자동으로 설정됩니다. 애플리케이션

---

* Pod : 쿠버네티스에서 컨테이너를 실행하는 기본 배포 단위로, 하나 이상의 컨테이너와 네트워크, 스토리지 리소스를 포함하여 애플리케이션의 실행 환경을 제공합니다.

** Replica : 쿠버네티스에서 동일한 파드의 복사본으로, 애플리케이션의 가용성과 부하 분산을 위해 여러 인스턴스를 실행하도록 구성된 단위

*** Ingress : 쿠버네티스에서 클러스터 외부의 트래픽을 클러스터 내부 서비스로 라우팅하기 위한 HTTP 및 HTTPS 경로 설정을 제공하는 네트워크 구성 리소스

**** Application Load Balancer, ALB : HTTP 및 HTTPS 트래픽을 처리하며, 요청을 URL 경로, 호스트 이름, 헤더 등에 따라 다양한 대상 그룹으로 라우팅할 수 있는 서비스

로드 밸런서는 앞으로 ALB라고 부르겠습니다. 그리고 라우트53*을 이용해 도메인을 자동으로 등록해 서비스별로 엔드포인트endpoint가 생성됩니다.

파드가 배포되는 노드Node는 워크로드 수요에 맞춰 필요한 노드를 자동으로 생성하고 관리하는 확장 도구인 카펜터**를 사용합니다. 그중 노드 풀***을 이용해 특정 속성을 지닌 노드 그룹을 설정해 워크로드 요구에 따라 적합한 리소스를 자동으로 할당할 수 있게 관리합니다. 노드풀별로 필요한 리소스에 맞는 EC2 인스턴스를 정의해두고 각 서비스에서는 어떤 노드풀을 사용할지 정합니다. 이후 파드가 새로 생성되는 경우 노드풀에 해당하는 가용 노드에 생성됩니다. 만약 가용 노드가 없다면 노드풀에 정의되어 있는 EC2 인스턴스로 새로운 노드를 생성하게 됩니다.

이런 쿠버네티스 명세는 모두 헬름****을 통해 관리합니다. 공통 템플릿을 정의해두고 각 서비스에 필요한 부분만 수정해 배포할 수 있는 유연함이 큰 장점입니다. 템플릿을 통해 생성된 차트들은 아르고CD*****를 활용

---

* Amazon Route 53 : 도메인 이름 등록, DNS 관리, 트래픽 라우팅, 상태 확인 기능을 제공하는 AWS의 확장 가능하고 신뢰할 수 있는 클라우드 DNS 웹 서비스. https://aws.amazon.com/ko/route53

** Karpenter : 쿠버네티스 클러스터의 워크로드 요구 사항에 따라 자동으로 노드를 프로비저닝하고 크기를 조정하여 비용 최적화와 성능 향상을 지원하는 오픈소스 노드 자동 스케일러. https://karpenter.sh

*** Node Pools : 쿠버네티스 클러스터에서 동일한 설정을 가진 노드들의 그룹으로, 특정 워크로드에 맞게 구성된 노드들을 관리하고 확장하기 위해 사용됩니다(예 : GPU 노드 풀, 스팟 노드 풀). https://karpenter.sh/docs/concepts/nodepools

**** Helm : 쿠버네티스 애플리케이션의 패키지 매니저로서 리소스를 정의, 설치, 관리, 그리고 업그레이드하기 위한 차트를 제공하는 도구. https://helm.sh

***** ArgoCD : 쿠버네티스 환경에서 GitOps를 구현하기 위한 지속적 배포 도구. Git 저장소를 소스 코드의 단일 출처로 사용하여 애플리케이션을 자동으로 배포하고 동기화 상태를 관리합니다.

해 배포되며 Git을 통해 배포 명세를 체계적으로 관리합니다.

특히, 아르고CD 이미지 업데이터* 플러그인을 사용해 도커 이미지가 변경될 때 자동으로 배포되도록 구성했습니다. 이미지 태그를 감지하다가 앞서 설명한 것처럼 마이너/패치 버전이 변경되었을 때 롤링 업데이트가 실행됩니다. 이를 통해 이미지 생성부터 배포까지의 모든 과정이 자동화되어 효율적인 운영이 가능해집니다.

모니터링 및 알람

AI플랫폼에서는 그라파나**를 이용해 서빙 인프라와 서비스 각 메트릭을 모니터링하고 있습니다. 그리고 프로메테우스***를 이용해 쿠버네티스 환경의 메트릭과 벤토ML의 메트릭을 확인하고, 클라우드와치****를 이용해 ALB의 메트릭을 확인하고 있습니다. GPU를 사용하는 서비스를 모니터링할 때는 DCGM 익스포터*****를 사용하고 있습니다.

다음은 AI플랫폼에서 구성한 모니터링 시스템의 일부분입니다.

---

* ArgoCD Image Updater. https://argocd-image-updater.readthedocs.io/en/stable

** Grafana : 다양한 데이터 소스에서 수집한 메트릭을 시각화하고 모니터링 대시보드를 생성할 수 있는 오픈소스 분석 및 모니터링 도구. https://grafana.com

*** Prometheus : 메트릭 수집과 모니터링을 위한 오픈소스 도구로, 시계열 데이터베이스를 사용하여 시스템 성능 데이터를 저장하고, 쿼리 및 알림을 지원합니다. https://prometheus.io

**** CloudWatch : AWS 리소스와 애플리케이션의 모니터링 및 관리 기능을 제공하는 서비스로, 메트릭 수집, 로그 분석, 경보 설정, 대시보드 시각화를 지원합니다. https://aws.amazon.com/ko/cloudwatch

***** DCGM Exporter : NVIDIA Data Center GPU Manager(DCGM) 메트릭을 Prometheus 형식으로 변환히여 GPU 성능 및 상태를 모니터링할 수 있도록 데이터를 제공하는 도구

• 우아한형제들 AI플랫폼의 모니터링 시스템 •

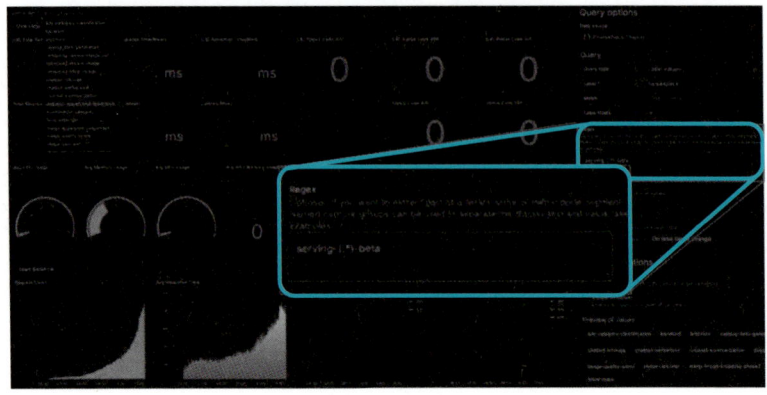

이때 서비스별로 대시보드를 만드는 대신 하나의 대시보드에서 여러 서비스를 조회할 수 있도록 구성했습니다. 그림 왼쪽처럼 대시보드 상단에서 선택한 서비스에 해당하는 메트릭을 확인할 수 있는 구조입니다. 쿠버네티스 환경에서 네임스페이스 이름을 serving-sample-project-beta와 같은 포맷으로 통일해 사용하며, 그림 오른쪽처럼 정규표현식 serving-(.*)-beta를 활용해 쿼리합니다. 이를 통해 현재 사용 중인 네임스페이스 이름을 모두 가져오고 필터링을 통해 sample-project와 같은 서비스명을 추출할 수 있습니다.

AI플랫폼의 서빙 알람 시스템은 크게 인프라 알람, 서비스 알람 두 가지로 나뉩니다. 인프라 알람은 AI플랫폼 관점의 알람으로 주로 시스템상의 문제이며 AI플랫폼 개발자가 담당하고 있습니다. 서비스 알람은 각 서비스에 필요한 알람으로 주로 로직상의 문제를 포함하며 AI 서비스 개발자가 문제를 해결하고 있습니다.

• 알람용 대시보드 •

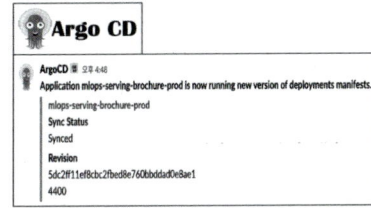

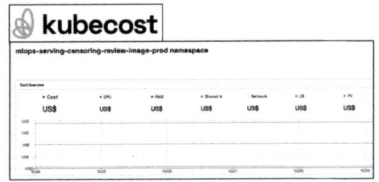

인프라 알람은 모니터링할 수 있는 그라파나 대시보드를 제공해주고 메트릭이 임계치를 벗어나면 메시지를 보내게 됩니다. CPU/memory 사용량이 임계치를 넘는 경우, 특정 기간 요청량이 없는 경우 등의 알람을 전송하고 있습니다.

서비스 알람 중 배포 알람은 아르고CD에서 자동으로 배포되었을 때 메시지로 결과를 보내주는 역할입니다. 에러 알람은 센트리Sentry를 이용하는데요, 로직상의 문제가 발생했을 때의 여러 정보를 모아주는 역할을 합니다. 각 사용자에게 어떤 에러가 발생했는지, trace 정보로 어떤 에러일지 쉽게 유추할 수 있게 해줍니다. Kubecost를 이용해 서비스별 대략적인 비용을 알려주며, 각 환경에 맞는 비용 최적화 방법을 고려하고 있습니다.

운영 중 맞이한 문제와 해결 사례

서빙 환경을 구성하면서 발생했던 몇 가지 문제가 있었는데요, 혹시나 비슷한 경험을 할 때 도움이 될 수도 있을까 해 하나씩 소개하겠습니다.

Keepalive로 발생한 간헐적 응답 에러

서비스를 운영하던 중 왼쪽 그림과 같이 ALB에서 5xx 에러가 간헐적으로 발생하는 문제가 있었습니다. 재시도 로직이 적용되어 있어 큰 문제는 없었지만 빠른 해결이 필요했습니다. 여러 경우를 파악하던 중, 킵얼라이브*가 원인일 것으로 판단했습니다.

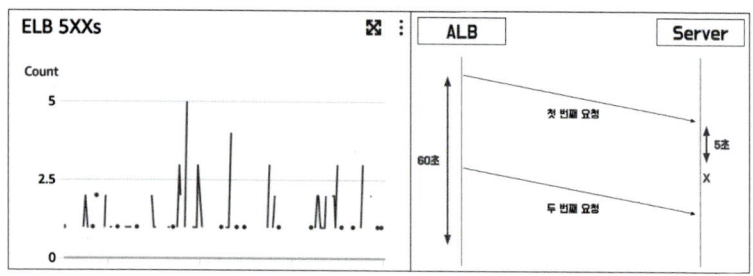

• ALB에서 발생하는 5xx 에러 •

킵얼라이브 옵션은 HTTP 연결을 지속해 하나의 연결로 여러 요청을 보

---

* Keepalive : 네트워크 연결에서 클라이언트와 서버 간에 연결을 지속적으로 유지하기 위해 일정 간격으로 전송되는 신호 또는 설정으로, 연결 재설정의 오버헤드를 줄입니다(예 : HTTP Keep-Alive 헤더).

낼 수 있도록 하는 설정입니다. 킵얼라이브 옵션을 사용하면 연결을 재설정하지 않고도 다수의 요청/응답을 처리할 수 있어 성능이 향상됩니다. 또한 연결이 유휴 상태가 되면 일정 시간이 지난 후 종료되는데요, ALB에서 이 시간을 기본적으로 60초로 사용했습니다. 벤토ML에서는 따로 설정할 수 있는 옵션이 없어서 ASGI[*] 서버로 사용되는 유비콘[**]의 기본값인 5초로 설정되어 있었는데요, 이렇게 서버 타임아웃이 ALB 타임아웃보다 작게 설정되었기 때문에 문제가 발생했습니다.

오른쪽 그림처럼 서버에서 설정한 5초가 지나면 해당 커넥션은 종료되는데, ALB에서는 60초로 설정돼 있으므로 끊겼다는 사실을 인지할 수 없게 됩니다. 그래서 이후 요청이 실패할 수 있습니다. 커넥션 종료에 의한 에러를 방지하려면 서버의 타임아웃값을 ALB에 설정한 타임아웃값 이상으로 설정해야 합니다. 하지만 벤토ML에는 타임아웃값을 설정할 수 있는 기능이 없었고 PR[***]을 생성해 타임아웃값을 설정하는 기능을 추가했습니다. 이 설정을 추가한 후 간헐적으로 발생하던 에러를 해결할 수 있었습니다.

---

[*] Asynchronous Server Gateway Interface(비동기 서버 게이트웨이 인터페이스) : 파이썬 웹 애플리케이션을 위한 비동기 표준으로, 웹소켓, HTTP/2 같은 비동기 프로토콜을 지원하여 더 나은 확장성과 성능을 제공합니다.

[**] Uvicorn : ASGI 표준을 지원하는 파이썬의 웹 서버. https://www.uvicorn.org

[***] 'feat: add uvicorn timeouts options'. https://github.com/bentoml/BentoML/pull/4682

파드와 ALB의 동기화 지연으로 인한 재배포 시 응답 에러

AI 모델이 재학습되어 재배포될 때 응답 에러가 발생하는 경우가 있었고, 원인을 파악하기 위해 이를 재현할 필요가 있었습니다. 왼쪽 그림은 테스트로 재배포를 몇 번 시도한 결과이고, 중간에 요청이 끊기면서 에러가 발생하는 것을 확인할 수 있습니다. 이는 파드의 생명주기와 ALB 대상 그룹*의 주기가 맞지 않아 동기화가 늦어져 발생하는 문제입니다.

• 재배포 시 응답 에러 •

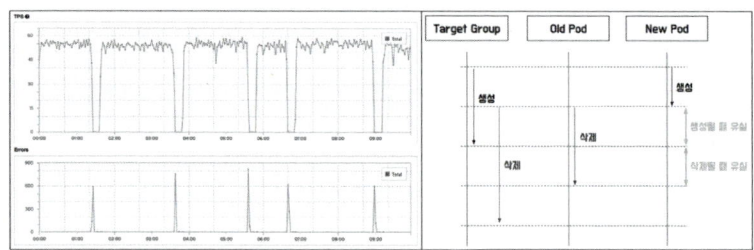

새로운 파드가 준비되어 ready 상태가 되면 기존 파드는 삭제됩니다. ALB를 사용하면 이때, 대상 그룹 또한 같이 업데이트되는데요, 아직 대상 그룹은 준비되지 않아 요청받을 수 없는 상태가 발생할 수 있습니다. 이를 위해 레디니스 게이트** 옵션을 설정해야 하고 이 덕분에 대상 그룹이

---

*   Application Load Balancer Target Group : 애플리케이션 로드 밸런서가 요청을 라우팅할 대상(EC2 인스턴스, 람다 함수 등)을 논리적으로 그룹화한 단위로, 건강 상태 검사와 라우팅 규칙을 개별적으로 설정할 수 있습니다.

** Readiness Gate : 파드가 특정 조건을 충족할 때까지 트래픽을 받지 않게 대기하는 설정

ready 상태가 되어야 기존 파드가 삭제됩니다.

그런데, 이렇게 하면 새로 생성할 때의 트래픽 문제는 없어지지만, 삭제되는 경우의 트래픽은 여전히 문제가 발생할 수 있습니다. 기존 파드는 삭제되었으나 대상 그룹은 아직 업데이트되지 않아 요청을 보내는 경우입니다. 준비되지 않은 대상 그룹으로의 요청을 방지하려면 파드가 종료되는 지연시간을 추가해야 하는데요, 프리스톱 훅*에 강제로 지연 로직을 추가하면 됩니다. 충분한 지연시간(지금은 30초)을 설정해 대상 그룹이 정상적으로 업데이트될 때까지 기다려주면 문제를 방지할 수 있습니다.

이렇게 지연시간을 설정하면 이 시간 동안 대상 그룹이 업데이트되기 때문에, 앞서 설정한 레디니스 게이트 옵션이 없어도 그동안 업데이트가 완료됩니다. 그래서 결론적으로는 파드 삭제 시 지연시간을 적절하게 부여한다면 문제를 전부 해결할 수 있게 됩니다.

벤토ML 메모리 릭 버그

기존 사용하던 벤토ML 버전을 업그레이드하던 과정에서 메모리 사용량 알람을 받은 적이 있습니다. 살펴보니 다음 그림처럼 메모리 릭이 발생해 점진적으로 메모리가 증가하고 있었는데요, 원인 파악을 위해 이것저것 변경해보아도 같은 현상이 발생했습니다.

---

*   preStop hook : 파드가 종료되기 전에 지정된 작업을 수행할 수 있도록 설정하는 훅

• 벤토ML 메모리 릭 버그 •

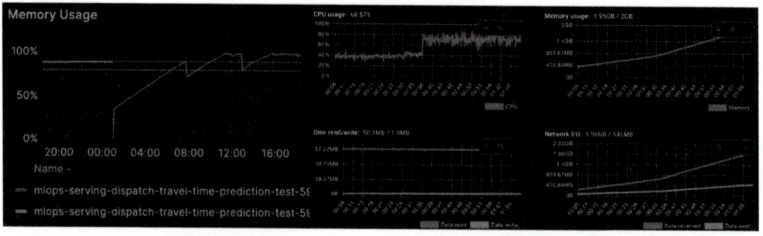

내부 로직의 대부분을 생략해봐도 같았고 기존 버전에서 사용하던 방식인 런너*를 사용하는 형태로 해도 똑같았습니다. 그리고 최종적으로 아무 로직이 없는 튜토리얼 샘플 코드에서도 똑같이 메모리가 증가하는 것을 확인할 수 있었습니다. 이는 우리의 로직 문제가 아닌 벤토ML 자체의 문제라는 것으로 파악했습니다.

이때에는 이슈**를 리포팅해 현재 상황에 대해 공유하고 메인테이너들과 소통을 이어갔습니다. 테스트해볼 사항을 공유받으면 실험해보고 결과를 다시 공유했습니다. 몇 차례 주고받은 후 결론적으로 새로 추가된 파일 관련 기능이 오작동해 발생한 문제였고, 해당 기능에 문제가 있는 부분을 수정해 이 문제 또한 해결할 수 있었습니다.

적극 소통을 해가며 문제를 해결하는 경험도 새로웠고 이렇듯 다양한 방법으로 헤쳐나갈 수 있다는 점도 흥미로웠습니다. 간단히 수정할 수 있

---

* BentoML Runner : 머신러닝 모델 또는 함수의 고성능 실행 환경을 제공하는 벤토ML의 구성 요소로, 분산 배포 및 확장 가능한 API 요청 처리를 지원합니다. 벤토ML 1.1 버전까지 사용했고 현재는 사용하지 않습니다.

** 'bug : memory leak when I am using bentoml>=1.2'. https://github.com/bentoml/BentoML/issues/4760

는 부분이라면 킵얼라이브의 경우처럼 직접 오픈 소스에 기여하는 것이 빠를 것이고, 난도가 조금 있다면 메인테이너 수정을 기대하며 적극 이슈를 리포팅하는 것이 좋겠습니다.

마치며

우아한형제들의 AI플랫폼에서 서빙 자동화 시스템을 어떻게 구성했는지 알아보았습니다. AI플랫폼의 비전은 "모든 사람을 AI 서비스 개발자로"입니다. 즉, 누구나 쉽고 빠르게 AI 서비스를 개발하고 서비스하는 환경을 만드는 것이 AI플랫폼의 주된 목적입니다.

이후에는 UI를 구성해 웹페이지에서 쉽게 서비스 생성 및 수정을 할 수 있게 개발하려고 합니다. 그리고 AI를 이용해 어떤 기능이 필요한지 설명만 해주면, 처음부터 끝까지 자동으로 생성하는 플랫폼을 만들고자 하는 목표가 있습니다.

AI플랫폼에 앞으로 어떤 발전이 있을지 지켜봐 주시기를 바랍니다.

12
생성형 AI 서비스, 게이트웨이로 쉽게 시작하기

#AI   #DeepLearning   #GenAI   #Machine   #Learning   #MLOps

유민환
2024. 11. 07

　우아한형제들의 AI플랫폼팀은 생성형 AI 기술을 효율적으로 활용할 수 있는 환경을 제공해 서비스 개발의 생산성과 품질을 향상시키고자 합니다. 그 첫 단계로 AI API 게이트웨이를 개발하게 되었습니다. 본 글에서는 게이트웨이의 개발 경험과 주요 기능, 그리고 향후 계획을 소개합니다.

개발 배경

　생성형 AI 도구들의 확산은 크게 두 가지 측면에서 큰 변화를 가져오고 있습니다. 첫째, 생성형 AI 도구들은 AI/ML 기술적 전문 지식이 없는 일반 사용자들도 손쉽게 AI 기술을 활용할 수 있게 해줍니다. 복잡한 프로그래밍이나 데이터 과학 지식 없이도, 간단한 프롬프트 입력만으로 고품질의 텍스트나 이미지를 생성할 수 있게 되었습니다. 이는 수학이나 통계에 대한 깊은 지식 없이도 자동화 도구를 활용해 데이터를 분석하고, 새로운 인사이트를 도출해 결과를 개선할 수 있게 되는 AI 기술의 민주화(인공지능 기술을 전문가나 대기업뿐만 아니라 모든 사람들이 쉽게 접근하고 활용할 수 있게 만드는 과정)를 촉진하고 다양한 분야에서 활용 사례를 만들어내고 있습니다. 둘째, 기업들은 자체 모델 개발 또는 사전 훈련된 딥러닝 모델을 새로운 데이터셋이나 특정 작업에 맞게 추가로 학습시키는 파인튜닝 방법에 많은 시간과 비용을 투자하지 않고도, 생성형 AI 도구들을 활용해 빠르게 AI 기반 서비스를 개발하고 출시할 수 있게 되었습니다. 이는 기업의 AI 도입 속도를 가속화하고, 새로운 비즈니스 모델과 서비스 혁신을 촉진하고 있습니다.

우아한형제들 역시 세계적 흐름에 발맞추어 생성형 AI 기술을 도입하고 있습니다. 회사 전반에 걸쳐 다양한 업무와 서비스 개발 영역에서 생성형 AI 도구들을 활용하고 있으며, 이를 사용하는 구성원과 적용 서비스 수는 꾸준히 증가하고 있습니다. 특히 주목할 만한 점은 신규 서비스 기획 단계에서부터 생성형 AI 활용을 적극적으로 검토한다는 점입니다.

대표적인 사례는 '저품질 메뉴 이미지의 개선'* 기능으로, 이미지 생성/편집 AI(Google VertexAI Imagen)를 활용하여 과도하게 확대 촬영된 메뉴 이미지의 배경 영역을 확장(아웃 페인팅)하는 기술을 적용하고 있습니다.

---

* https://ceo.baemin.com/notice/13063

생성형 AI 기술의 활용이 늘어나는 상황에서 AI플랫폼은 생성형 AI 기술을 더욱 효율적으로 개발할 수 있는 환경을 제공해 구성원들의 업무 생산성과 서비스 품질을 향상하는 방안을 모색하고자 했습니다. 생성형 AI의 효율적 활용을 위해 가장 필요한 요소를 파악하고자, 구성원들과의 인터뷰를 우선적으로 실시했습니다.

생성형 AI를 잘 활용하려면 무엇이 필요한가?

생성형 AI를 적극 활용하는 구성원들과의 인터뷰를 통해 어떠한 어려움이 있고 AI플랫폼에 우선 제공해야 할 기능이 무엇이 있는지 알아보았습니다. 인터뷰를 통해 도출된 주제들은 다음과 같습니다.

- **API 게이트웨이** : 생성형 AI 시스템의 핵심 인프라 구성 요소로, 반복적인 개발 작업을 최소화하고 시스템의 안정성과 보안성을 향상시키는 플랫폼
- **실험적 피드백(Experimental Feedback)** : 생성형 AI의 생성 결과 품질을 지속적으로 개선하기 위해 사용자 피드백을 수집, 반영하기 위한 기능
- **LLM 서빙** : 사내 자체 대규모 언어 모델(LLM) 또는 공개된 LLM 모델을 효율적으로 운영, 관리, 제공
- **프롬프트 실험(Prompt Experiment)** : 효과적인 프롬프트 개발과 최적화를 위한 실험 환경 제공

- **하이브리드 검색(Hybrid Search)*** : 어휘 검색**과 시맨틱 검색***을 결합한 고급 검색 시스템
- **RAG 파이프라인** : 외부 지식을 활용해 생성형 AI의 응답 품질을 향상시키는 파이프라인의 표준화 제공

우아한형제들의 AI플랫폼 개발자, 데이터 과학자, 프로젝트 매니저 의견을 종합해, AI플랫폼팀은 위의 주제 중 생성형 AI 기술을 사용하기 위한 API 게이트웨이 개발을 최우선으로 하기로 결정했습니다. 우아한형제들에서는 AWS 베드록****, 애저 오픈AI, GCP 이마젠***** 등 다양한 생성형 AI 서비스들을 적절하게 활용하는 점 역시 게이트웨이 개발의 우선순위 선정에 중요한 고려 사항이 되었습니다.

또한 기존 생성형 AI를 활용한 서비스들의 프롬프트와 호출 로직들이 파편화되어 있었으며, RAG 파이프라인, 프롬프트 실험, 실험적 피드백의 지원에 앞서 자격증명과 프롬프트를 한 곳에 모아 관리할 수 있는 허브 역할이 우선 필요하다고 판단했습니다.

---

* https://cloud.google.com/vertex-ai/docs/vector-search/about-hybrid-search

** Lexical Search : 데이터에서 단어의 철자나 형태를 기준으로 정확히 일치하는 항목을 검색하는 방식으로, 의미보다는 문자 그대로의 매칭에 초점을 둡니다. (예 : 키워드 기반 검색)

*** Semantic Search(의미 기반 검색) : 단순히 키워드가 아니라 문맥과 의미를 분석하여 사용자의 의도와 관련성 높은 결과를 제공하는 검색 방식. (예 : 자연어 처리 기반 검색)

**** AWS Bedrock : 생성형 AI 애플리케이션을 구축하기 위해 여러 기본 모델(Foundation Models)을 API를 통해 쉽게 통합하고 관리할 수 있는 AWS 서비스

***** GCP Imagen : 구글 클라우드에서 제공하는 생성형 AI 모델로, 텍스트를 입력받아 고품질 이미지를 생성하는 기술

다양한 외부 AI API 서비스를 통합 관리하는 솔루션인 콩*, Dify.ai** 등이 이미 존재하지만 다음과 같은 배경으로 직접 개발, 운영하게 되었습니다.

- **맞춤형 요구사항 충족** : 특정 AI 워크로드에 대한 요구사항 발생 시 빠른 지원 필요
- **유연성 확보** : 빠르게 변하는 AI 기술에 맞춰 게이트웨이를 신속하게 수정하고 확장할 수 있는 유연성 확보 필요
- **비용 절감** : 상용 솔루션 대비 장기적으로 비용 절감
- **보안 강화** : AI 모델과 데이터에 대한 특화된 보안 요구사항 충족
- **통합 용이성** : 기존 인프라 및 워크플로와의 원활한 통합

게이트웨이를 개발하기에 앞서 인터뷰 세부 내용과 관련 레퍼런스들을 참고해 문제점과 개선이 필요한 부분을 개발 기능 단위로 세분화했습니다.

풀어야 할 문제들

자격증명

API 호출 시 자격증명과 같이 필요한 값들을 관리하고, 생성형 AI API에 제공할 필요가 있습니다. 다음과 같이 생성형 AI 서비스별로 기존 인프라들과 연동하기 위해 필요한 값과 활용 방법이 다릅니다.

---

*   Kong : API 관리 플랫폼. 세계 유수의 기업과 혁신적인 기술을 지원하며, API 게이트웨이, 서비스 메쉬, 및 마이크로서비스 관리를 제공하는 오픈소스 기반 솔루션

** Dify.ai : 사용자 맞춤형 AI 애플리케이션을 빠르게 생성하고 관리할 수 있도록 지원하는 플랫폼. AI 모델 통합, 데이터 관리, 워크플로 자동화를 간소화합니다.

- 애저 오픈AI : AZURE_OPENAI_ENDPOINT, AUZRE_OPENAI_API_KEY
- GCP 버텍스AI : credential json
- AWS 베드록 : IAM Role ARN (+ Security Token Service(STS))
- 네이버 클라우드 플랫폼 : invoke_url, secret_key

AI플랫폼에선 이런 값들을 AWS 시크릿 매니저*를 통해 관리/제공하고 있었습니다.

• AI플랫폼의 AWS 시크릿 매니저 •

보안 암호 이름	설명
beta/mlops-serving/	
beta/mlops-serving/	
beta/mlops-serving/	
beta/mlops-serving/	보안 문제로 텍스트를 가렸습니다
beta/mlops-serving/	
beta/mlops-serving/	

하지만 시크릿 매니저로 관리하면 다음과 같은 문제점이 있습니다.

- 신규 서비스 개발 시, AI플랫폼 개발자가 시크릿 매니저에 신규 보안 암호 생성 요청 필요
- 수정 필요 시, 시크릿 매니저에서 수정 후 즉각적인 익스터널 시크릿 갱신을 위한 배

---

* AWS Secrets Manager : 애플리케이션에서 사용하는 데이터베이스 자격 증명, API 키 등 중요한 비밀 정보를 안전하게 저장, 자동으로 회전, 관리할 수 있는 AWS 서비스

포 필요
- 서비스 단위로 보안 암호를 생성하면서 관리가 필요한 보안 암호 수가 지속적으로 증가
- 자격증명에 대한 히스토리 관리 및 추적이 어려우며, 이에 대한 정책과 시스템의 필요

이를 해결하기 위해 생성형 AI API 호출에 필요한 자격증명들을 서비스 개발자가 게이트웨이에서 손쉽게 추가/수정/삭제하고, 생성형 AI API별 연동은 게이트웨이 내부에서 처리하도록 했습니다. 이를 통해 개발 프로세스 가속화, 운영 효율성 증대와 자격증명의 관리 정책 수립 및 시스템화를 목표로 했습니다.

중복 개발

생성형 AI를 활용한 개발은 간단히 외부 API를 호출하는 것으로부터 시작합니다.

```python
import os
from openai import AzureOpenAI

client = AzureOpenAI(
    azure_endpoint = os.getenv("AZURE_OPENAI_ENDPOINT"),
    api_key=os.getenv("AZURE_OPENAI_API_KEY"),
    api_version="2024-02-01"
)

response = client.chat.completions.create(
```

```
    model="gpt-35-turbo",
    messages=[...]
)
```

하지만 실서비스에 적용하려면 다음과 같은 고민과 개발이 필요합니다.

- **개인 식별 정보**

  이름, 전화번호 등 민감 정보는 외부로 유출되면 안 되며, 민감 정보를 토대로 결과가 생성되면 안 됩니다. 민감 정보가 주입되는 서비스라면 민감 정보를 포함한 요청은 거부하거나 민감 정보를 마스킹 처리한 후 외부 생성형 API에 전달해야 합니다.

- **로깅**

  생성형 AI의 입출력 데이터는 서비스 디버깅, 결과 품질 향상 루프, 캐싱 등 다양하게 활용될 수 있습니다. 입출력 데이터를 활용하려면 서비스별로 로깅을 위한 저장소를 생성/관리해야 하며, 표준 입출력을 정의하고 적재 로직을 구현해야 합니다. 또한 생성형 AI는 입력 프롬프트뿐만 아니라, 설정값에 따라 생성 결과가 달라지므로, 파라미터들도 로깅할 필요가 있습니다.

- **제한 (Quota / Call Rate)**

  다수의 생성형 AI API에선 단일 리소스에 요청량을 무한히 제공하고 있지 않습니다. API 호출은 할당량 제한(Quota Limit) 또는 호출 속도 제한(Call Rate Limit)이 발생할 수 있으며, 다른 예외 상황과의 구분을 위해 서비스 개발 시 예외 처리와 폴백 로직*을 구현해야 합니다. 또한 대용량 트래픽이 예상되는 서비스의 경우, 생성형 AI API 리소스를 여러 개 생성하고 호출 시점에 어떤 리소스를 요청할지에 대한 로직을 구현해야 합니다.

---

*   Fallback Logic : 시스템이 장애나 오류 상황에서 정상 동작을 유지하거나 최소한의 기능을 제공하기 위해 대체 경로나 기본값을 사용하는 처리 방식(예 : API 실패 시 캐싱된 데이터 반환)

위의 기능을 게이트웨이에서 제공함으로써, 서비스 개발자들이 핵심 비즈니스 로직에 더 집중할 수 있도록 지원하고, 전반적인 시스템의 안정성, 보안성, 그리고 효율성을 크게 향상시킬 수 있을 것으로 기대했습니다. 또한 중앙화된 관리를 통해 일관된 정책 적용과 빠른 문제 해결이 가능할 것으로 기대했습니다.

비효율적인 배포

게이트웨이가 개발되기 전엔 생성형 AI API 호출을 위한 자격증명, 프롬프트, 속성값(모델 배포명, API 버전 등), 상세 파라미터들을 코드 또는 리소스 파일로 관리했습니다.

```python
import os
from openai import AzureOpenAI

with open("/resources/template.txt", "r") as f:
    template = f.read()

query = {...}

client = AzureOpenAI(
    api_key=os.getenv("AZURE_OPENAI_API_KEY"),
    api_version="2024-07-01-preview",
    azure_endpoint=os.getenv("AZURE_OPENAI_ENDPOINT")
)

completion = client.completions.create(
```

```
    model="gpt-35-turbo-instruct",
    prompt=template.format(**query),
    temperature=0
)

response = client.chat.completions.create(
    model="gpt-35-turbo",
    messages=[...]
)
```

　설정(api_key, api_version, model) 또는 파라미터 값(prompt, temperature)을 수정하거나, 호출하는 생성 AI 서비스가 변경(애저 오픈 AI → AWS 베드록)되면 코드 수정 및 배포 작업이 필요합니다. 하지만 외부 API 호출에 필요한 값들은 시시각각 변할 수 있으며, 프롬프트와 같은 리소스 파일 수정을 위해 재배포가 이루어지는 것은 비효율적입니다. 게이트웨이에선 해당 문제를 해결하기 위해 동적 라우팅과 내부 리소스(예: 템플릿) 관리 기능을 구현했습니다. 이를 통해 데이터 과학자 또는 생성형 AI의 비즈니스 로직을 담당하는 개발자는 서버 코드 수정 없이 즉각적인 수정할 수 있습니다. 관리 기능의 이점을 정리하면 다음과 같습니다.

- **유연성 향상** : 외부 API 호출에 필요한 값들을 실시간으로 수정할 수 있으며, 시시각각 변하는 요구사항에 신속히 대응
- **운영 효율성** : 코드 변경 및 재배포 없이 구성을 변경할 수 있어 운영 부담 감소
- **중앙 관리** : 모든 구성을 게이트웨이에서 관리해 일관성 유지

AI API 게이트웨이

다음은 게이트웨이의 핵심 기능들과 호출 흐름을 나타낸 그림입니다.

• 게이트웨이 핵심 기능과 호출 흐름 •

게이트웨이는 다양한 사용 사례와 개발 시나리오를 수용하기 위해 HTTP 호출과 AI플랫폼 인프라와의 연동을 도와주는 ML SDK*를 통한 호출, 두 방식을 지원합니다.

---

* 《요즘 우아한 개발》 4.2절 '배민 AI 서비스와 MLOps 도입기' 참고

- HTTP 호출 : 간단한 프록시나 파이프라인 호출에 적합하며, 타 서빙 서버에 쉽게 연동하는 경우
- ML SDK : 복잡한 전후 처리가 필요하거나 랭체인*과 같은 별도 프레임워크와의 결합이 필요한 경우

서비스 개발자는 필요한 정보만 게이트웨이에 등록하면 적절한 엔드포인트를 제공받음으로써, 각 구성원의 전문 영역에 집중할 수 있도록 했습니다. 이를 통해 더 높은 품질의 AI 서비스를 빠르고 효율적으로 개발할 수 있기를 기대했습니다.

지원 서비스

현재 게이트웨이에서 지원하는 서비스는 다음과 같습니다.

- AWS 베드록
- 애저 오픈AI
- GCP 버텍스AI 이마젠
- 네이버 클라우드 플랫폼(실험적. 현재 OCR 서비스 제공)

---

* LangChain : LLM(Large Language Model)을 활용한 애플리케이션 개발을 간소화하고 확장하기 위해 제공되는 프레임워크. 체인형 워크플로, 데이터 연결, 모델 간 조정을 지원합니다.

지원 기능

게이트웨이에선 프로젝트, 자격증명, 템플릿 관리 기능과 서비스 제공을 위해 엔드포인트를 제공하며, 프록시 및 파이프라인 기능도 포함하고 있습니다. 또한 널리 활용되고 있는 랭체인과의 호환성도 지원하고 있습니다. 이제부터 각각을 알아보겠습니다.

프로젝트

게이트웨이에 등록되어 있는 다양한 리소스와 설정에 대한 수정/삭제 권한의 제한과 무분별한 호출을 방지하기 위해, 각 요청에 대해 api_key의 유효성을 검증할 수 있도록 프로젝트 개념을 제공하고 있습니다. 사용자는 먼저 프로젝트 생성을 요청하고, 발급받은 api_key를 활용해 게이트웨이를 사용하게 됩니다. 베타/운영 환경은 독립적으로 프로젝트를 관리하며, api_key 역시 별도로 발급됩니다.

자격증명 관리

생성형 AI API 호출에 필요한 자격증명 값들을 AWS 시크릿 매니저가 아닌 게이트웨이에 등록하고 관리할 수 있습니다. 게이트웨이에서 자격증명 관리 기능을 제공함으로써 사용자는 시크릿 매니저를 직접 다룰 필요가 없으며, 필요 시 게이트웨이를 통해 수정/삭제해 서비스에 즉각 반영할 수 있습니다. 또한 게이트웨이 내부적으로 API 호출 시 필요한 AWS 베드록, 애저 오픈AI, GCP 버텍스AI, NCP 연동을 제공해 사용자는 멀티 클라우드 환경에 대한 고민을 줄일 수 있습니다(AWS 베드록은 STS를 활용해 호출을 제어하고 있습니다).

• 게이트웨이에서 제공하는 자격증명 관리 기능 •

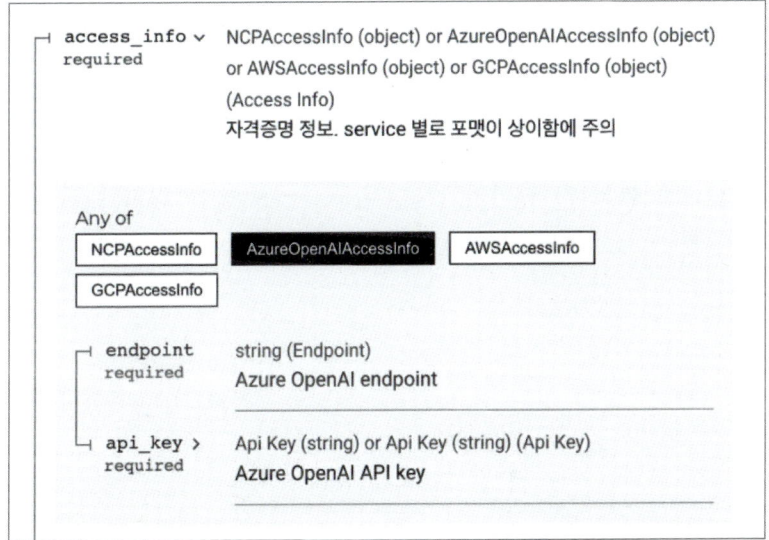

템플릿 관리

프롬프트*는 생성형 AI 결과 품질의 주요한 요소입니다. 자체 학습한 초

---

* 템플릿은 동적인 입력을 받으며, 입력(쿼리)을 토대로 최종 프롬프트를 생성합니다.

기 모델이 최적^{optimal} 모델이 아닌 것처럼 프롬프트 역시 지속적인 개선과 실험이 필요합니다. 프롬프트의 유연한 변경과 체계적인 관리를 위해 게이트웨이에서는 템플릿 관리 기능을 제공하며, 게이트웨이에 등록된 템플릿은 구성원들에게 공개해 프롬프트 엔지니어링의 노하우를 공유를 할 수 있는 허브 역할도 하고자 했습니다.

템플릿 생성은 plain text와 message blocks 포맷을 모두 지원해 간단한 템플릿과 복잡한 템플릿의 등록과 사용을 모두 지원하고 있습니다.

```
// message block 형식의 템플릿
// 정적 프롬프트 템플릿
POST /v1/templates
x-project-name: {{project_name}}
x-api-key: {{api_key}}

{
  "name": "example-message-blocks",
  "template": [
    {
      "role": "system",
      "content": "You are a helpful assistant."
    },
    {
      "role": "user",
      "content": "2024년 올림픽은 어디서 개최했어?"
    },
    {
      "role": "assistant",
      "content": "파리입니다."
```

```
    },
    {
      "role": "user",
      "content": "가장 많은 메달을 딴 국가는 어디야?"
    }
  ]
}

// plain text 형식의 템플릿(message block 형식으로 변환되어 저장)
// 동적 프롬프트 템플릿
POST /v1/templates
x-project-name: {{project_name}}
x-api-key: {{api_key}}


{
   "name": "example-plain-text",
   "template": "{style} 스타일로 {user_input}에 대해 설명해줘"
}
```

위와 같이 정적 템플릿뿐만 아니라 요청 시 전달받은 값(query)을 통해 동적으로 프롬프트를 생성할 수도 있습니다. 동적 템플릿에 주입되는 값은 {key} 형태로 지정하며, 템플릿을 통한 요청 시 {key}에 해당하는 값을 전달해 최종 프롬프트를 생성하게 됩니다.

```
// 템플릿 테스트 호출
POST /v1/templates/example-plain-text
x-project-name: {{project_name}}
x-api-key: {{api_key}}


{
```

```
    "style": "웃긴",
    "user_input": "파이썬"
}

// 템플릿 테스트 응답
{
  "template": {
    "name": "example-plain-text",
    "template": [
      {
        "role": "user",
        "content": "{style} 스타일로 {user_input}에 대해 설명해줘"
      }
    ],
    "version": "1"
  },
  "queries": {
    "style": "웃긴",
    "user_input": "파이썬"
  },
  "prompt": [
    {
      "role": "user",
      "content": "웃긴 스타일로 파이썬에 대해 설명해줘"
    }
  ]
}
```

신규 템플릿 생성과 더불어 수정 시 기존 내역을 함께 추적할 수 있도록 버저닝을 지원하고 있으며, 특정 버전으로의 복구 또한 지원하고 있습니다.

```
// 템플릿 업데이트 후의 템플릿 정보
{
  "name": "example-plain-text",
  "template": [
    {
      "role": "user",
      "content": "{style} 말투로 {user_input}에 대해 알려줘"
    }
  ],
  "version": "2",
  "versions": {
    "1": [
      {
        "role": "user",
        "content": "{style} 스타일로 {user_input}에 대해 알려줘"
      }
    ],
    "2": [
      {
        "role": "user",
        "content": "{style} 말투로 {user_input}에 대해 알려줘"
      }
    ]
  }
}
```

이렇게 등록한 템플릿은 서비스 호출 시 사용할 수 있으며 최종 요청 양식은 다음과 같습니다.

```
POST /v1/services/azure_openai/chat_completions
x-project-name: {{project_name}}
```

```
x-api-key: {{api_key}}

{
  "deployment_name": "gpt-4o",
  "api_version": "2024-02-01",
  "template": {
    "name": "example-plain-text",
    "queries": {
      "style": "웃긴",
      "user_input": "파이썬"
    }
  },
  "params": {
    "temperature": 0.7,
    "max_tokens": 50
  }
}
```

자격증명을 지정하지 않으면 프로젝트에 등록된 자격증명 중 호출 서비스(위 예시에선 애저 오픈AI)에 해당하는 임의의 자격증명을 선택합니다. 물론, 사용자가 특정 자격증명을 지정할 수도 있습니다. 위 예시에서 보이는 바와 같이, 등록된 템플릿은 재사용이 가능하며 하나의 템플릿에 대해 다양한 모델, 서비스에 대한 비교 실험을 할 수 있습니다.

프록시 생성/관리

최종적으로 서비스에 생성형 AI API를 적용하기 위해 필요한 것은 자격증명, 프롬프트와 적절한 파라미터 값입니다. 이 요소들을 한데 정의해 요청 양식을 간소화하며, 생성형 AI API 호출에 필요한 정보를 요청 클라이언트 서버와 독립적으로 관리할 수 있는 프록시 기능을 제공합니다.

```
// 프록시 생성 요청
POST /v1/proxy
x-project-name: {{project_name}}
x-api-key: {{api_key}}

{
  "name": "auzre_opanai_proxy",
  "credential_names": [
    "azure_openai1",
    "azure_openai2",
    "azure_openai3"
  ],
  "policy": "random",
  "service": "auzre_openai",
  "template": "tech-blog-example",
  "options": {
    "deployment_name": "gpt-4o",
    "api_version": "2024-02-15-preview",
    "params": {
      "temperature": 0.7,
      "max_tokens": 50
    }
  }
}
```

프록시 기능의 이점은 요청 양식 간소화와 엔지니어 도움 없이 데이터 과학자가 즉각 수정/반영할 수 있다는 점과, 다중 자격증명 기능을 제공한다는 점입니다. 다중 자격증명 기능을 통해 대용량 트래픽 또는 순간 트래픽 쏠림에 의해 발생할 수 있는 호출 속도 제한* 등의 문제를 해소할 수 있습니다. 프록시 생성 시 여러 개의 자격증명을 등록하면 게이트웨이 내부에서 적절한 자격증명을 선택해 사용하며, 사용자는 이에 대한 고민을 하지 않아도 됩니다.

이와 같이 등록한 프록시 호출은 다음과 같이 간소화됩니다.

```
// 프록시 호출
POST /v1/proxy/auzre_opanai_proxy/chat_completion
x-project-name: {{project_name}}
x-api-key: {{api_key}}

{
    "queries": {
        "style": "웃긴",
        "user_input": "파이썬"
    }
}
```

애저 오픈AI와 같은 형식으로 AWS 베드록 기본 모델도 프록시로 등록이 가능하며, GCP 버텍스AI 이마젠^{Imagen}은 다음과 같이 프록시로 등록해 사용할 수 있습니다.

---

* Call Rate Limit : 주어진 시간 내에 API 또는 서비스에 대한 요청 횟수를 제한하여 시스템 과부하를 방지하고 안정성을 유지하는 제어 메커니즘입니다(예 : 초당 10회 호출 제한).

```
// 버텍스AI 이마젠에 대한 프록시 생성
POST /v1/proxy
x-project-name: {{project_name}}
x-api-key: {{api_key}}

{
    "name": "vertex-ai-imagegeneration-proxy",
    "credential_names": [
        "gcp_cred"
    ],
    "service": "gcp_vertex_ai",
    "policy": "random",
    "options": {
        "model_name": "imagen-3.0-generate-001",
        "params": {
            "negative_prompt": "steam, close up",
            "number_of_images": 1,
            "aspect_ratio": "1:1",
            "language": "en",
            "safety_filter_level": "block_few",
            "person_generation": "dont_allow"
        }
    }
}
```

파이프라인 생성/관리

생성형 AI를 기반으로 한 서비스 개발은 생성형 AI API를 단일 호출하는 것만으로 구성되지 않습니다. 생성형 AI 결과 기반으로 동일 생성형 AI

API에 재차 요청할 수도 있고, 다른 생성형 AI API에 요청해 최종 결과를 얻고자 하는 시나리오가 있을 수 있습니다. 전자는 프롬프트를 고도화해 해결할 수 있지만 후자는 프롬프트 개선만으로 해결할 수 없습니다.

별도의 서버를 운영 중이라면 연속된 생성형 AI API를 호출하는 시나리오를 위해 게이트웨이에 재차 요청하도록 구현할 수 있겠지만, 만약 별도 서버를 운영하지 않고 게이트웨이만으로 연속된 생성형 AI API 호출을 원한다면 프록시 기능만으론 한계가 있습니다. 모든 경우 수를 지원하고 있진 않지만 간단한 시나리오에 대해 순차적인 생성형 AI API 호출을 위해 게이트웨이에서 파이프라인 기능을 제공하고 있습니다.

다음은 애저 오픈AI를 활용해 한국어를 영어로 번역하고, 번역된 결과를 프롬프트로 해 이미지를 생성하는 파이프라인 예시입니다.

```
POST /v1/pipelines
x-project-name: {{project_name}}
x-api-key: {{api_key}}

{
  "name": "gpt_and_imagen",
  "pipeline": [
    {
      "proxy": "to_eng",
      "task": "chat_completion"
    },
    {
      "proxy": "imagen",
      "task": "generate_image",
```

```
    "inputs": {
      "prompt": "0.response.choices.0.message.content"
    }
  }
 ]
}
```

사용자는 파이프라인 구성 시 후속 프록시에 이전 프록시의 특정 결괏값을 전달하도록 지정할 수 있습니다. 위 예제는 0번째 인덱스(첫 번째) 프록시의 결과에서 특정 필드 값(0.response.choices.0.message.content)을 프롬프트로 해 이미지를 생성하는 예제입니다. 프록시와 마찬가지로 파이프라인의 최종 요청 양식은 다음과 같이 간소화됩니다.

```
POST /v1/pipelines/gpt_and_imagen/run
x-project-name: {{project_name}}
x-api-key: {{api_key}}

{
    "queries": {
        "query": "꽃"
    },
    "params": {
    }
}
```

예시 파이프라인에 대한 게이트웨이 내부 흐름도는 다음과 같습니다.

• 게이트웨이 내부 흐름도 •

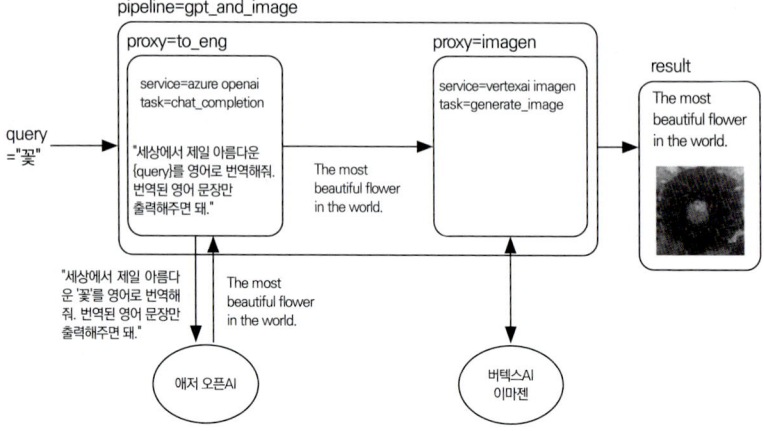

지금까지 소개한 자격증명, 템플릿, 프록시 그리고 파이프라인은 프로젝트 내에서 재사용이 가능하며, 프로젝트 내에서 관리하고 사용하는 리소스들의 구조는 다음과 같습니다.

• 프로젝트 리소스 구조 •

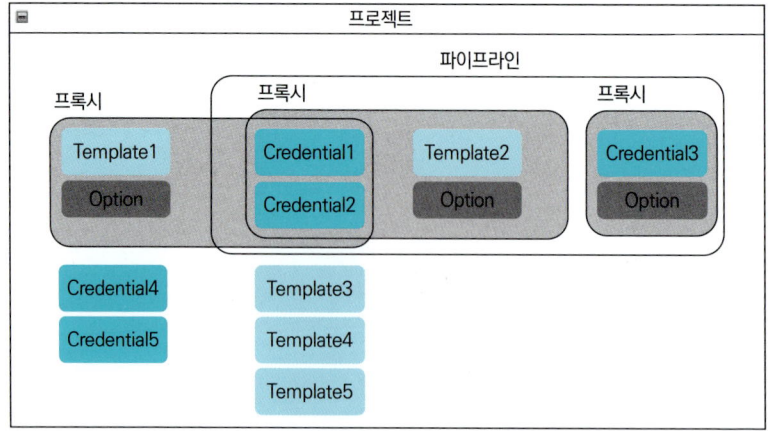

랭체인 호환성 지원

NLP* 도메인에선 단순히 생성형 AI API를 호출하는 것이 아니라 추가적인 방법론(예 : RAG)을 활용하는 경우가 많습니다. 랭체인의 활용도가 높으며, 게이트웨이 호출 역시 랭체인과의 호환성을 지원해야 합니다. 만약 지원하지 않는다면 게이트웨이에서 제공하는 기능을 랭체인과 호환되는 코드로 재차 구현하거나, 게이트웨이를 통해 실험한 프롬프트와 설정값들을 랭체인과 호환되는 코드에 옮기는 비효율이 발생할 수 있습니다.

이를 방지하기 위해 랭체인의 파이프 연산자(|)와 호환되게 ML SDK에서 게이트웨이 클라이언트를 제공하고 있습니다.

```python
from woowa_ml_sdk.client.ai_api_gateway import
from woowa_ml_sdk.client.ai_api_gateway import AiApiGatewayClient
from woowa_ml_sdk.util.config import Config

config = Config("beta", "project_name")

llm = AiApiGatewayClient(
    config=config,
    api_key=os.getenv("AI_API_GATEWAY_API_KEY"),
    service="azure_openai",
    credential="azure_openai_cred",  # 생략 시 게이트웨이에서 임의 선택
    template="...",
    params={...}
)
```

*   natural language processing, 자연어 처리

```
prompt = ChatPromptTemplate.from_messages(
    [("system", "you are a bot"), ("human", "{input}")]
)

chain = prompt | llm

chain.invoke("hello")
```

위는 ML SDK를 활용해 게이트웨이를 호출 LLM으로 사용한 예시입니다. 만약 프록시를 적절히 구성했다면 service=auzre_openai를 service=aws_bedrock으로 수정해 생성형 AI API 제공자를 손 쉽게 변경할 수도 있습니다. 또한 게이트웨이 클라이언트 클래스는 비동기 호출을 지원해, 파이썬으로 구현된 클라이언트 서버에서도 게이트웨이 호출 용도로도 사용하기에 적합합니다.

공용 대시보드

외부 생성형 AI API를 활용하는 데 있어 관심과 주의를 기울여야 하는 부분은 비용입니다. 비용은 생성 도메인(NLP, Vision)별로 책정 단위가 다르며, 사용하는 모델이나 API 제공자에 따라서도 다릅니다. 텍스트 생성형 AI API의 경우 입출력 토큰 수에 비례해 가격이 책정되며, 이미지 생성형 AI API의 경우 생성된 이미지 수에 비례합니다. 이 둘 다 API 요청 수와 비례하지 않으며, 비용 추세를 한눈에 파악하기 위해선 비용 단위에 맞춘 대시보드 제공이 필요합니다. 게이트웨이에서는 프로젝트 또는 모델 단위로 비용과 비례하는 메트릭을 한눈에 볼 수 있는 대시보드를 제공합니다.

• (모델, 작업)별 요청량 •

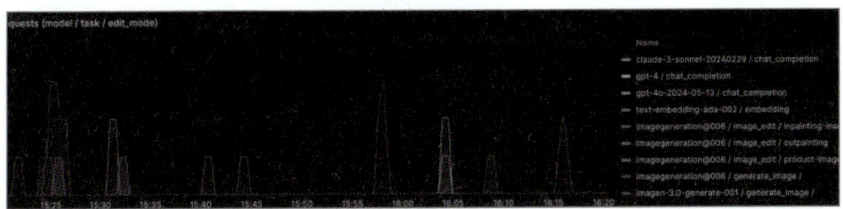

• LLM 서비스의 (프로젝트, 모델)별 요청량 및 입출력 토큰 수 •

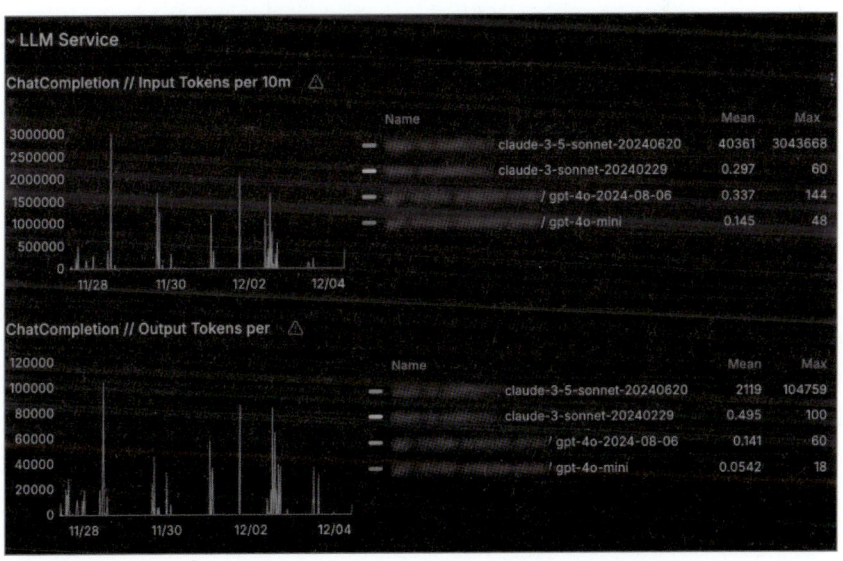

• Vision 서비스의 (프로젝트, 모델)별 생성된 이미지 수 •

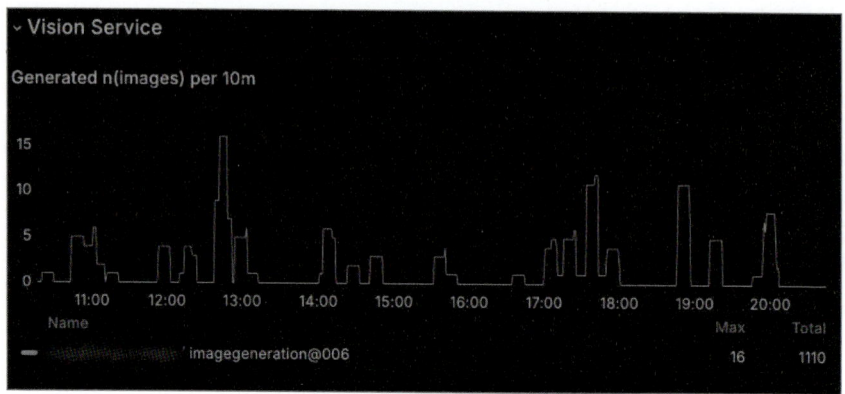

향후 계획

현재 게이트웨이는 API 기반으로만 기능을 제공하고 있어, 게이트웨이를 사용하려면 포스트맨 같은 별도의 HTTP 클라이언트를 사용하거나 호출 코드를 구현해야 합니다. 게이트웨이의 사용성 증대를 위해, AI플랫폼에서 개발 중인 AI 스튜디오(서비스 개발/운영을 위한 웹페이지)에 게이트웨이의 리소스(프로젝트, 자격증명, 템플릿 등)를 관리하고 서비스 요청 등을 할 수 있는 웹뷰를 제공하고, 생성형 AI 결과 품질의 핵심이 되는 템플릿을 구성원 간 공유할 수 있는 템플릿 허브를 구성할 계획입니다.

마치며

생성형 AI를 활용한 서비스를 개발하는 구성원들의 고민을 듣고, 우리에게 우선 필요한 것이 무엇인지, 그리고 어떤 문제점들이 있는지를 파악해 게이트웨이를 개발하게 되었습니다. 이 게이트웨이를 통해 생성형 AI를 활용한 서비스 개발팀의 생산성을 크게 향상시킬 것으로 기대하고 있습니다. 또한 서비스 개발자와의 지속적인 소통을 통해 노코드로 생성형 AI 서비스를 만들 수 있는 환경을 만들고자 노력하고 있습니다.

PART 5
로봇과 머신러닝 모델 최적화하기

로봇 머신러닝 모델의 경량화 1부

훈련 후 양자화

#DeepLearning   #MachineLearning   #Robotics

박준수
2024. 08. 22

    오늘날 머신러닝 모델 개발은 대부분 엔비디아의 데이터 센터 GPU(A100 등)나 워크스테이션 GPU(RTX4090 등)가 장착된 고성능 서버 환경에서 이루어집니다. 우아한형제들 로보틱스LAB에서도, 실외 배달 로봇의 자율주행에 사용할 머신러닝 모델을 개발할 때 이런 고성능 서버들을 사용합니다. 덕분에 매우 큰 데이터셋들과 다양한 고성능 머신러닝 모델들을 손쉽게 다루고 있죠. 그러나 여기엔 한 가지 문제점이 있는데, 바로 고성능 서버 환경에서 개발된 머신러닝 모델은 곧바로 로봇에 배포할 수 없다는 점입니다.

    이 글에서는 고성능 서버 환경과 실외 자율주행 로봇 환경의 차이점을 살펴보면서 머신러닝 모델 경량화의 필요성을 이해한 후, 머신러닝 모델 경량화 방법 중 하나인 양자화의 원리와 적용 방법을 알아보겠습니다. 양자화의 원리와 적용 방법은 엔비디아의 공식 문서를 참고했으며, 이런 기술들은 로봇을 포함한 다양한 엔비디아 하드웨어 기반 컴퓨터에 응용할 수 있습니다.

로봇이 실외에서 자율주행을 하려면?

• 우아한형제들 로보틱스LAB의 실외 자율주행 배달로봇 '딜리' •

로봇이 실외 환경에서 자율주행을 하려면 무엇을 고려해야 할까요? 별도의 서버실이나 데이터 센터에서 관리되는 고성능 서버와 비교하면, 실외 자율주행 로봇에는 다음과 같은 특성들이 추가로 요구됩니다.

- 충격, 진동, 온도, 습도, 물, 먼지 등을 견디는 내구성
- 긴 배터리 수명과 낮은 발열을 위한 전성비
- 좁은 로봇 내부 공간에 맞는 작은 크기의 부품들
- 다양한 센서를 연결하기 위한 많은 포트 및 높은 호환성

이런 조건을 무시하고 고성능 서버 환경의 GPU를 로봇에 그대로 사용하면, 작은 충격에도 쉽게 망가지고 배터리도 금방 방전될 수 있습니다. 따라서 실외 환경에서 사용할 로봇에는 이런 요구사항들을 충족하는 에지 디바이스edge device를 사용해야 합니다.

일반적으로 머신러닝 목적의 에지 디바이스에는 행렬 연산에 최적화된 처리 장치를 사용합니다. 그러한 처리 장치로 GPU를 사용할 수도 있고, GPU 대신 포괄적 개념의 머신러닝 모델 처리 장치인 신경망 처리 장치neural processing unit, NPU, 구글 텐서 처리 장치tensor processing unit, TPU, 인텔 비전 처리 장치vision processing unit, VPU, 엔비디아 딥러닝 가속기deep learning accelerator, DLA 등의 처리 장치도 사용할 수 있습니다. 이런 처리 장치들은 에지 디바이스에서 GPU 역할을 대체합니다.

그렇다면 수많은 머신러닝 목적의 에지 디바이스 중에서 어떤 제품을 선택해야 할까요? 우아한형제들 로보틱스LAB에서는 엔비디아의 제트슨Jetson을 사용합니다. 이어서 엔비디아 GPU와 제트슨 플랫폼의 특징을 살펴보고, 그로부터 제트슨 플랫폼의 장점을 알아보겠습니다.

엔비디아 GPU와 제트슨 플랫폼의 특징

엔비디아 GPU는 머신러닝 모델을 처리하는 장치로 많이 쓰입니다. 머신러닝 모델을 구동시키려면 딥러닝 프레임워크(파이토치 등) 포맷으로 되어 있는 머신러닝 모델을 해당 처리 장치의 특성에 맞게 최적화된 포맷으로 변환하는 과정이 필요합니다. 만약 머신러닝 모델에서 사용하는 연산자를 해당 장치가 지원하지 않으면, 직접 사용자 정의 연산자를 만들어야만 변환할 수 있습니다.

엔비디아 GPU는 TensorRT를 통해 모델 최적화 및 변환을 수행할 수 있습니다. TensorRT는 엔비디아 GPU를 위한 머신러닝 모델 및 추론을 최적화할 때 쓰이는 도구이자 모델 추론을 수행하는 런타임 라이브러리입니다. 머신러닝 모델이 TensorRT의 최적화에 의해 변환된 결과를 TensorRT 엔진이라고 부릅니다. 엔비디아 GPU의 CUDA 코어가 사용된 모든 하드웨어는 TensorRT 런타임 라이브러리를 사용해 TensorRT 엔진을 추론할 때 가장 좋은 성능을 보입니다.

엔비디아에서 공개한 문서*에 따르면 TensorRT는 양자화quantization, 그래프 최적화graph optimization, 커널 자동 튜닝kernel auto-tuning, 동적 텐서 메모리dynamic tensor memory, 다중 스트림 실행multi-stream execution과 같은 기법들을 활용해 모델의 추론 속도를 향상시킵니다. 이 문서에 제시된 실험 결과에 따르면 이런 TensorRT의 최적화만으로도 ResNet-50 모델의 성능이 8배 이상 향상된다고 합니다. 엔비디아는 또 다른 문서에서도 TensorRT를 사용했을 때의 성능 향상이 아래 그래프처럼 매우 크다고 합니다. TensorRT가 이처럼 큰 차이를 만들기 때문에, 배포 단계에서 모델을 TensorRT 엔진으로 최적화하는 일은 필수입니다.

---

* 'NVIDIA TensorRT - Inference 최적화 및 가속화를 위한 NVIDIA의 Toolkit'

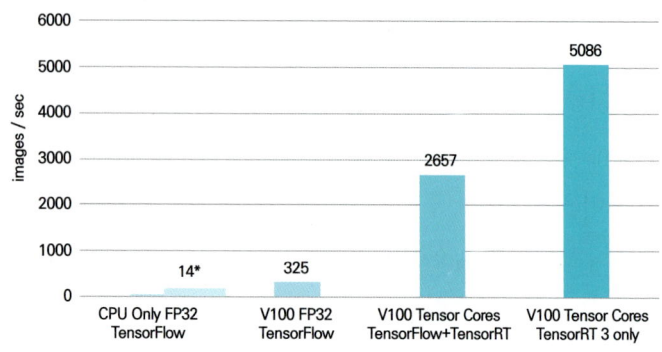

제트슨 플랫폼에서는 머신러닝 모델 처리 장치로 CUDA 코어와 DLA를 모두 사용할 수 있습니다. DLA는 머신러닝 모델의 저전력 연산에 특화된 처리 장치이며, CUDA 코어와 같은 소프트웨어를 사용합니다. 이런 특징 때문에 고성능 서버 GPU에서 쓰이는 TensorRT와 같은 머신러닝 모델 최적화 도구 및 방법들을 제트슨 플랫폼에서도 그대로 쓸 수 있습니다. 이로 인해 제트슨 플랫폼은 다음과 같은 이점을 가집니다.

1 엔비디아의 고성능 서버 GPU에서 개발된 오픈 소스 모델들을 제트슨 플랫폼에서도 손쉽게 사용할 수 있습니다. 오늘날의 오픈 소스 모델들은 TensorRT 엔진으로의 변환을 잘 지원하고, 이에 필요한 사용자 정의 연산자를 지원하는 경우도 많습니다. 덕분에 제트슨 플랫폼에서는 오픈 소스 모델들을 이용해 모델을 빠르게 개발하고 테스트할 수 있습니다.

2 CUDA와 TensorRT에 대한 문서화와 커뮤니티 활성화가 잘되어 있습니다. 그래서

---

* 'NVIDIA TensorRT – Inference 최적화 및 가속화를 위한 NVIDIA의 Toolkit'

새로운 기능 개발, 모델 최적화, 이슈 해결 등에 필요한 정보를 쉽게 탐색할 수 있습니다.

3 CUDA의 시장 점유율이 높아서, 제트슨 플랫폼 기반의 에지 디바이스 제품군이 많이 있습니다. 따라서 다양한 공급망을 쉽게 구축할 수 있어 제품 단가를 절감할 수 있고 유지보수에도 이점이 있습니다.

이런 장점으로 인해, 우아한형제들 로보틱스LAB을 포함한 많은 기업과 연구소들은 고성능 서버 환경과 에지 디바이스 환경 모두에서 엔비디아의 제품을 사용하고 있습니다.

제트슨 플랫폼 덕분에 로봇이 실외 환경에서도 안정적으로 오랜 시간 동작할 수 있게 되었지만, 그 대가로 연산 능력이 희생되었습니다. 따라서 자율주행에서 요구되는 실시간성을 충족하려면 로봇에 배포될 머신러닝 모델 경량화가 필수입니다.

머신러닝 모델의 경량화는 크게 모델링modeling 및 훈련training 단계에서의 방법, 그리고 훈련 완료 후의 단계에서의 방법으로 나눌 수 있습니다. 이어서 훈련 완료 후의 경량화 방법인 양자화를 알아보겠습니다.

양자화

양자화quantization는 머신러닝 모델의 연산 과정에서 사용되는 가중치weight와 출력 텐서tensor의 자료형을 높은 정밀도precision에서 낮은 정밀도로 변환하는 경량화 방법입니다. 일반적으로 32비트(FP32) 또는 16비트

(FP16) 값을 8비트(INT8, FP8) 또는 4비트(INT4) 값으로 변환하며, 주로 정숫값으로 변환(INT8, INT4 등)을 우선적으로 고려합니다. 이렇게 정숫값으로 양자화된 텐서는 행렬 곱셈 등의 행렬 연산을 정수 연산만으로 수행할 수 있게 됩니다. 정수 행렬 연산은 실수 행렬 연산에 비해 연산 속도가 매우 빠르기 때문에 전체 추론 속도가 크게 향상됩니다. 또한 데이터가 16비트 이상 정밀도에서 8비트 이하 정밀도로 바뀌면서 모델 크기도 줄어드는 효과를 얻을 수 있습니다. 하지만 표현할 수 있는 값의 범위도 줄어들기 때문에, 양자화 전후 값의 매핑 효율이 낮을수록 정확도 손실도 커집니다. 매핑 효율을 높이려면 캘리브레이션*을 통해 타깃 데이터와 모델의 특성에 맞는 최적의 양자화 계수를 구해야 합니다.

엔비디아의 양자화 관련 문서**에 따르면, TensorRT에서 FP32를 INT8로 양자화할 때 캘리브레이션을 수행하는 과정은 다음과 같습니다.

1단계 FP32 값과 INT8 값을 매핑하는 데 사용할 양자화 수식을 설정합니다. 문서에서는 아래 수식과 같이 선형 관계로 표현하고 있습니다. 여기서 Q는 양자화된 텐서, X는 원본 텐서, s는 스케일^{scale}입니다.

$$Q = Round(X/s)$$

2단계 양자화하고자 하는 텐서의 분포를 구합니다. 텐서의 분포는 일

---

* Calibration : 모델 양자화 과정에서 최적의 양자화 계수를 찾는 작업을 의미합니다. 양자화는 모델의 파라미터를 더 작은 비트 수로 표현하여 계산 효율성을 높이는 기술입니다.

** 'Achieving FP32 Accuracy for INT8 Inference Using Quantization Aware Training with NVIDIA TensorRT'

반적으로 모델 내부의 다양한 정규화* 연산에 의해 0을 중심으로 하는 정규분포가 됩니다.

3단계 분포 내의 모든 실숫값을 정숫값에 일대일 매핑할 수 없으므로, 매핑 범위의 임곗값(다음 그림에서 amax)을 설정합니다. 그리고 절댓값이 해당 임곗값을 넘는 모든 값을 임곗값으로 바꿔줍니다(이 연산을 Clip이라고 합니다). 이를 양자화 수식에 반영하면 다음과 같습니다.

$$Q = Clip(Round(X/s))$$

4단계 임곗값 이내의 범위인 [-amax, amax] 내의 실수와 정수 자료형의 전체 범위를 매핑할 수 있는 스케일값을 구합니다(예를 들어 INT8이라면 [-128, 127]). 이를 수식으로 나타내면 다음과 같습니다.

$$s = (2 * amax)/256$$

5단계 충분한 양의 학습 데이터에 대해 위의 과정을 반복합니다. 이를 통해 타깃 데이터를 양자화하기 전후 사이의 오차를 가장 많이 줄여주는 임곗값과 스케일값을 찾고, 이 값들을 저장합니다.

---

* Normalization : 데이터의 범위나 크기를 일정한 기준에 맞춰 조정하는 과정입니다. 주로 데이터의 값들이 서로 다른 스케일을 가질 때, 동일한 스케일로 변환하여 알고리즘의 성능을 높이거나 안정적인 학습을 위해 사용됩니다. 예를 들어 0에서 1 사이로 값을 맞추거나, 평균이 0이고 분산이 1인 형태로 데이터를 변환하는 방식이 있습니다.

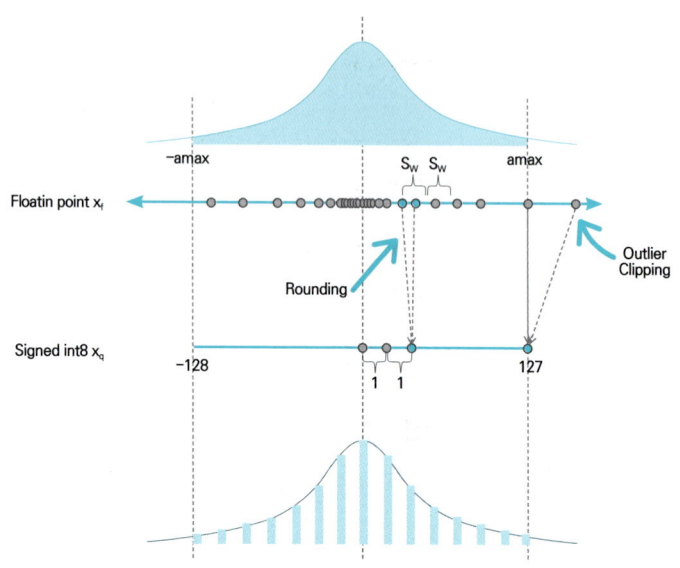

• 캘리브레이션의 원리* •

학습이 완료된 모델을 대상으로 캘리브레이션 및 양자화를 수행하는 과정을 '훈련 후 양자화post-training quantization, PTQ'라고 합니다. 훈련 후 양자화는 추가 훈련 과정이 필요하지 않고 소량의 학습 데이터만 있으면 되기 때문에 손쉽게 수행할 수 있습니다. 또한 다른 경량화 방법과 비교했을 때, 잘못된 튜닝으로 인한 큰 폭의 정확도 하락 가능성이 낮습니다.

그럼에도 훈련 후 양자화를 적용한 결과 정확도 손실이 크다면 양자화 인식 훈련quantization aware training, QAT을 고려해볼 수 있습니다. 양자화 인식 훈련은 양자화의 영향을 모델의 가중치 튜닝에 반영하는 방법입니다. 이 방

---

* 출처 : 엔비디아

법으로 캘리브레이션 과정에서 발생하는 정확도 손실을 보정할 수 있지만, 여기에는 전체 학습 데이터를 사용하는 추가 훈련 과정이 필요합니다.

TensorRT를 이용한 최적화

이제부터 고성능 서버 환경에서 딥러닝 프레임워크를 이용해 학습한 모델을 TensorRT 엔진으로 변환하는 과정을 예시 코드와 함께 살펴보겠습니다. 예시에서는 파이토치의 ResNet-18 모델과 허깅페이스Hugging Face 의 이미지넷ImageNet 검증 데이터셋을 사용했으며, 다음 표와 같은 환경에서 테스트했습니다.

• 코드의 테스트 환경 •

이름	버전
GPU	RTX3080Ti Laptop
CUDA	12.0
CUDNN	8.7.0
TensorRT	8.5.2.2
폴리그래피(Polygraphy)	0.43.1
파이토치	1.14.0
토치비전(Torchvision)	0.15.0

파이토치 모델을 TensorRT로 추론하는 방법 비교

현재 TensorRT는 파이토치 모델을 직접 TensorRT 엔진으로 변환하는 도구를 지원하지 않습니다. 대신, 파이토치 모델을 TensorRT 런타임으로 추론할 수 있는 두 가지 방법이 있습니다. 첫 번째는 ONNX[*] 모델로 변환 후 다시 TensorRT 엔진으로 변환하는 방법이고, 두 번째는 TorchScript로 변환 후 Torch-TensorRT를 이용하는 방법입니다. 이 두 방법의 특징은 다음과 같습니다.

첫 번째, ONNX 모델 변환 후 TensorRT 엔진 변환 방법은 파이토치로 훈련된 모델을 ONNX 모델로 변환한 뒤, 이를 다시 TensorRT 엔진으로 변환해 사용합니다. ONNX는 머신러닝 모델 포맷의 한 종류인데, 대부분의 딥러닝 프레임워크가 ONNX와의 변환을 지원합니다. 파이토치도 ONNX로의 변환을 지원하며, TensorRT는 ONNX 모델로부터 TensorRT 엔진을 빌드할 수 있습니다. 이 방법의 장점은 최적화가 잘된 온전한 TensorRT 엔진을 사용할 수 있다는 겁니다. 그러나 파이토치 모델에 ONNX나 TensorRT가 지원하지 않는 연산자가 포함된 때에는 직접 사용자 정의 연산자를 만들어야만 변환할 수 있다는 단점이 있습니다.

두 번째 TorchScript로 변환 후 Torch-TensorRT를 이용하는 방법은 TorchScript 포맷으로 변환된 모델을 Torch-TensorRT 컴파일러를 이용해 최적화합니다. TorchScript는 파이토치 모델의 파이썬에 대한 의존성

---

[*] ONNX : Open Neural Network Exchange의 약자로 텐서플로, 파이토치 등 다양한 딥러닝 프레임워크 중 어느 것으로 모델을 생성하더라도 다른 프레임워크에서 이를 해석할 수 있게 한 공유 포맷입니다.

을 없애고, 다양한 환경에서 고성능으로 추론할 수 있도록 모델을 컴파일한 포맷입니다. TorchScript 모델을 Torch-TensorRT를 이용해 변환하면 TensorRT와 호환되는 연산자는 TensorRT 연산자로 변환됩니다. 이렇게 변환된 연산자들은 TensorRT의 최적화 기능을 활용할 수 있습니다. 한편 TensorRT와 호환되지 않는 연산자는 파이토치 연산자가 처리합니다. 따라서 이 방법은 ONNX를 통한 변환과 달리 호환성 문제가 적습니다.

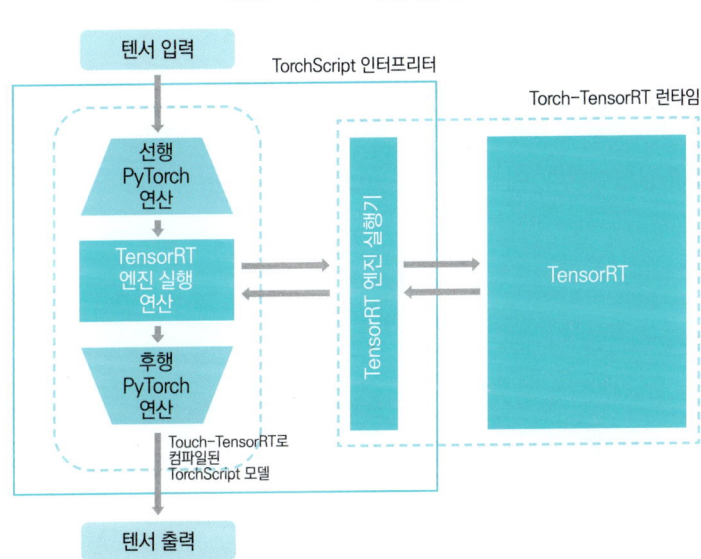

• Torch-TensorRT의 런타임 구조* •

변환된 TorchScript 모델 내에서 파이토치 연산자와 TensorRT 연산자가 함께 사용될 경우, 위 그림과 같은 연산 과정을 거칩니다. 먼저 파이토

---

* 'Torch-TensorRT를 통해 PyTorch에서 추론 속도 최대 6배 향상하기'

치 연산자의 출력이 TensorRT 연산자와 만나면 TorchScript 인터프리터는 TensorRT 엔진을 호출해 모든 입력을 전달합니다. 호출된 TensorRT 엔진은 해당 입력에 대한 연산을 수행한 뒤, 연산 결과를 TorchScript 인터프리터에 다시 전달합니다.

이처럼 Torch-TensorRT는 TorchScript를 기반으로 하기 때문에 온전한 TensorRT 엔진에 비해 추론 속도가 느리며, 원래의 TorchScript 모델 내부의 연산자 중 TensorRT 호환 연산자가 적을수록 추론 속도는 더욱 느려집니다.

자율주행과 같이 추론 속도가 매우 중요한 분야에서는 온전한 TensorRT 엔진을 사용하는 'ONNX 모델 변환 후 TensorRT 엔진 변환' 방식을 추천드립니다. 예시 코드에도 해당 방식을 사용했습니다.

ONNX 모델 변환

파이토치는 모델을 ONNX 포맷으로 변환할 수 있는 내장 함수를 제공합니다. 다음은 Torchvision의 ResNet-18 ImageNet 사전훈련^{pretrained} 모델을 선언하고 이를 ONNX 모델로 변환하는 예시입니다.

```
import torch
import torchvision

# Load ResNet-18 ImageNet-pretrained model using torchvision.
model = torchvision.models.resnet18(pretrained=True)
```

```python
model.eval()

# Dummy input with the model input size.
dummy_input = torch.randn(1, 3, 224, 224)

# Save ONNX model to ONNX_PATH.
torch.onnx.export(model,
                  dummy_input,
                  ONNX_PATH,
                  opset_version=13,
                  input_names=["input"],
                  output_names=["output"])
```

위와 같이 torch.onnx.export를 이용하면 파이토치의 모델을 간단하게 ONNX 모델로 변환할 수 있습니다. 각 인수의 역할은 다음과 같습니다.

- **model** : 변환할 파이토치 모델 객체를 입력합니다.
- **dummy_input** : 파이토치 모델의 입력과 같은 크기의 임의의 텐서를 입력합니다.
- **ONNX_PATH** : ONNX 모델을 저장할 경로를 지정합니다.
- **opset_version** : ONNX의 연산자 버전을 지정합니다. 자신이 사용할 TensorRT 버전이 지원하는 범위 내의 버전으로 입력해야 합니다.
- **input_names** : ONNX 포맷에서 사용되는 입력의 이름을 지정합니다. 입력이 여러 개이면 리스트 형태로 입력합니다. 지정된 이름은 추론 단계에서 입력 dict의 key로 사용됩니다.
- **output_names** : ONNX 포맷에서 사용되는 출력의 이름을 지정합니다. 출력이 여러 개이면 리스트 형태로 입력합니다. 지정된 이름은 추론 단계에서 출력 dict의 key로 사용됩니다.

만약 파이토치 모델에 ONNX에서 지원하지 않는 레이어가 포함되어 있다면 이런 변환이 불가능하므로, ONNX 공식 문서를 참고해 사용자 정의 레이어를 만들어 사용해야 합니다.

폴리그래피를 이용한 훈련 후 양자화 및 TensorRT 엔진 변환

폴리그래피Polygraphy는 엔비디아에서 제공하는 개발 도구입니다. TensorRT API를 기반으로 만들어졌고, 고수준high-level 추상화와 인터페이스를 제공합니다. 따라서 TensorRT API보다 사용하기 간편하고, 버전 변경에 따른 코드 호환성 문제도 훨씬 적습니다. 또한 폴리그래피로 생성된 객체가 TensorRT API에 기반하므로 폴리그래피와 TensorRT API를 혼용해 사용할 수 있습니다.

이제부터 폴리그래피를 이용한 훈련 후 양자화 및 TensorRT 엔진으로 변환하는 방법을 알아보겠습니다.

Calibrator 객체 생성

훈련 후 양자화를 수행하려면 폴리그래피의 Calibrator 클래스를 사용해야 합니다. 이 Calibrator 클래스는 입력 데이터를 generator 형태로 받습니다. 따라서 추론 환경과 같은 전처리가 적용된 입력 데이터를 생성하는 generator를 만들고, 이를 Calibrator에게 인수로 전달해야 합니다. 다음은 generator 정의 및 Calibrator 객체 생성 예시입니다.

```python
import os

from PIL import Image
from polygraphy.backend import trt as poly_trt
from torchvision import transforms

# Preprocess of ResNet-18 training.
transform = transforms.Compose([transforms.Resize((256, 256)),
                                transforms.CenterCrop((224, 224)),
                                transforms.ToTensor(),
                                transforms.Normalize([0.485, 0.456, 0.406],
                                                     [0.229, 0.224, 0.225])])

# Polygraphy needs a generator-type data loader.
val_list = os.listdir(IMAGE_DIR)
def data_generator():
    for image in val_list:
        # Preprocess.
        image_path = os.path.join(IMAGE_DIR, image)
        image = transform(Image.open(image_path).convert("RGB"))
        # Add batch dimension.
        image = image.unsqueeze(0)
        # Polygraphy uses numpy input.
        image = image.numpy()
        # Dict key must be the same as ONNX input name.
        yield {"input": image}

calibrator = poly_trt.Calibrator(data_loader=data_generator())
```

data_generator는 IMAGE_DIR에서 입력 이미지를 읽어와 ResNet-18

과 같은 전처리 과정을 수행한 후, 앞서 만든 ONNX 모델의 입력 형식과 같은 형식의 dict를 반환합니다. 그리고 Calibrator 타입의 객체를 만드는데, 이때 위에서 만든 generator를 인수로 사용합니다.

ONNX 파일 로드 및 IBuilderConfig 객체 생성

Calibrator를 생성한 후에는 ONNX 모델을 로드하고, TensorRT 엔진 빌드에 필요한 각종 설정을 담고 있는 IBuilderConfig 객체를 만들어야 합니다.

다음은 ONNX 모델 로드 및 IBuilderConfig 객체를 생성하는 예시입니다.

```
builder, network, parser =
poly_trt.network_from_onnx_path(path=ONNX_PATH)

# Each type flag must be set to true.
builder_config = poly_trt.create_config(builder=builder,
                                        network=network,
                                        int8=True,
                                        fp16=True,
                                        calibrator=calibrator)
```

이처럼 network_from_onnx_path를 이용해 ONNX 모델을 로드하면 builder, network, parser 세 가지 객체가 반환됩니다. 이 중 builder와 network는 IBuilderConfig 객체를 만드는 create_config의 인수로 사용됩니다.

IBuilderConfig 객체를 만들 때는 정수 타입을 지원하지 않는 레이어를 위해 FP16 타입 변환에 대한 옵션을 추가해야 합니다. 여기서 주의할 점은, IBuilderConfig은 각 타입에 대한 인수를 해당 타입 사용 여부를 나타내는 플래그로 사용한다는 겁니다. 따라서 INT8과 FP16 타입을 모두 사용하려면 create_config에서 이들 타입 각각에 해당되는 인수를 모두 True로 설정해야 합니다.

마지막으로 앞서 만든 Calibrator 객체를 인수로 추가하면 IBuilderConfig 객체 생성이 완료됩니다.

TensorRT 엔진 빌드 및 저장

다음은 TensorRT 엔진 빌드 및 저장 방법에 대한 예시입니다.

```
engine = poly_trt.engine_from_network(network=(builder, network, parser),
                                      config=builder_config)

# TensorRT engine will be saved to ENGINE_PATH.
poly_trt.save_engine(engine, ENGINE_PATH)
```

앞서 ONNX 모델로부터 로드된 builder, network, parser 객체들과 IBuilderConfig 객체를 engine_from_network에 인수로 넣으면 TensorRT 엔진이 빌드됩니다.

마지막으로 빌드된 TensorRT 엔진 객체를 save_engine을 이용해 저장하면 TensorRT 엔진 변환 과정이 완료됩니다.

추론 방법

TensorRT 엔진을 저장한 후에는 아래의 예시와 같이 저장된 엔진을 로드해 추론 테스트를 할 수 있습니다.

```python
# Load serialized engine using 'open'.
engine = poly_trt.engine_from_bytes(open(ENGINE_PATH, "rb").read())

with poly_trt.TrtRunner(engine) as runner:
    # Preprocess.
    image = transform(Image.open(IMAGE_PATH).convert("RGB"))
    image = image.unsqueeze(0).numpy()
    # Input dict keys are the same as 'input_names' arg in 'torch.onnx.export'.
    output_dict = runner.infer({"input": image})
    # Output dict keys are the same as 'output_names' arg in 'torch.onnx.export'.
    output = output_dict["output"]
```

먼저 engine_from_bytes를 이용해 TensorRT 엔진을 로드한 후, TrtRunner를 사용해 로드된 엔진을 추론할 수 있는 runner 객체를 생성합니다. 이 runner 객체는 추론 시 runner.infer를 사용하며, 입력과 출력 모두 dict 타입을 사용합니다. 이때 입력 dict의 key로는 ONNX 모델 생성 시 torch.onnx.export에 인수 input_names로 전달했던 값을, 출력 dict의 key로는 인수 output_names로 전달했던 값을 사용해야 합니다. 즉, 이미지를 전처리한 후 {input_names: image} 형태의 dict로 변형해 runner.infer에 입력합니다. 또한 출력 dict의 key로 output_names를 이용해

value에 접근하면 모델의 출력을 얻을 수 있습니다.

양자화 단계별 성능 비교

이제부터 양자화가 모델의 정확도, 추론 속도, 모델 크기에 미치는 영향을 확인하기 위해 어떤 방법으로 실험했는지, 그 결과는 어땠는지를 살펴보겠습니다. 이 실험에서도 예시 코드와 마찬가지로 ResNet-18 모델과 ImageNet 검증 데이터셋을 사용했습니다.

양자화된 모델에 2개의 비교군 모델을 추가해 총 3개의 모델을 실험에 사용했습니다. 비교군 모델들을 변환한 방식은 다음과 같습니다.

FP32 원본 모델

다음은 원본인 파이토치 ResNet-18 모델을 FP32 타입의 TensorRT 엔진으로 단순 변환한 모델입니다. 이를 위해 예시 코드에서 변경한 부분은 다음과 같습니다.

• FP32 타입의 TensorRT 엔진으로 단순 변환한 모델 •

```
builder_config = poly_trt.create_config(builder=builder,
                                        network=network)
```

이처럼 create_config에서 정밀도 및 Calibrator 관련 인수를 제거해 FP32 타입만으로 모델을 빌드하도록 변경했습니다.

랜덤 데이터를 Calibrator에 통과시킨 INT8 모델

캘리브레이션이 미치는 영향을 보기 위해, 원래 학습 데이터 대신 랜덤 데이터 입력을 사용하고 INT8로 변환한 모델입니다. 이를 위해 예시 코드에서 변경한 부분은 다음과 같습니다.

• 랜덤 데이터 입력을 사용하고 INT8로 변환한 모델 •

```
# Generate random data instead of real data.
def data_generator():
    for _ in range(1):
        image = torch.randn(1, 3, 224, 224).numpy()
        yield {"input": image}

# Set calibrator with a new data generator.
calibrator = poly_trt.Calibrator(data_loader=data_generator())
```

이처럼 data_generator가 원래의 학습 데이터 대신 torch.randn으로 생성한 랜덤 데이터를 반환하도록 했습니다.

실험 방식

테스트에 폴리그래피의 추론 기능을 활용했으며, ImageNet validation 데이터셋의 모든 이미지에 대한 평균 추론 시간과 정확도를 측정했습니다. 데이터의 구조 및 정답label 체크 방식에 대해서는 허깅페이스의 ImageNet 데이터셋을 참고해주세요. 실험 코드는 다음과 같습니다.

• 실험 코드 •

```python
import os
import time

from PIL import Image
from polygraphy.backend import trt as poly_trt
import tqdm

# Load TensorRT engine from ENGINE_PATH.
engine = poly_trt.engine_from_bytes(open(ENGINE_PATH, "rb").read())

# Refer to Hugging Face for IMAGENET2012_CLASSES.
class_list = list(IMAGENET2012_CLASSES.keys())
val_list = os.listdir(IMAGE_DIR)

total_infer_time = 0.0
total_correct = 0
with poly_trt.TrtRunner(engine) as runner:
    for image in tqdm.tqdm(val_list):
        # Get label from file name.
        label = image.split("_")[-1].split(".")[0]
        # Preprocess.
        image_path = os.path.join(IMAGE_DIR, image)
        image = transform(Image.open(image_path).convert("RGB"))
        image = image.unsqueeze(0).numpy()
        # Get inference time using 'time' module.
        before_infer = time.time()
        output_dict = runner.infer({"input": image})
        total_infer_time += time.time() - before_infer
        output = output_dict["output"]
        predicted = output.argmax()
        # Calculate total number of correct outputs.
```

```
                total_correct += class_list[predicted.item()] == label

# Calculate and print average values.
accuracy = 100 * total_correct / len(val_list)
avg_infer_time_ms = 1000 * total_infer_time / len(val_list)
print(f"Accuracy: {accuracy:.2f} %")
print(f"Average inference time: {avg_infer_time_ms:.2f} ms")
```

이 코드에서는 데이터가 들어 있는 디렉터리 내의 모든 이미지 파일 각각에 대해 추론에 소요된 시간과 정답 여부를 계산해 각각 total_infer_time과 total_correct에 누적합니다. 추론 시간은 runner.infer 실행 전후에 time.time을 사용해 계산했고, 정답 여부는 class_list에서 인덱스로 구한 클래스 이름이 이미지 이름에 포함된 클래스 이름과 일치하는지 체크해 알아내도록 했습니다. 모든 합산이 끝난 후엔 누적된 값들을 이미지 개수로 나누어 평균 추론 시간과 정확도를 출력하도록 했습니다.

실험 결과 및 결론

실험 결과에 따르면, INT8 모델들은 FP32 원본 모델에 비해 추론 시간에서 약 3배, 모델 크기에서 약 4배의 성능 향상을 보였습니다. 또한 랜덤 데이터 캘리브레이션이 적용된 INT8 모델은 FP32 원본 모델에 비해 3.25%의 정확도 손실이 있는 반면, 학습 데이터 캘리브레이션이 적용된 INT8 모델은 정확도 손실이 0.22%에 불과했습니다.

결과적으로 폴리그래피를 이용한 학습 데이터 기반 캘리브레이션 및 양자화는 모델의 정확도를 거의 유지하면서도 추론 속도를 크게 향상시키고 모델 크기를 줄일 수 있습니다.

· 양자화 단계별 성능 비교 실험 결과 ·

	FP32	INT8 (랜덤 데이터)	INT8 (실제 데이터)
정확도	68.93%	65.68%	68.71%
추론시간	4.97ms	1.74ms	1.75ms
용량	47.78MB	12.59MB	12.63MB

마치며

로봇의 연산 장치는 여러 제약으로 인해 성능이 낮기 때문에, 이를 해결하기 위해 다양한 머신러닝 모델 최적화 기술이 필요합니다. 그러나 훈련 단계와 추론 단계에서 사용하는 하드웨어와 머신러닝 모델의 포맷이 다르기 때문에, 배포 과정에서 고성능 서버 환경에 비해 더 많은 시행착오를 겪게 됩니다.

오늘 소개한 방법을 사용하면, 이런 시행착오를 최소화하고 어떤 모델이든 빠르게 경량화 및 TensorRT 엔진 배포를 할 수 있습니다. 또한 이 방법은 로봇뿐만이 아닌 TensorRT를 이용한 배포가 필요한 다양한 환경에서 모두 사용할 수 있습니다.

로봇 ML 모델의 경량화 2부
양자화 인식 훈련

#AI   #DeepLearning   #MachineLearning   #Robotics

문종식

2025. 01. 31

이 글의 1부에서는 엔비디아 제트슨 플랫폼의 특징, 양자화와 훈련 후 양자화에 대한 개념, TensorRT를 이용해 최적화를 하는 방법과 그 결과까지 알아봤습니다. 이번에는 양자화로 인한 성능 저하를 막는 또 하나의 방법, 양자화 인식 훈련Quantization Aware Training, QAT을 알아보겠습니다.*

훈련 후 양자화의 한계점

훈련 후 양자화Post-Training Quantization, PTQ는 추가 훈련 없이 모델을 양자화해 경량화와 추론 속도를 개선하는 간단하고 효율적인 방법입니다. 하지만 PTQ에는 몇 가지 한계점이 있습니다. 아래에서 이에 대해 살펴보겠습니다.

---

* 우아콘에서 발표한 〈자율주행 로봇을 위한 머신러닝 모델의 추론 성능을 최적화하기〉 영상을 시청하면 이 글의 내용을 이해하는 데 도움이 될 수 있습니다.

오차 전파(에러 프로파게이션)에 대한 대응 부족 :

PTQ 모델은 추론 과정에서 각 레이어의 양자화 오차가 다음 레이어로 전파되어 누적될 수 있습니다. 실제 부동소수점 연산과 양자화 연산 사이의 오차는 예측 과정을 거치면서 점점 더 커질 수 있으며, 이는 모델 성능 저하로 이어집니다. 특히 깊은 신경망 구조에서는 이러한 오차 누적 현상이 더욱 심각해질 수 있습니다.

모델 구조 및 연산 특성 반영 부족

PTQ는 이미 학습이 완료된 모델 파라미터를 고정한 상태에서 사후 처리를 통해 양자화 범위(스케일, 제로 포인트 등)를 결정하게 됩니다. 여기서 모델 내부의 비선형 연산(예: 활성 함수, 배치 정규화 등)이나 레이어 간 분포 변화 등 복잡한 구조적 특성을 충분히 반영하기가 어렵습니다. 결국, 특정 레이어 또는 채널별 분포 차이를 세밀하게 고려하지 못하여 정밀도 손실이 심해질 가능성이 있습니다.

예시: 3D 객체 검출 모델에서 성능 저하

3D 객체 검출은 자율주행에서 중요한 역할을 수행하는 기술입니다. 2D 카메라 이미지에서 객체의 위치와 크기를 나타내는 3D 경계 상자를 예측하여 주변 환경을 3차원적으로 인식할 수 있도록 합니다. 아래 그림은 3D 객체 검출 모델의 예시를 보여줍니다.

• 3D 객체 검출 예시 •

3D 객체 검출 모델은 복잡한 구조로 인해 PTQ만으로는 양자화로 인한 성능 저하를 완전히 막기 어렵습니다. 다양한 크기의 객체를 정확하게 검출하기 위해 여러 층의 컨볼루션 연산과 복잡한 특징 추출 과정을 거칩니다. 이 과정에서 양자화 오차가 누적되어 성능에 영향을 미칠 수 있기 때문입니다.

실제로 3D 객체 검출 모델에 PTQ를 적용했을 때 성능 저하가 얼마나 발생하는지 확인하기 위해 FP32 모델을 기준으로 INT8 모델과 INT8+PTQ 모델의 성능을 비교하는 실험을 진행했습니다. 다음 테이블에서 FP32는 32비트 부동 소수점을 사용하는 모델, INT8은 랜덤 데이터 캘리브레이션이 적용된 INT8 모델, INT8+PTQ은 학습 데이터 캘리브레이션이 적용된 INT8 모델을 의미합니다. 각 모델의 성능은 mAP(mean Average Precision)를 사용하여 평가했으며, mAP는 객체 검출 모델의 성능을 평가하는 지표로 값이 클수록 성능이 우수함을 나타냅니다. 아래 표는 실험 결과를 보여줍니다.

• 3D 객체 인식 모델, 해상도와 기법에 따른 mAP 성능 •

	FP32	INT8	INT8+PTQ
mAP	0.2834	0.1943	0.2435

FP32 모델의 mAP는 0.2834로 가장 높은 성능을 보입니다. 반면, INT8 양자화를 적용한 모델은 mAP가 0.1943으로 크게 감소하여 성능 저하가 뚜렷하게 나타났습니다. PTQ를 적용한 INT8+PTQ 모델은 mAP가 0.2435로 INT8 모델보다는 성능이 향상되었지만, FP32 모델에 비해서는 여전히 낮은 성능을 보입니다. 이는 PTQ가 양자화로 인한 성능 저하를 완전히 해결하지 못한다는 것을 의미합니다. 즉, 모델의 크기를 줄이고 연산 속도를 높이는 데 효과적이지만, 정확도를 유지하는 데 한계가 있다는 것을 알 수 있습니다.

이렇듯 PTQ는 훌륭한 방법론이지만 그 한계가 있는 것을 확인할 수 있습니다. 이러한 PTQ의 한계를 극복하기 위해 양자화 인식 훈련Quantization Aware Training, QAT이라는 방법을 씁니다. 이에 대해 자세히 알아보겠습니다.

양자화 인식 훈련이란?

QAT는 모델을 처음부터 양자화 연산을 고려하여 학습시키는 방법입니다. 즉, 훈련 과정에서부터 모델이 양자화된 상태임을 가정하고 학습하여 양자화로 인한 정밀도 손실을 최소화하는 방법입니다.

QAT는 훈련 단계에서 부동소수점 연산을 그대로 사용하지 않고, 활성함수나 가중치 텐서 등에 양자화 연산을 모방한 기법을 적용합니다. 모델은 훈련 과정에서 양자화로 인해 발생하는 오차에 적응하게 되어, 실제 양자화된 환경에서도 높은 성능을 유지할 수 있습니다. QAT가 수행되는 원리를 이해하려면 가짜 양자화fake quantization, 혹은 Q/DQ라 불리는 개념과 좁은 최소점narrow minima, 넓은 최소점wide minima의 개념을 이해해야 합니다.

가짜 양자화, Q/DQ

QAT의 핵심 메커니즘이 바로 가짜 양자화 연산입니다. 다음 그림을 보면 Layer1에서 FP32 상태로 출력된 값이 양자화Quantize → 역양자화Dequantize 과정을 거치면서 가상의 INT8 연산을 경험하게 됩니다.

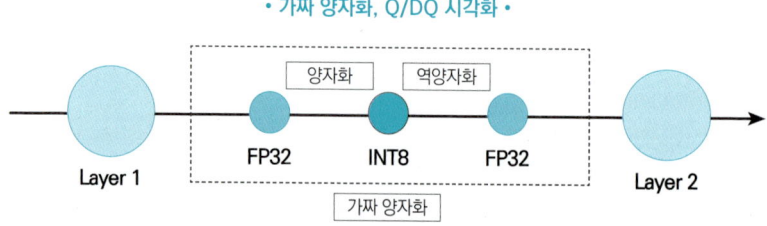

• 가짜 양자화, Q/DQ 시각화 •

양자화(FP32 → INT8) 단계에서는 FP32 텐서를 INT8 범위로 변환하여 의도적으로 오차를 발생시킵니다. 이때 실제로 메모리에 INT8 형태로 저장하는 것이 아니라, 값의 범위만 INT8처럼 제한하는 시뮬레이션을 수행합니다. 즉, 컴퓨터는 여전히 FP32 형태로 값을 저장하고 있지만, INT8처럼 작동하도록 범위를 제한하는 것입니다. 역양자화(INT8 → FP32) 단계에서는 양자화 단계에서 제한된 값을 다시 FP32 범위로 복원합니다. 역전파 시 부동소수점 정보가 그대로 유지되므로 학습 효율을 높일 수 있습니다.

Q/DQ 연산을 통해 모델은 순전파 시에는 INT8의 낮은 정밀도 환경을 경험하고, 역전파 시에는 FP32의 정확한 미분 값을 사용하여 가중치를 갱신합니다. 이처럼 Q/DQ는 모델이 정밀도 저하로 인한 오차에 적응하고, 양자화된 환경에서도 최적의 성능을 낼 수 있도록 돕는 역할을 합니다.

다음으로 알아볼 것은 Q/DQ를 이용해 낮은 정밀도를 체험할 때, loss가 수렴하는 모습입니다. 이를 위해 먼저 좁은 최소점, 넓은 최소점에 대한 개념을 정리할 필요가 있습니다.

좁은 최소점 vs 넓은 최소점

딥러닝 모델을 학습시킬 때, 목표는 손실 함수를 최소화하는 지점인 지역 최소점 local minima 를 찾는 것입니다. 양자화 과정에서는 손실 함수 값 이외에 지역 최소점 주변 지형의 '기울기'도 중요한 역할을 합니다. 모델의 안정성이 달라지기 때문이죠. 아래 그림은 지역 최소점의 두 가지 유형인 좁은 최소점과 넓은 최소점을 보여줍니다.

• 좁은 최소점과 넓은 최소점 비교 •

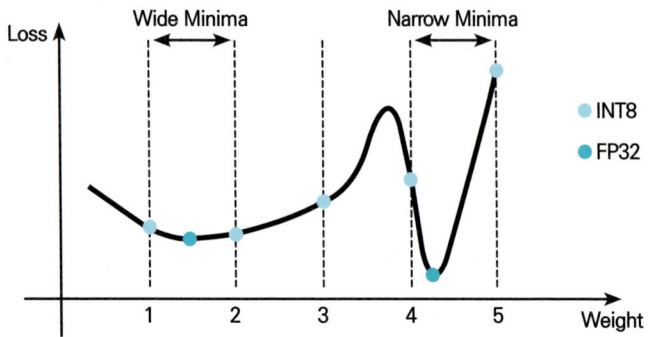

좁은 최소점은 최소점 주변이 급격하게 변하는 지형입니다. 이러한 지형에서는 파라미터 값이 조금만 변해도 손실값이 크게 증가합니다. 예를 들어, FP32에서 INT8로 양자화하는 과정에서 발생하는 작은 변화에도 모델의 성능이 크게 저하될 수 있습니다. 따라서 좁은 최소점은 정밀도 저하나 노이즈에 매우 민감합니다.

넓은 최소점은 최소점 주변이 완만하게 변하는 지형입니다. 이러한 지형에서는 가중치가 약간 변하더라도 손실값은 크게 변하지 않습니다. 따라서 넓은 최소점은 양자화나 노이즈에 대한 견고성Robustness이 높습니다. 즉, 외부 요인에 의해 파라미터 값이 조금 변하더라도 모델의 성능이 크게 영향을 받지 않습니다.

이제 Q/DQ와 이를 연관지어 설명해보겠습니다. FP32 가중치를 INT8과 같이 더 낮은 해상도로 표현하는 양자화 과정에서는 필연적으로 오차가 발생합니다. Q/DQ, 혹은 가짜 양자화 방법은 훈련 단계에서부터 이러한 오차를 미리 경험하도록 하여, 마치 가중치가 INT8로 양자화된 것처럼 값의 범위를 제한합니다.

제한된 범위의 가중치로 학습을 진행할 때 모델은 INT8 정밀도 내에서 손실을 최소화하려고 합니다. INT8의 한계로 인해 FP32에서 달성할 수 있는 최적의 성능에는 미치지 못할 수 있지만, 주어진 제약 조건 내에서 최적의 성능을 찾기 위해 노력합니다. 이러한 이유로, 일반적으로 최소점은 넓은 최소점 근처에 위치하게 됩니다. 값의 범위가 제한된 경우에는 넓은 최소점의 완만한 기울기가 수렴에 더 유리하기 때문입니다.

예를 들어 앞의 그림에서 만약 weight 값을 INT8 형태로 표현한다고 가정해보겠습니다. 그림에서 분홍색 포인트로 표현된 것처럼 1, 2, 3, 4, 5와 같이 다섯 개의 값만 가질 수 있습니다. FP32를 사용한다면 가중치 값은 4.2처럼 소수점까지 자유롭게 표현할 수 있기 때문에 좁은 최소점의 가장 낮은 지점에 도달할 수 있습니다. 하지만 INT8의 경우에는 표현할 수 있는 값이 제한적이기 때문에 넓은 최소점에서 가장 가까운 값인 2를 선택하게 됩니다.

정리

지금까지 살펴본 QAT는 Q/DQ를 활용하여 낮은 해상도 환경을 미리 경험하면서 학습하는 기법입니다. 즉, INT8과 같은 낮은 해상도에서도 최소한의 손실을 갖도록 모델을 최적화하는 것이죠. QAT는 좁은 최소점이 아닌 넓은 최소점 근처로 수렴하도록 유도하여 양자화로 인한 손실 증가를 최소화합니다.

QAT는 학습 후 모델을 변환하는 PTQ의 단점을 보완합니다. PTQ는 INT8로 변환할 때 좁은 최소점의 영향을 크게 받아 손실이 증가할 수 있는데, QAT는 이러한 문제를 미리 해결하여 안정적인 성능을 확보합니다.

하지만 QAT는 기존에 학습된 모델을 사용할 수 없고 처음부터 다시 학습해야 한다는 단점이 있습니다. 이는 추가적인 시간과 자원을 필요로 하므로, 특히 대규모 데이터셋이나 복잡한 모델에 적용할 때는 부담이 될 수 있습니다. 또한 모델이나 데이터의 규모가 작을 때에는 큰 효과를 발휘하지 못하기도 합니다.

다음 장에서는 QAT를 실제로 어떻게 수행하는지 단계별로 알아보겠습니다.

양자화 인식 훈련(QAT) 수행하기

QAT를 수행하는 방법에는 크게 두 가지가 있습니다. 직접 Q/DQ 노드를 구현하는 방법과, 이미 구현된 라이브러리를 활용하는 방법이죠. 이 글에서는 PyTorch 기반, QAT를 지원하는 대표적인 두 가지 라이브러리 두 가지를 소개하고, 각각의 장단점을 비교해보겠습니다.

PyTorch의 torch.ao.quantization

- 장점 : PyTorch 생태계와 긴밀하게 통합되어 있으며, 다양한 모델에 적용할 수 있도록 커스터마이징 옵션을 풍부하게 제공합니다.
- 단점 : 에지 디바이스 배포에 많이 쓰이는 NVIDIA TensorRT와 호환성이 떨어져 추가적인 변환 과정이 필요할 수 있습니다.

NVIDIA의 pytorch-quantization

- 장점 : NVIDIA TensorRT와의 호환성이 뛰어나 에지 디바이스를 포함한 NVIDIA 하드웨어 환경에 적합합니다. 또한 사용법이 간편하고 NVIDIA 생태계와 잘 통합되어 있습니다.
- 단점 : torch.ao.quantization에 비해 커스터마이징 옵션이 제한적입니다.

이 글에서는 로봇 배포를 위해 NVIDIA의 pytorch-quantization 모듈을 이용하여 QAT를 수행하는 방법을 알아보겠습니다. pytorch-quantization은 TensorRT와의 호환성이 뛰어나고 사용이 간편하기 때문에 로봇 개발에 유용하게 활용될 수 있습니다.

NVIDIA pytorch-quantization을 활용한 QAT 수행 및 ONNX/TensorRT 변환 가이드

여기에서는 NIVDIA pytorch-quantization 모듈을 활용하여 QAT를 수행하고, 훈련된 모델을 ONNX 및 TensorRT로 변환하는 방법을 단계별로 설명합니다. ResNet18 모델과 CIFAR-10 데이터셋을 예시로 사용합니다.

1단계 라이브러리 설치

먼저 다음 명령어를 실행하여 필요한 라이브러리를 설치합니다.

```
git clone https://github.com/NVIDIA/TensorRT.git
cd TensorRT/tools/pytorch-quantization
python3 setup.py install --user
```

2단계 pytorch-quantization 초기화

QAT를 수행할 수 있도록 pytorch-quantization 모듈을 초기화합니다.

```
from pytorch_quantization import quant_modules quant_modules.initialize()
```

pytorch-quantization은 몽키 패칭 monkey patching 기법을 사용하여 Q/DQ 노드를 추가합니다. 몽키 패칭은 런타임에 코드를 수정하는 기법으로, 기존 레이어를 양자화된 연산을 포함하는 새로운 레이어로 교체합니다. quant_modules.initialize( ) 함수는 이러한 몽키 패칭을 수행합니다.

3단계 데이터셋 준비

CIFAR-10 데이터셋을 torchvision을 사용하여 불러오고, 데이터 로더를 설정합니다.

```
from torchvision import datasets, transforms
from torch.utils.data import DataLoader

train_transform = transforms.Compose([
  transforms.RandomCrop(32, padding=4),
  transforms.RandomHorizontalFlip(),
  transforms.ToTensor(),
  transforms.Normalize((0.4914, 0.4822, 0.4465), (0.2023, 0.1994, 0.2010)),
])

test_transform = transforms.Compose([
  transforms.ToTensor(),
```

```
    transforms.Normalize((0.4914, 0.4822, 0.4465), (0.2023, 0.1994,
0.2010)),
])

train_dataset = datasets.CIFAR10(
    root="./data", train=True, download=True, transform=train_
transform
)
test_dataset = datasets.CIFAR10(
    root="./data", train=False, download=True, transform=test_
transform
)

train_loader = DataLoader(
    train_dataset, batch_size=128, shuffle=True, num_workers=2
)
test_loader = DataLoader(
    test_dataset, batch_size=128, shuffle=False, num_workers=2
)
```

4단계 모델 불러오기 및 초기 설정

사전 학습된 ResNet18 모델을 불러오고, 필요한 설정들을 정의합니다. 예시 코드에서는 별도의 ResNet18 구현 파일(resnet.py)이 필요하며, 사전 학습된 가중치 파일(resnet18.pth)을 로드합니다. 모델 구현 및 사전 학습 과정은 pytorch-cifar 리포지토리를 참고해주세요.

```
import torch
from resnet import resnet18    # 사용자 정의 ResNet18 구현 파일
```

```
device = "cuda" if torch.cuda.is_available() else "cpu"
model = resnet18(num_classes=10)

checkpoint = torch.load("resnet18.pth")  # 사전 학습된 가중치 파일
model.load_state_dict(checkpoint)
model.to(device)

import torch.nn as nn
import torch.optim as optim

criterion = nn.CrossEntropyLoss().to(device)
optimizer = optim.SGD(
    model.parameters(), lr=0.01, momentum=0.9, weight_decay=5e-4
)  # 조정된 learning rate

scheduler = torch.optim.lr_scheduler.CosineAnnealingLR(
    optimizer, T_max=20
)  # 조정된 epoch
```

QAT는 가중치를 미세 조정하는 과정이므로, 일반 학습보다 낮은 학습률learning rate과 적은 에폭 수를 사용하는 것이 일반적입니다.

5단계 QAT 수행 및 평가

학습 및 평가 함수를 정의하고, QAT를 수행합니다.

```
def train(num_epochs, model, train_loader, test_loader,
optimizer, scheduler, criterion, device):
    for epoch in range(num_epochs):
        model.train()
        running_loss, total, correct = 0.0, 0, 0
```

```python
    for images, labels in train_loader:
        images, labels = images.to(device), labels.to(device)
        optimizer.zero_grad()
        outputs = model(images)
        loss = criterion(outputs, labels)
        loss.backward()
        optimizer.step()

        running_loss += loss.item() * images.size(0)
        _, predicted = torch.max(outputs.data, 1)
        total += labels.size(0)
        correct += (predicted == labels).sum().item()

    scheduler.step()
    train_acc = 100.0 * correct / total
    print(f"Epoch [{epoch+1}/{num_epochs}], Loss: {running_loss/
len(train_loader.dataset):.4f}, Acc: {train_acc:.2f}%")

    test_acc = evaluate(model, test_loader, device)
    print(f"Test Accuracy: {test_acc:.2f}%")

def evaluate(model, data_loader, device):
    model.eval()
    correct, total = 0, 0
    with torch.inference_mode():
        for images, labels in data_loader:
            images, labels = images.to(device), labels.to(device)
            outputs = model(images)
            _, predicted = torch.max(outputs, dim=1)
            total += labels.size(0)
            correct += (predicted == labels).sum().item()
```

```
    return 100.0 * correct / total

train(
  num_epochs=20,
  model=model,
  train_loader=train_loader,
  test_loader=test_loader,
  optimizer=optimizer,
  scheduler=scheduler,
  criterion=criterion,
  device=device
)  # num_epochs 조정 필요

torch.save(model.state_dict(), "resnet18_qat.pth")  # QAT 모델 저장
print("QAT 모델 저장 완료: resnet18_qat.pth")
```

6단계 ONNX 변환을 위한 준비

ONNX 변환을 위해 pytorch-quantization을 다시 초기화하고, QAT 모델을 불러옵니다. 이때 use_fb_fake_quant를 True로 설정하여 ONNX export 시 fake quantization 노드가 포함되도록 합니다.

```
from pytorch_quantization import quant_modules
from pytorch_quantization import nn as quant_nn

quant_nn.TensorQuantizer.use_fb_fake_quant = True  # Fake quantization 노드 포함
quant_modules.initialize()

device = "cuda" if torch.cuda.is_available() else "cpu"
```

```
model = resnet18(num_classes=10)
model.to(device)

checkpoint = torch.load("resnet18_qat.pth")  # QAT 모델 로드
model.load_state_dict(checkpoint)
model.eval()
```

7단계 ONNX 변환

torch.onnx.export를 사용하여 모델을 ONNX 형식으로 변환합니다.

```
def export_to_onnx(model, onnx_filename, device):
  dummy_input = torch.randn(1, 3, 32, 32).to(device)  # Dummy input
  torch.onnx.export(
    model,
    dummy_input,
    onnx_filename,
    input_names=["input"],
    output_names=["output"],
    opset_version=13,
    do_constant_folding=True
  )
  print(f"ONNX 모델 저장 완료: {onnx_filename}")
export_to_onnx(model, "resnet18_qat.onnx", device)
```

8단계 ONNX 모델 시각화

변환된 ONNX 모델을 Netron으로 시각화하면 Q/DQ 노드가 추가된 것을 확인할 수 있습니다. Netron은 신경망 모델을 시각적으로 표현해주는 도구입니다.

• Conv 레이어에 추가된 Q/DQ 노드 •

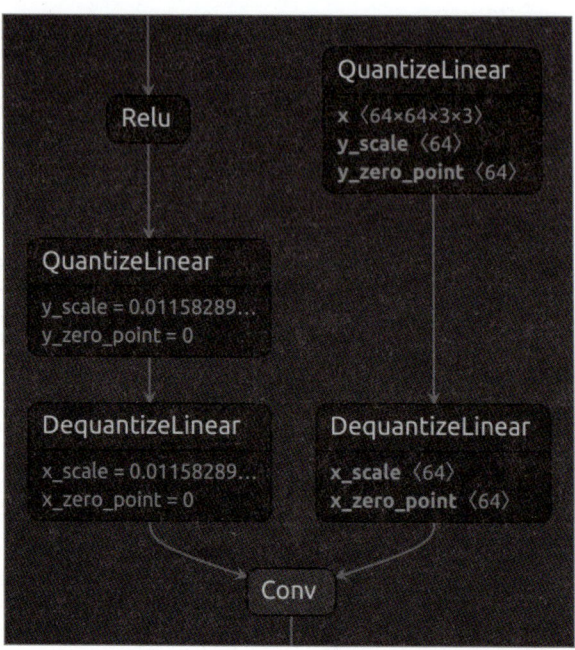

> **9단계** TensorRT 엔진 생성

ONNX 모델을 TensorRT 엔진으로 변환하여 NVIDIA GPU에서 더 빠른 추론 성능을 얻을 수 있습니다. TensorRT 엔진 생성에는 별도의 과정이 필요하며, 자세한 내용은 NVIDIA TensorRT Documentation을 참고하시기 바랍니다. 일반적으로 trtexec 도구를 사용합니다.

```
trtexec --onnx=resnet18_qat.onnx --int8 --saveEngine=resnet18_qat.engine
```

trtexec는 ONNX 모델을 NVIDIA GPU에서 실행하기 위한 최적화된 TensorRT 엔진으로 변환하는 도구입니다. 이렇게 생성된 TensorRT 엔진은 원본 모델보다 빠른 속도로 추론을 수행할 수 있습니다.

성능 비교 분석

이제 각 모델의 성능을 비교 분석해보겠습니다. 먼저, CIFAR-10 데이터셋과 ResNet-18 모델을 사용한 실험 결과를 살펴보죠. FP32 모델, QAT를 적용하지 않은 INT8 TensorRT 엔진, PTQ를 적용한 INT8 TensorRT 엔진, QAT를 적용한 INT8 TensorRT 엔진의 성능을 아래 표에 정리했습니다.

• CIFAR-10 데이터셋, 해상도와 기법에 따른 mAP 성능 •

FP32	INT8	PTQ+INT8	QAT+INT8
95.50	95.07	95.47	95.25

표에서 볼 수 있듯이, 네 가지 모델 모두 CIFAR-10 이미지 분류에서 95% 이상의 정확도를 보여줍니다. CIFAR-10 데이터셋과 ResNet-18 모델은 비교적 작은 규모이기 때문에, FP32에서 INT8로 변환하더라도 성능 저하가 크지 않고, 심지어 PTQ의 성능이 QAT보다 잘 나오는 것을 확인할 수 있습니다.

• 3D 객체 인식 모델, 해상도와 기법에 따른 mAP 성능 •

	FP32	INT8	INT8+PTQ	INT8+QAT
mAP	0.2834	0.1943	0.2435	0.2748

3D 객체 검출 예시에서는 PTQ를 적용했을 때 FP32 대비 약 3.99%의 성능 저하가 발생했지만, QAT를 적용했을 때는 0.86%의 성능 저하만 발생했습니다. 이처럼 모델 구조가 복잡하고 데이터셋 규모가 클수록 QAT의 효과가 더욱 뚜렷하게 나타나는 것을 알 수 있습니다. QAT는 훈련 과정에서 양자화 연산을 미리 고려하기 때문에 PTQ보다 양자화로 인한 성능 저하를 효과적으로 줄일 수 있습니다.

결론적으로, QAT는 PTQ에 비해 성능 저하를 최소화하면서 모델의 크기를 줄이고 연산 속도를 높일 수 있는 효과적인 양자화 기법입니다. 특히 복잡한 모델이나 대규모 데이터셋을 사용하는 경우 QAT를 적용하는 것이 더욱 유리합니다.

마치며

이번 글에서는 로봇 ML 모델 경량화를 위한 훈련 후 양자화(PTQ)의 한계점과 이를 극복하는 기법으로써 양자화 인식 훈련(QAT)을 알아보았습니다. QAT는 훈련 과정에서 양자화를 고려하여 모델을 최적화하는 기법으로, PTQ보다 성능 저하를 최소화하면서 모델 크기를 줄이고 연산 속도를 높일 수 있습니다. 특히, 복잡한 모델이나 대규모 데이터셋을 사용하는 경우 QAT의 효과가 더욱 뚜렷하게 나타납니다.

하지만 QAT는 기존 학습 모델을 재사용할 수 없고 처음부터 학습을 다시 진행해야 한다는 단점이 있습니다. 또한 모델이나 데이터의 사이즈가 작을 경우 효과가 크지 않을 수 있습니다. 따라서 QAT 적용 시에는 추가적인 학습 시간과 자원 소모를 고려해야 합니다.

결론적으로, 로봇 ML 모델 경량화를 위해서는 PTQ와 QAT의 장단점을 비교하여 상황에 맞는 적절한 기법을 선택하는 것이 중요합니다. 비교적 복잡한 모델을 다룰 때, 그 정확도를 최대한 유지하면서 경량화를 달성해야 하는 경우, QAT는 효과적인 선택이 될 수 있습니다.

더 나아가 QAT의 성능을 더욱 향상시키기 위한 다양한 연구가 진행되고 있습니다. 예를 들어 양자화된 모델의 정확도를 높이기 위한 새로운 학습 방법이나, 양자화 과정에서 발생하는 정보 손실을 최소화하기 위한 기법들이 연구되고 있습니다. 앞으로도 이러한 연구들을 통해 로봇 ML 모델의 경량화 기술은 더욱 발전할 것으로 기대됩니다.

15
로봇을 위한 MLOps 1부
에지 디바이스와 K3s, 에어플로

#ML　　#MLOps　　#Robotics

 문종식
2024.07.17

　최근 AI를 비롯한 다양한 기술의 발전에 힘입어 자율주행이 급속도로 발전하고 있습니다. 우아한형제들 역시 자율주행 배달 로봇 기술에 적극적으로 투자해 실외 배달 로봇인 '딜리Dilly'를 자체 개발했고, 2023년부터 테헤란로 등 여러 장소에서 로봇 배달 시범 서비스를 시행하고 있습니다.*

　자율주행 로봇에는 다양한 기술이 필요한데, 예를 들어 머신러닝을 이용해 주변 환경을 인지하고 대응하는 기술을 들 수 있습니다. 딜리의 인지 기술에 대한 자세한 내용은 WOOWACON 2023에서 발표한 〈배달 로봇의 주변 환경 인지〉**에서 확인할 수 있습니다.

　이처럼 머신러닝 모델을 학습시키고 배포하려면 많은 코드와 인프라스트럭처가 필요합니다. 그래서 이런 것들을 체계적으로 관리하는 MLOps라는 분야가 대두되었습니다. MLOps란 머신러닝 모델의 개발, 배포, 유

---

*　https://www.youtube.com/watch?v=xUGGrm9NYPg
**　https://www.youtube.com/watch?v=7QFMru0HZto

지보수 과정을 체계적으로 관리하는 방법론을 뜻합니다. 구글에서 발표한 논문 〈Hidden Technical Debt in Machine Learning Systems〉*이 MLOps를 잘 소개하는데요, 이 논문에서는 머신러닝 시스템에서 모델 코드는 중요하지만 전체 시스템 중 작은 부분일 뿐이며, 효율적인 머신러닝 시스템 개발을 위해서는 모델 코드 외에도 다양한 기술이 필요하다는 것을 역설합니다.

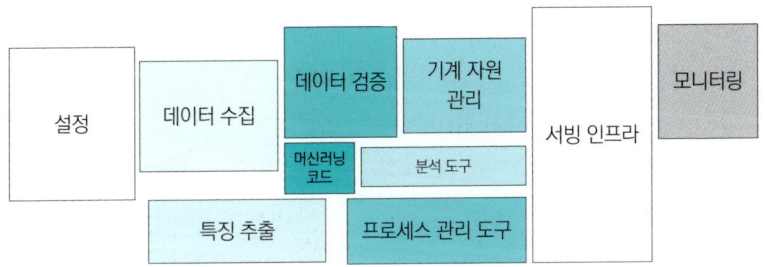

• 머신러닝 시스템의 구성요소** •

MLOps 시스템은 조직이 마주한 병목을 체계적으로 관리하고 해결하는 것이 주목적인 만큼, 하나의 황금 레시피를 찾을 수는 없습니다. 각자 상황에 맞게 개발 과정을 체계화하고, 생산성을 저하시키는 문제점을 찾아 이를 해결하는 시스템을 구축해야 합니다.

이 글에서는 자율주행 로봇을 위한 머신러닝 모델을 개발하는 과정에서 마주칠 수 있는 문제점들을 알아보고, 이를 해결하기 위해 우아한형제

---

* https://bit.ly/3zhxHba
** 출처 : 〈Hidden Technical Debt in Machine Learning System〉 Figure 1

들이 도입한 MLOps 시스템을 소개하겠습니다.

머신러닝 모델을 개발하는 과정과 문제들

먼저 머신러닝 모델을 개발하는 과정에서 발생할 수 있는 문제들을 확인하겠습니다. 과정은 크게 세 단계로 나눌 수 있습니다.

1 데이터 준비
2 모델 생성
3 서비스에 모델 적용

'1. 데이터 준비', '2. 모델 생성' 단계에서는 일반적으로 재현성 reproducibility과 추적성 traceability이 문제가 됩니다. 이들의 의미는 다음과 같습니다.

- **재현성**: 머신러닝 워크플로의 각 단계에서 필요한 데이터 및 환경을 저장해두어, 추후 누구든 같은 모델과 결과를 재현해낼 수 있는 성질
- **추적성**: 모델이 생성된 후에도 모델의 모든 버전과 그에 대한 메타 데이터를 추적할 수 있는 능력

자율주행 로봇을 개발할 때에는 '3. 서비스에 모델 적용 단계'에서 독특한 문제가 발생합니다. 로봇에서는 보통 에지 디바이스라 불리는 소형 저전력 컴퓨터에 의해 코드가 실행되기 때문입니다. 이로 인해 발생할 문제를 생각해보기 전에, 먼저 에지 디바이스가 무엇인지, 이를 사용하기 위

해 어떤 작업들이 추가되어야 하는지 알아보겠습니다.

에지 디바이스

에지 디바이스는 서버로 쓰는 컴퓨터와는 여러 면에서 다릅니다. 지연 시간을 줄이고 실시간에 가까운 응답을 얻기 위해 데이터 처리 및 연산을 서버가 아닌 로컬 장치에서 수행할 때, 이 로컬 장치를 에지 디바이스라고 합니다. 에지 디바이스의 가장 큰 특징은 전력 효율이 좋지만 컴퓨팅 성능이 비교적 떨어진다는 겁니다. 따라서 에지 디바이스에서 머신러닝 모델을 구동하려면 모델의 성능을 어느 정도 포기하더라도 최대한 경량화해야 합니다(우리 팀에서는 이를 '모델을 구겨넣는다'고 표현합니다).

모델을 '구겨넣기' 위해 여러 가지 작업이 필요합니다. 가장 잘 알려진 작업은 모델 추론이 에지 디바이스에서 동작하도록 모델을 변환하는 것으로, 이런 변환에 쓰이는 대표적인 도구로 TensorRT가 있습니다. 변환된 모델의 전체 추론 속도는 물론, 레이어별 병목도 확인해야 합니다. 또한 여러 모델의 추론을 동시에 작동시킨다면 스케줄링이 잘 동작하는지도 확인해야 합니다.

다음으로 모델을 더 경량화하려 양자화를 수행하기도 합니다. TensorRT를 이용한 양자화와 PTQ, QAT 과정은 이미 13장 '로봇 머신러닝 모델의 경량화 1부'에서 알아보았습니다.*

---

* 엔비디아의 문서 〈Achieving FP32 Accuracy for INT8 Inference Using Quantization Aware

변환된 모델은 다양한 테스트를 거쳐야 합니다. 로봇에 배포하려면 모델의 성능 테스트 이외에도 하드웨어를 포함한 다양한 테스트를 추가적으로 수행해야 합니다. 센서 및 액츄에이터를 연결해서 동작을 확인해봐야 하며, 시스템 레벨에서 다양한 로그를 확인할 필요도 있습니다. 이런 테스트는 클라우드에서 수행하기 어렵기 때문에 온프레미스on-premise로 관리할 필요성이 생깁니다.

결국 로봇을 위한 머신러닝 모델을 개발하려면 파이썬 언어 등을 사용해 모델을 학습시킬 뿐 아니라 프로그래밍 언어와 도구를 이용해 모델을 변환하고 최적화해야 합니다. 또한 이 결과를 테스트할 수 있는 환경을 구축하고, 테스트 파이프라인을 만들 필요가 있습니다.

이제 로봇을 위한 머신러닝 모델 개발이 어떠한 방식으로 이루어지는지 더 구체적으로 알아보고, 그 과정에서 MLOps가 해결해야 할 문제들을 살펴보겠습니다.

로봇을 위한 머신러닝 개발 과정과 MLOps 시스템이 해결해야 할 문제들

에지 디바이스가 쓰임을 고려해 앞서 언급한 머신러닝 모델 개발의 3단계를 구체화하면 다음과 같습니다.

Training with NVIDIA TensorRT)에서 자세히 확인할 수 있습니다.

• 로봇을 위한 머신러닝 모델 개발 과정 •

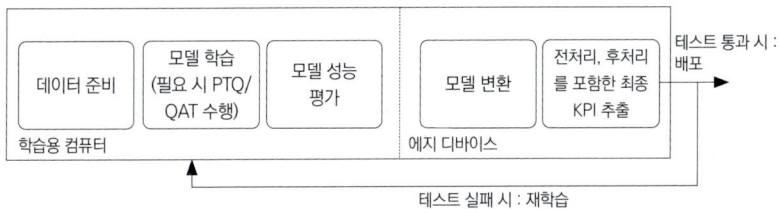

먼저 학습용 컴퓨터에서 데이터를 준비하고 모델을 학습시킵니다. 때에 따라 양자화에 필요한 PTQ 혹은 QAT 작업을 미리 수행해둡니다. 다음으로 학습된 모델을 에지 디바이스로 옮겨 모델을 변환하고, 다양한 테스트 과정을 거치도록 합니다. 여기서 생겨나는 병목들을 모니터링하고, 그 결과를 모델 학습 과정에 반영시켜 모델을 업그레이드합니다. 최종적으로 성능이 개선되고 테스트를 통과한 모델은 로봇에 배포하며, 통과하지 못한 경우엔 다시 앞의 과정을 거쳐 더 개선된 모델을 생성합니다. 이런 작업을 하기 위해 해결해야 하는 문제는 크게 두 가지로 요약할 수 있습니다.

1 재현성, 추적성을 확보할 수 있도록 워크플로를 관리하는 문제
2 온프레미스 시스템의 자원을 할당하는 문제

먼저 재현성과 추적성을 확보하는 문제를 생각하겠습니다. 위 그림에서 확인할 수 있듯 모델 개발에는 여러 차례의 다양한 학습 및 테스트 과정이 필요하며, 각 단계는 여러 컴퓨터에 걸쳐서 수행되어야 합니다. 또한 파이썬 기반 학습 도구(파이토치, 텐서플로TensorFlow 등) 외에도 CUDA 코드 및 엔비디아 플랫폼이 제공하는 다양한 도구를 이용해야 하고, 이

과정에서는 버전 등 통제해야 할 변수가 많습니다. 때문에 만약 워크플로를 잘 구축해두지 않으면 개발자가 각 컴퓨터에 접속해 파일을 복사해가며 각 단계를 실행해야 하는 불편함이 생길 수 있고, 이에 따라 실수가 발생할 여지가 많을 뿐 아니라 변수를 명확하게 통제하지 못하게 되어 재현성 및 추적성 확보에도 실패하게 됩니다. 따라서 모든 과정을 파이프라인으로 구축할 필요가 있습니다.

다음으로 자원 할당 문제를 살펴보겠습니다. 개발 인력이 많아지고, 프로젝트의 규모가 확대되어 코드베이스가 커지면, 이에 맞게 모델 학습 및 평가에 더 많은 컴퓨팅 자원이 필요하게 됩니다. 문제는 에지 디바이스를 효율적으로 이용하려면 클라우드 자원을 사용하기보다 온프레미스 인프라스트럭처를 구축해 사용해야 한다는 점입니다. 클라우드 등에서 제공되는 다양한 옵션을 사용할 수 없는 상황에서 MLOps 시스템이 다양한 컴퓨팅 자원, 특히 GPU 자원을 잘 관리할 수 있어야 합니다.

K3s와 에어플로 : 자원 관리 솔루션과 워크플로 관리 솔루션

위에서 언급한 두 가지 문제를 해결하기 위한 도구인 K3s와 에어플로 Airflow를 소개합니다.

먼저 K3s*부터 알아보겠습니다. 자원 관리 솔루션으로 알려진 도구로 쿠버네티스(K8s)가 있습니다. 쿠버네티스는 대표적인 컨테이너 오케스트

---

* https://k3s.io

레이션 도구로, 여러 노드(한 대의 물리적 기계 또는 가상 기계)들을 묶어서 하나의 클러스터를 형성하고, 클러스터 내의 자원 관리를 자동으로 수행해줍니다. 대부분 컴퓨팅 자원을 YAML 파일로 기술해두면 필요 시 자원을 할당받을 수 있고, 하나의 엔트리 포인트를 통해 여러 노드에 걸친 자원을 요청하고 할당받을 수 있습니다. 쿠버네티스 클러스터를 구축할 수 있는 방법은 다양합니다. K3s는 그중 가장 간편한 축에 속하는 도구로, CLI 명령어 몇 줄로 클러스터를 구축할 수 있고 ARM 아키텍처 기반의 노드도 쉽게 클러스터에 추가할 수 있다는 장점이 있습니다(ARM 아키텍처 기반의 에지 디바이스가 많기 때문에 이것이 유용한 장점이 됩니다). 물론 전체 기능을 설치하는 것에 비하면 기능의 한계가 있지만 규모가 비교적 작은 시스템에서는 효율적인 도구입니다.

다음으로는 에어플로[*]입니다. 에어플로는 대표적인 워크플로 관리 도구로 방향성 비순환 그래프 DAG[**]를 파이썬 파일로 구성해 다양한 워크플로를 만들고 실행할 수 있습니다. 헬름[***]을 이용해 쿠버네티스 클러스터에 설치할 수 있으며, KubernetesPodOperator를 이용해 손쉽게 여러 노드에서 프로세스를 실행할 수 있습니다. 이 도구들을 이용한 시스템을 다음 그림과 같이 표현할 수 있습니다.

---

[*]   https://airflow.apache.org

[**] Directed Acyclic Graph(방향성 비순환 그래프) : 노드(정점)와 방향이 있는 간선(선)으로 이루어진 그래프로, 순환이 존재하지 않는 구조. DAG는 작업 간 의존성을 나타내는 데 자주 사용되며, 워크플로우 관리, 컴파일러의 작업 처리, 버전 관리 시스템 등에서 활용됩니다.

[***] Helm : 쿠버네티스 애플리케이션의 배포를 관리하는 패키지 매니저로, 애플리케이션을 쉽게 설치하고 업그레이드할 수 있도록 도와줍니다.

• K3s와 에어플로를 이용해 구성한 MLOps 시스템 •

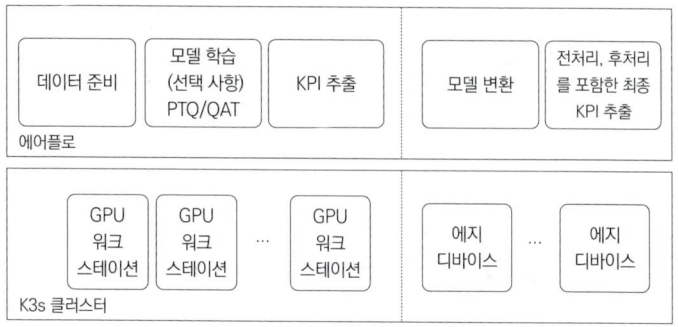

 이런 구조의 MLOps는 다음과 같이 이용할 수 있습니다. 먼저, 학습용 노드들과 에지 디바이스 노드들이 클러스터 하나에 포함되어 있을 때, 엔트리 포인트 하나로 어떤 자원이든 할당받을 수 있습니다. 이렇게 하면 온프레미스 시스템 자원 할당 문제를 해결할 수 있습니다.

 다음으로 에어플로를 이용해 여러 워크플로를 구축하고, 이를 자동으로 실행할 수 있습니다. 특히 학습용 노드와 에지 디바이스 노드가 따로 있는 상태에서 이 두 가지 노드를 모두 사용하는 다양한 테스트를 실행해야 하는데, 이를 DAG로 구성해두면 전체 프로세스를 한 번의 클릭만으로 간단하게 실행할 수 있습니다. 에어플로는 Bash 명령어를 실행할 수 있기 때문에 다양한 언어나 플랫폼 등으로 만든 프로그램들을 손쉽게 실행할 수 있습니다. 에어플로를 도입하는 것만으로 재현성과 추적성을 완벽하게 확보할 수는 없지만, 이들을 위한 좋은 기반이 될 수 있습니다.

설치하기

이제 각 도구별 구축 방법을 알아보겠습니다.

K3s 설치하기

K3s는 하나의 실행 파일로 간편하게 쿠버네티스 클러스터를 구축할 수 있습니다.

1단계 먼저 마스터(master) 노드에서 다음 명령어로 K3s를 설치 및 실행합니다. 도커를 이용하도록 --docker 옵션을 넣어줍니다.

```
curl -sfL https://get.k3s.io | sh -s - --docker
```

2단계 다음으로 워커(worker) 노드를 설치하겠습니다. 먼저 마스터 노드의 /var/lib/rancher/k3s/server/node-token에서 K3s 토큰 값을 확인해야 합니다. 그러면 워커 노드에서 다음 명령어로 K3s를 설치하고 실행할 수 있습니다. 아래에서 master_node_token을 K3s 토큰 값으로 치환해주세요.

```
curl -sfL https://get.k3s.io | K3S_URL=https://master_ip:6443 K3S_TOKEN=master_node_token sh -s - --docker
```

클러스터 설치 및 구축이 완료되었습니다. 다음으로 필요한 CLI 도구인 kubectl을 설치합니다.

kubectl 설치하기

이제부터는 특별히 언급이 없으면 마스터와 워커 노드 같은 방법으로 설치해줍니다.

`1단계` 먼저 필요한 패키지를 설치합니다.

```
sudo apt-get update
sudo apt-get install -y apt-transport-https ca-certificates curl
```

`2단계` 다음으로 구글 클라우드 공개 사이닝 키를 다운로드하고, 쿠버네티스 apt 리포지터리를 추가합니다.

```
sudo curl -fsSLo /etc/apt/keyrings/kubernetes-archive-keyring.gpg
https://packages.cloud.google.com/apt/doc/apt-key.gpg
echo "deb [signed-by=/etc/apt/keyrings/kubernetes-archive-keyring.
gpg] https://apt.kubernetes.io/ kubernetes-xenial main" | sudo tee
/etc/apt/sources.list.d/kubernetes.list
```

`3단계` apt를 이용해 kubectl을 설치합니다.

```
sudo apt-get update
sudo apt-get install -y kubectl
```

`4단계` 이제 kubectl이 사용할 config 파일을 세팅해야 합니다. k3s 설치 시 config 파일이 마스터 노드에 /etc/rancher/k3s/k3s.yaml로 생성되므로 이를 이용합니다. 먼저 마스터 노드에는 다음과 같이 config 파일을 세팅합니다.

```
sudo cp /etc/rancher/k3s/k3s.yaml ~/.kube/config
sudo chmod 600 ~/.kube/config
sudo chown -R $USER ~/.kube
```

5단계 다음으로 워커 노드에서 같은 config 파일을 마스터 노드로부터 복사해 같은 위치에 세팅합니다. 이때 IP 주소를 변경해야 하는데, config 파일을 열고 IP 주소를 "server: https://master_ip:6443"으로 변경합니다.

이후 다음 명령어를 실행해 kubectl이 정상 동작하는 것을 확인합니다.

```
kubectl get pods -A
```

엔비디아 GPU 세팅하기

엔비디아 GPU를 이용하기 위해 엔비디아가 제공하는 DaemonSet을 생성해야 합니다.

1단계 그 전에 도커의 default-runtime을 엔비디아로 변경해야 하므로 /etc/docker/daemon.json을 다음과 같이 변경합니다.

```
{
    "default-runtime": "nvidia",
    "runtimes": {
        "nvidia": {
            "args": [],
            "path": "nvidia-container-runtime"
        }
```

```
    }
}
```

2단계 다음으로 도커를 재실행합니다.

```
sudo systemctl restart docker
```

3단계 다음으로 DaemonSet을 생성합니다.

```
kubectl create -f
https://raw.githubusercontent.com/NVIDIA/k8s-device-plugin/v0.15.0/deploy
ments/static/nvidia-device-plugin.yml
```

4단계 배포가 완료되면 다음 명령어로 노드에서 이용 가능한 GPU 개수를 확인합니다.

```
kubectl get nodes
"-o=custom-columns=NAME:.metadata.name,GPU:.status.allocatable.nvidia\.com/gpu"
```

여기까지 GPU 자원 관리가 가능한 클러스터를 구축해보았습니다. 다음으로 에어플로를 설치합니다.

에어플로 설치하기

쿠버네티스에서 패키지를 설치할 때 헬름이 권장됩니다. 에어플로를 헬름으로 설치해보겠습니다.

1단계 먼저 헬름을 설치합니다.

```
curl https://baltocdn.com/helm/signing.asc | gpg --dearmor | sudo
tee /usr/share/keyrings/helm.gpg > /dev/null
sudo apt-get install apt-transport-https --yes
echo "deb [arch=$(dpkg --print-architecture) signed-by=/usr/share/
keyrings/helm.gpg] https://baltocdn.com/helm/stable/debian/ all
main" | sudo tee /etc/apt/sources.list.d/helm-stable-debian.list
sudo apt-get update
sudo apt-get install helm
```

2단계 다음으로 에어플로를 설치합니다. 다음 그림처럼 리포지터리에서 INSTALL을 클릭 후 에어플로 헬름 차트를 다운로드할 수 있습니다. 옵션을 쉽게 변경하기 위해, 또한 이후 형상 관리의 편의성을 위해, helm 명령어를 사용하는 대신 직접 tar 파일을 다운로드할 것을 권장합니다.

• 헬름을 이용한 에어플로 설치 방법 •

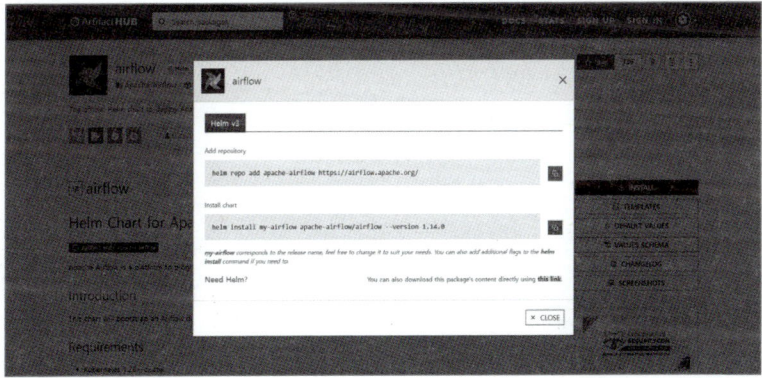

3단계 에어플로는 DAG와 로그 파일을 읽고 저장할 스토리지가 필요합니다. 온프레미스에서 작업한다면 NAS를 이 스토리지로 이용할 수 있습니다. 적절한 위치에 NFS 타입으로 PV, PVC를 생성하고, 에어플로 헬름 차트의 values.yaml에서 dags와 logs를 다음과 같이 수정합니다.

```
dags:
  persistence:
    enabled: true
    existingClaim: DAG-PVC-NAME
    ...

logs:
  persistence:
    enabled: true
    existingClaim: LOG-PVC-NAME
```

4단계 이후 다음 명령어를 실행하면 에어플로 배포가 완료됩니다.

```
kubectl create namespace airflow
helm install airflow -n airflow .
```

DAG 예제

여기까지 자원 관리, 워크플로 관리에 필요한 도구들을 모두 설치했습니다. 이제 이들이 설치된 환경에서 에어플로 DAG를 실행해보며 MLOps 시스템이 목표한 바를 이룰 수 있는지 확인하겠습니다. 학습용 컴퓨터와 에지 디바이스를 오가며 명령을 실행하는 상황을 가정해 간단한 DAG를 구성하겠습니다.

다음은 학습용 컴퓨터에서 파이토치 버전을 출력한 후 에지 디바이스로 넘어가 TensorRT 버전을 출력하는 간단한 DAG를 구현한 코드입니다.

```python
from airflow import DAG
from airflow.providers.cncf.kubernetes.operators.kubernetes_pod
import KubernetesPodOperator
from airflow.utils.dates import days_ago
from kubernetes.client import V1ResourceRequirements

default_args = {
    "owner": "woowa",
    'depends_on_past': False,
    'email_on_failure': False,
    'email_on_retry': False,
    'retries': 1,
}
resources = V1ResourceRequirements(requests={"nvidia.com/gpu": "1"},
limits={"nvidia.com/gpu": "1"})

train_affinity = {
    "nodeAffinity": {
        "requiredDuringSchedulingIgnoredDuringExecution": {
            "nodeSelectorTerms": [{
                "matchExpressions": [{
                    "key": "kubernetes.io/hostname",
                    "operator": "In",
                    "values": [${GPU_WORKSTATION_HOST_NAME}]
                }]
```

```
                    }]
                }
            }
        }
edge_affinity = {
    "nodeAffinity": {
        "requiredDuringSchedulingIgnoredDuringExecution": {
            "nodeSelectorTerms": [{
                "matchExpressions": [{
                    "key": "kubernetes.io/hostname",
                    "operator": "In",
                    "values": [${EDGE_HOST_NAME}]
                }]
            }]
        }
    }
}
dag = DAG("woowa_sample",
          default_args=default_args,
          description="woowa sample dag",
          schedule_interval=None,
          start_date=days_ago(1),
          catchup=False)


train_task = KubernetesPodOperator(
    namespace="airflow",
    image="pytorch/pytorch:1.11.0-cuda11.3-cudnn8-devel",
    cmds=["bash", "-c"],
    arguments=["python3 -c 'import torch; print(torch.__version__)'"],
    name="train_task",
```

```
    task_id="run_train_task",
    in_cluster=True,
    is_delete_operator_pod=True,
    get_logs=True,
    container_resources=resources,
    dag=dag,
    affinity=train_affinity
)
edge_task = KubernetesPodOperator(
    namespace="airflow",
    image="nvcr.io/nvidia/l4t-jetpack:r35.1.0",
    cmds=["bash", "-c"],
    arguments=["dpkg -l | grep nvinfer"],
    name="edge_task",
    task_id="run_edge_task",
    in_cluster=True,
    is_delete_operator_pod=True,
    get_logs=True,
    container_resources=resources,
    dag=dag,
    affinity=edge_affinity
)

train_task >> edge_task
```

train_affinity, edge_affinity를 이용해 실행하는 장소를 명시했으며, resources를 이용해 GPU 자원을 요청한 것을 확인할 수 있습니다. 이 프로세스는 에어플로의 Web UI에서 실행하고 그 결과를 확인할 수 있습니다.

먼저 DAG가 등록된 것을 확인하겠습니다.

• DAG가 등록된 에어플로 Web UI •

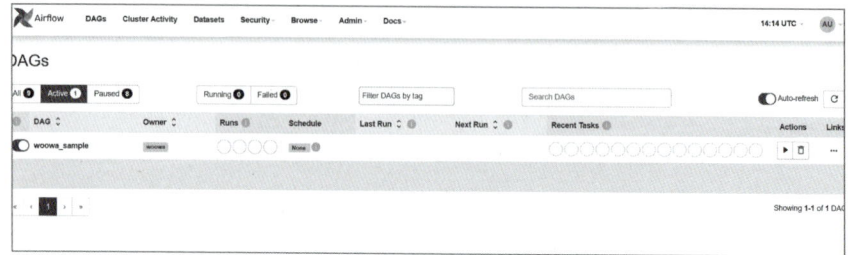

이 DAG를 실행한 결과는 아래 두 이미지와 같습니다. 위 그림에서 파이토치 버전은 1.11.0, 아래 그림에서 TensorRT의 C++ API인 nvinfer의 버전은 8.4.1-1-cu11.4입니다. 이처럼 KubernetesPodOperator를 이용해 여러 노드를 오가며 프로세스를 실행할 수 있음을 확인했습니다.

• GPU workstation에서 실행된 프로세스의 로그 •

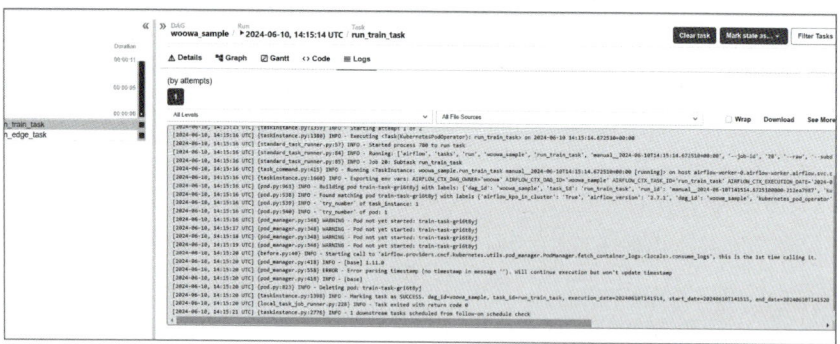

• 에지 디바이스에서 실행된 프로세스의 로그 •

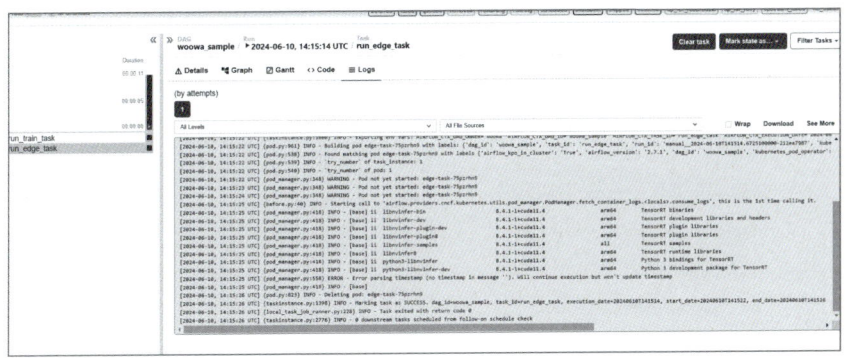

한편 GPU 자원이 잘 할당되고 관리될지 확인할 필요가 있습니다. 먼저 다음 명령어로 노드에서 이용 가능한 GPU 개수를 확인할 수 있습니다.

```
kubectl describe node $GPU_WORKSTATION_HOST_NAME
```

결과는 다음과 같습니다.

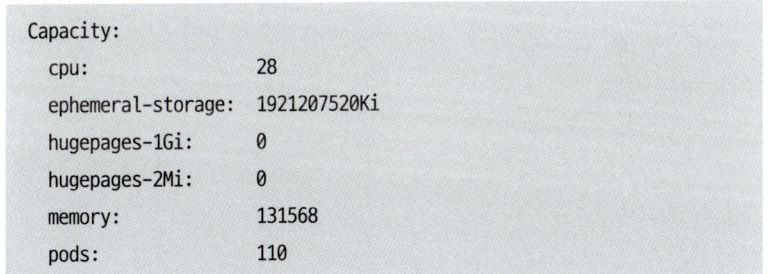

한 개의 GPU 자원을 요청한 첫 번째 프로세스가 실행되면 GPU를 점유 중인 프로세스가 다음과 같이 변경되는 것을 확인할 수 있습니다.

```
Allocated resources:
  (Total limits may be over 100 percent, i.e., overcommitted.)
  Resource           Requests   Limits
  --------           --------   ------
  cpu                0 (0%)     0 (0%)
  memory             0 (0%)     0 (0%)
  ephemeral-storage  0 (0%)     0 (0%)
  hugepages-1Gi      0 (0%)     0 (0%)
  hugepages-2Mi      0 (0%)     0 (0%)
  nvidia.com/gpu     1          1
```

위에서 nvidia.com/gpu가 4를 넘으면 쿠버네티스는 더 이상 프로세스를 할당하지 않고 다른 컴퓨터에 해당 프로세스를 넘기거나 펜딩 Pending 상태에서 실행하지 않게 됩니다.

마치며

여기까지 로봇을 위한 MLOps 시스템이 갖춰야 할 요소들과 이를 구현하는 방법을 알아보았습니다. 에지 파이프라인의 구성은 곧바로 2부에서 알아보겠습니다.

16
로봇을 위한 MLOps 2부
에지 파이프라인의 구성

#ML   #MLOps   #Robotics

송통일
2024. 07. 19

15장 '로봇을 위한 MLOps 1부 : 에지 디바이스와 K3s, 에어플로'에서는 로봇 기반 머신러닝 모델 개발 과정과 이를 뒷받침하는 MLOps 인프라스트럭처 구축 방법을 설명했습니다. GPU 워크스테이션 및 에지 디바이스들에 워커worker 노드를 설치하고 쿠버네티스 및 에어플로를 사용해 이들 노드에서 전체 파이프라인을 실행하는 방법을 살펴보았습니다.

여기에서는 에지 디바이스에서 작동하는 에지 파이프라인edge pipeline 구성, 그리고 이 파이프라인에서 사용한 도구와 특징을 소개합니다. 특히 다중 모델을 동시에 추론할 때의 성능을 평가하는 자체 개발 도구 Trt-Infersight도 소개하오니 기대해주세요.

참고로 이 글과 같은 프로젝트를 다른 관점에서 살펴본 연계 장들은 다음과 같습니다.

- 13장 로봇 머신러닝 모델의 경량화 1부 : 훈련 후 양자화
- 15장 로봇을 위한 MLOps 1부 : 에지 디바이스와 K3s, 에어플로

에지 파이프라인의 필요성

로봇, 자동차, 드론 등에 쓰이는 자율주행 기술을 일상에서 흔히 접할 수 있게 되었습니다. 이런 장비들에는 우리가 사용하는 컴퓨터와 유사한 기능을 하는 하드웨어가 탑재되어 있습니다. 이 하드웨어는 일반적으로 ARM 아키텍처를 기반으로 하는 CPU를 사용합니다. ARM 기반 CPU는 낮은 전력 소모 덕분에 발열도 적고 배터리도 적게 사용한다는 장점이 있기 때문이죠. 또한 이 하드웨어는 보통 GPU를 포함하고 있어, 그래픽 디스플레이 처리뿐만 아니라 딥러닝 모델의 추론, 이미지 및 비디오 처리 등 고성능의 병렬 연산을 요구하는 작업을 수행할 수 있습니다.

우아한형제들 자율주행 로봇 '딜리'에도 CPU, GPU뿐만 아니라 딥러닝 가속기*, 영상 이미지 합성기**, HW 인코더/디코더encoder/decoder 등과 함께 여러 센서 인터페이스가 패키징된 엔비디아 제트슨 플랫폼을 기반으로 하는 임베디드 보드가 내장되어 있습니다. 임베디드 보드에 GPU, IMU***, 라이다****, 카메라 등 다양한 센서들을 로봇에 연결해, 자율주행과 관련된

---

*   Deep Learning Accelerator, DLA : 딥러닝 작업을 더 빠르고 효율적으로 수행하기 위해 설계된 하드웨어 또는 소프트웨어. 주로 GPU, TPU 같은 전용 하드웨어가 사용되며, 딥러닝 모델의 훈련과 추론 속도를 크게 향상시키는 데 사용됩니다.

**   Video Image Compositor, VIC : 여러 개의 비디오나 이미지를 결합하여 하나의 최종 비디오 또는 이미지를 만드는 소프트웨어 또는 도구. 이 과정에서 다양한 시각 효과, 레이어링, 트랜지션 등을 적용할 수 있습니다.

***   Inertial Measurement Unit(관성 측정 장치) : 가속도계와 자이로스코프를 이용해 물체의 가속도, 회전 속도, 기울기 등의 정보를 측정하는 장치. 드론, 로봇, 자율주행차 등에서 물체의 위치와 방향을 추적하는 데 사용됩니다.

**** LiDAR(Light Detection and Ranging) : 레이저 빛을 사용해 물체까지의 거리를 측정하는 기술. 주로 자율주행차, 드론, 지형 측량 등에서 사용됩니다. 레이저 펄스를 발사하고 반사된 신호를 기반으로 주변 환경의 3D 지도를 만드는 데 활용됩니다.

복잡한 연산을 로봇에서 효율적으로 수행합니다. 이와 같은 임베디드 보드가 우리의 에지 디바이스가 됩니다.

에지 디바이스에서의 AI 연산이 필요한 이유

최근 온디바이스on-device AI라는 용어를 많이 들어봤을 텐데요. 이는 클라우드나 기타 서버에 의존하지 않고 에지 디바이스 자체에서 AI 연산을 수행하는 것을 말합니다. 이를 위해서는 디바이스 내부의 연산 자원만을 활용해 많은 연산을 하는 기술이 필요합니다. 이런 온디바이스 AI 기술은 자율주행 로봇과 자율주행 자동차에 필수입니다. 첫째, 자율주행 기계들은 실제 주행 환경에서 일어나는 일들에 실시간으로 기민하게 반응해야 하기 때문입니다. 연산할 때마다 서버와의 무선 통신이 필요하다면 시간 지연이 생길 겁니다. 둘째, 주행 중 인터넷 연결이나 기타 무선 통신 연결이 잠시 단절되는 일이 종종 발생할 텐데, 그런 상황에서도 자율주행 기계는 멈추지 않고 작동해야 하기 때문입니다. 셋째, 민감한 개인 정보를 보호하는 데도 온디바이스 AI가 유리하기 때문입니다.

에지 파이프라인의 목적

에지 디바이스에는 비용, 전력, 무게, 부피 등에 대한 제약이 있기 때문에, 시스템 자원과 성능이 한정된 하드웨어를 사용합니다. 사용할 하드웨어를 결정하고 전체 시스템을 설계하고 나면, 하드웨어를 확장하거나 변경하기도 어렵습니다. 따라서 주어진 자원 내에서 단위 시간당 연산 처리량을 높이고, 각 모듈의 데이터 처리 지연 시간을 최소화하는 것이 매우 중요합니다.

에지 파이프라인이란, 에어플로가 작동시키는 DAG 중 에지 디바이스에서 동작하는 부분을 말합니다. 이런 에지 파이프라인은 한정된 시스템 자원에서 다수의 머신러닝 모델이 정해진 시간 안에 문제없이 동작하는지 검토하는 데 필요합니다. 우아한형제들에서는 여러 도구를 활용해서 에지 파이프라인을 구성했습니다. 이 도구들의 역할을 설명하기 전에, 필요한 배경지식을 먼저 소개하겠습니다.

🔖 15장 '로봇을 위한 MLOps 1부 : 에지 디바이스와 K3s, 에어플로'에서 설명한 바와 같이, 충분한 GPU 자원을 가진 학습 서버에서 모델 학습, PTQ, QAT 등의 과정이 수행되고 그 결과로 ONNX 포맷의 파일이 생성됩니다.

ONNX 포맷의 모델은 에지 디바이스에서 엔비디아가 제공하는 도구인 TensorRT를 사용해, 엔비디아의 하드웨어에서 쓸 수 있도록 변환됩니다. 그 결과 에지 디바이스의 GPU 또는 DLA에서 이 모델의 추론을 수행하는 런타임 엔진이 만들어집니다.

TensorRT란

TensorRT는 엔비디아에서 제공하는 SDK입니다. 머신러닝 모델이 엔비디아의 GPU 플랫폼에서 효율적으로 실행되게 만드는 데 필요한 도구입니다. 이는 텐서플로, 파이토치, MXNet, 카페Caffe 등 다양한 딥러닝 프레임워크와 호환됩니다. TensorRT를 사용하는 개발 워크플로는 다음과 같습니다.

• TensorRT를 사용하는 개발 워크플로* •

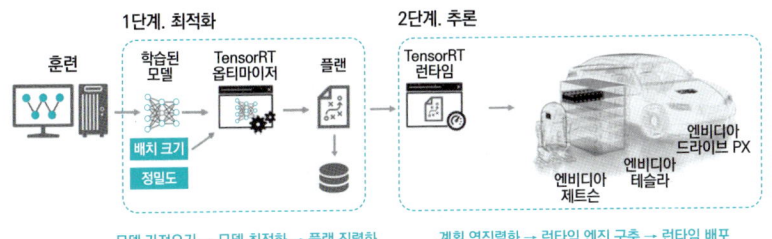

1단계 최적화

1. 학습된 머신러닝 모델 파일을 읽어서, 탐색할 수 있는 컨텍스트(context)로 변환합니다.
2. TensorRT 옵티마이저를 사용해, 컨텍스트를 디바이스의 가속기(GPU, DLA)에서 동작되게 최적화합니다.
3. 최적화가 완료된 모델은 플랜(PLAN)이라는 엔진으로 변환됩니다.

2단계 추론

1. 플랜을 역직렬화(deserialization)합니다.
2. TensorRT 런타임을 이용해 플랜을 실행합니다.

---

* 출처 : 엔비디아 기술 블로그

엔비디아 TensorRT는 C++과 파이썬용 API를 제공합니다. 엔진으로 변환될 코드를 API를 사용해 직접 구현할 수 있어 API를 사용하는 여러 오픈 소스 도구가 제공됩니다. 이런 이미 공개된 도구들을 이용하면, 에지 디바이스에서 동작하는 추론 모델을 비교적 손쉽게 생성할 수 있습니다.

엔비디아 도구들 소개

엔비디아에서 제공하는 개발 도구인 티알티그젝Trtexec, 트렉스TREx, 엔사이트 시스템Nsight Systems를 간단히 살펴보겠습니다.

Trtexec

티알티그젝은 TensorRT를 가장 쉽고 편하게 사용할 수 있는 CLI(command line interface)입니다. 이 도구를 사용하면, 별도의 애플리케이션을 개발하지 않고도 모델의 변환과 추론 성능을 손쉽게 평가할 수 있습니다. 핵심 기능으로는 '디바이스에 최적화된 플랜 생성', '생성된 플랜의 추론 성능을 간단히 벤치마크'가 있습니다.

'디바이스에 최적화된 플랜 생성'은 트레이닝된 모델을 타깃 에지 디바이스에 최적화한 엔진 파일로 생성한다는 의미입니다. 이 엔진을 플랜PLAN이라고 부릅니다. 이렇게 생성된 엔진 파일은 추론 작업을 수행하고자 하는 다른 애플리케이션에 통합해 사용할 수 있습니다.

'생성된 플랜의 추론 성능을 간단히 벤치마크'는 빌드로 생성된 플랜, 또는 입력값으로 지정된 플랜을 사용해 네트워크의 추론 성능을 테스트하는 기능입니다. 사용자에게 여러 추론 관련 옵션을 제공해 입력과 출력, 성능 측정을 위한 반복 횟수, 정밀도 등을 설정할 수 있습니다. 덕분에 네트워크가 실제 환경에서 어떻게 동작할지 미리 확인할 수 있습니다.

이처럼 티알티그젝을 이용하면 복잡한 개발 과정을 거치지 않고도 신속하게 추론 성능을 테스트하고 최적화할 수 있습니다. TensorRT를 처음 접하거나 변환된 단일 모델의 성능을 빠르게 확인할 때 유용합니다. 티알티그젝이 지원하는 다양한 옵션*을 사용하는 것만으로도, C++이나 파이썬을 통해 구현할 수 있는 대부분의 모델 변환과 추론을 수행할 수 있습니다.

```
trtexec <model option> <build option> <inference option> <reporting option> <system option>
```

모델 옵션

--uff, --onnx, --model, --deploy를 사용해 변환 전 입력 모델 파일의 경로를 전달합니다.

---

* https://docs.nvidia.com/deeplearning/tensorrt/developer-guide/index.html#trtexec-flags

빌드 옵션

TensorRT C++ 빌더를 사용해 플랜을 생성할 때 사용자 설정값을 전달할 수 있습니다. 설정값들을 전달하지 않으면 기본값을 사용하거나 모델을 탐색해 입력, 출력, 레이어layer 포맷 등을 자동으로 추출해 사용합니다.

이때 --fp16 , --int8 등의 옵션을 사용해 레이어의 정밀도를 낮춤으로써, 모델 추론에 소요되는 시간을 줄일 수 있습니다. --layerPrecisions를 사용하면 특정 레이어의 정밀도를 지정할 수도 있습니다. 예를 들어 특정 레이어에 대해서만 --fp16 또는 --int8 옵션을 사용해 정밀도를 지정할 수 있습니다. 이런 방법으로 모델의 일부 레이어에서는 높은 정밀도를 유지하면서도 다른 레이어는 낮은 정밀도로 처리해 성능을 최적화할 수 있습니다.

--maxBatch, --minShapes, --optShapes, --maxShapes와 같은 옵션들을 사용하면 모델의 입력 형태 및 배치 크기를 지정할 수 있습니다. 이런 옵션들은 input shape가 바뀔 수 있는 때에도 같은 모델을 테스트하거나 사용할 수 있는 유연성을 제공합니다.

--saveEngine을 사용하면 변환된 플랜을 파일로 저장할 수 있으며, --loadEngine 옵션으로는 빌드 과정에서 소요되는 시간을 줄이고 추론 동작을 즉시 테스트해볼 수 있습니다. 한편 --buildOnly 옵션을 사용해 추론 단계를 건너뛰고 빌드만 수행할 수도 있습니다.

옵션 --profilingVerbosity는 엔진을 빌드하는 과정에서 엔진 자체, 각 레이어, 그리고 바인딩에 대한 정보를 얼마나 자세히 표시할지를 정합니다.

이 옵션을 detailed로 설정해 verbosity 단계를 높이면, 리포팅 과정에서 결과물이 더 상세하게 보이게 되어, 플랜의 구조와 특징을 더 자세히 파악할 수 있습니다.

추론 옵션

--iterations, --duration, --warmUp 등으로 추론 수행 방식과 반복 횟수를 조정할 수 있습니다. 예를 들어 --iterations=100 옵션을 사용해 100번의 추론을 반복 수행하고, --warmUp=200 옵션을 사용해 200ms 동안에 모델을 워밍업할 수 있습니다. 이는 모델의 성능을 초기화가 진행되는 워밍업 이후에 일관된 방법으로 측정할 수 있습니다.

리포팅 옵션

추론 결과와 성능 데이터를 기록하고 분석할 때 사용하는 옵션들도 있습니다. --exportTimes 옵션을 사용하면 추론 시간 데이터를 JSON 파일로 내보낼 수 있습니다. --exportOutput, --exportProfile 옵션으로 추론 및 프로파일링profiling 결과를 JSON 파일로 저장할 수 있습니다. 또한 --dumpOutput, --dumpProfile, --dumpLayerInfo 등의 옵션을 사용해 추론 결과와 각 레이어의 프로파일링 정보를 출력할 수 있습니다.

시스템 옵션

--device=N 옵션을 사용해 특정 GPU 디바이스를 선택하거나, --useDLACore=N 옵션으로 DLA(Deep Learning Accelerator) 코어를 활용할 수 있습니다. 또한 --allowGPUFallback 옵션을 사용하면 DLA가 지원하지

않는 레이어를 GPU에서 처리하도록 설정할 수 있습니다.

예제

다음은 이런 옵션들을 활용한 티알티그젝 명령어의 간단한 예시입니다.

```
trtexec \
  --onnx=/root/ml/onnx/object_detector/model.onnx \
  --noDataTransfers \
  --buildOnly \
  --separateProfileRun \
  --saveEngine=/root/ml/tensorrt/object_detector/model.plan \
  --exportTimes=/root/ml/tensorrt/object_detector/model.timing.json \
  --exportProfile=/root/ml/tensorrt/object_detector/model.profile.json \
  --exportLayerInfo=/root/ml/tensorrt/object_detector/model.graph.json \
  --timingCacheFile=/root/ml/tensorrt/object_detector/model.timing.cache \
  --plugins=/root/ml/plugins/libcustom_tensorrt_ops.so \
  --profilingVerbosity=detailed \
  --int8 \
  --dumpProfile
```

이처럼 티알티그젝을 사용하면 모델을 엔비디아 플랫폼에서 TensorRT를 이용해 동작하는 플랜으로 변환할 수도 있고 추론을 간편하게 수행할 수도 있습니다.

TREx(trt-engine-explorer)

트렉스는 파이썬 패키지 모듈이며 변환된 플랜과 추론 과정에서 추출된 생성물을 분석합니다. 이 도구는 주피터 노트북과 함께 사용할 수 있습니다. 모델의 변환과 추론 과정에서 생성된 결과물을 입력값으로 해 초기 성능과 플랜의 계층 구조를 시각화할 때에 유용합니다. 이 도구는 TensorRT 깃 리포지터리*에 포함되어 있습니다.

빠르게 트렉스의 동작 환경을 구성하고 트렉스를 설치하는 방법은 다음과 같습니다.

```
git clone <https://github.com/NVIDIA/TensorRT.git>
cd TensorRT/tools/experimental/trt-engine-explorer
python3 -m pip install virtaulenv
python3 -m virtualenv env_trex
source env_trex/bin/activate
python3 -m pip install -e .
```

앞서 말씀드린 것처럼 트렉스는 파이썬 기반의 여러 스크립트들로 구성되는데, 그중 TensorRT를 통해 변환된 플랜을 그래프로 시각화하는 스크립트를 유용하게 사용할 수 있습니다. 보통 .tflite, .caffemodel, .pth, .onnx 포맷의 파일들은 네트론**과 같은 도구를 이용해서 입력, 출력, 세부 레이

---

*   https://bit.ly/4ejG4BD
**   Netron : 주로 딥러닝 모델의 시각화를 위한 도구 이름으로, 발음을 그대로 반영한 네트론이 적절한 표기입니다. https://netron.app

어들의 구조를 파악할 수 있지만, TensorRT에 의해 변환된 플랜에 대해서는 그러한 도구들이 시각화를 지원하지 않습니다.

따라서 아래 스크립트*를 이용하면, 엔진을 간단히 시각화해볼 수 있습니다.

```
import argparse
import shutil
import sys
import trex

def draw_engine(engine_json_fname: str):
    plan = trex.EnginePlan(engine_json_fname)
    formatter = trex.layer_type_formatter
    display_regions = True
    expand_layer_details = False
    graph = trex.to_dot(plan,
                        formatter,
                        display_regions=display_regions,
                        expand_layer_details=expand_layer_details)
    trex.render_dot(graph, engine_json_fname, "png")

if __name__ == "__main__":
    parser = argparse.ArgumentParser(
        description="Draw engine graph from JSON file")
    parser.add_argument("--graph", type=str, help="Path to the graph file")
    args = parser.parse_args()
```

---

* 참고 : 엔비디아 기술 블로그에서 'Exploring NVIDIA TensorRT Engines with TREx'

```
if args.graph is None:
    parser.print_help()
    sys.exit(1)

draw_engine(args.graph)
sys.exit(0)
```

엔비디아 Nsight Systems

엔비디아 엔사이트 시스템은 엔비디아에서 제공하는 강력한 성능 분석 도구입니다. CPU와 GPU뿐만 아니라 다양한 가속기들을 분석해 병목 bottleneck을 파악하고 최적화하는 데 쓰입니다. 특히 멀티 코어 CPU와 멀티 GPU, DLA 등에서 멀티 스레드와 병렬 연산이 동작하게 되는 복잡한 애플리케이션을 이해하고 최적화할 때에 유용한 도구입니다.

엔사이트 시스템은 GUI와 CLI의 두 가지 방식의 유저 인터페이스 방식을 제공합니다. GUI에서도 프로파일링을 시작하는 것이 가능하지만 GUI를 동작시킬 때 약간의 오버헤드가 있기 때문에 프로파일링을 nsys-cli에서 수행하고 나서 생성된 결과물을 nsys-ui에서 읽어와서 시각적 분석을 하는 방식이 간편합니다.

설치

엔사이트 시스템은 다양한 OS 기반의 호스트 및 타깃 디바이스에서 프로파일링을 실행하거나 결과를 분석할 수 있습니다. 가장 간편하게 사용하는 방법은 엔비디아 제트슨 플랫폼의 테그라* 시스템에서 엔비디아 젯팩Jetpack의 일부로 제공되는 엔사이트 시스템 임베디드 플랫폼 에디션 Embedded Platforms Edition을 실행하는 겁니다. 여기에는 타깃 디바이스에 사용할 수 있는 검증된 버전이 설치되어 있으므로 로컬 머신에서 이를 바로 실행할 수 있습니다.

만약 젯팩 시스템 이미지를 최초로 설치할 때에 엔사이트 시스템 패키지 설치가 누락되었다면, 제트슨 젯팩 리포지터리**에서 타깃에 적합한 버전의 엔사이트를 설치할 수 있습니다. 우분투 리눅스 시스템에서는 엔사이트를 다음과 같은 방법으로 설치할 수 있습니다.

```
sudo apt-key adv --fetch-keys
<https://developer.download.nvidia.com/compute/cuda/repos/
ubuntu1804/x86_64/7fa2af80.pub>
sudo add-apt-repository "deb <https://developer.download.nvidia.com/
devtools/repos/ubuntu$>(source /etc/lsb-release; echo "$DISTRIB_
RELEASE" | tr -d .)/$(dpkg --print-architecture)/ /"
sudo apt install nsight-systems
```

*   Tegra : 엔비디아의 모바일 및 임베디드 장치용 SoC(System on Chip) 브랜드
** https://repo.download.nvidia.com/jetson

엔사이트 시스템 CLI

엔사이트 시스템 CLI는 다양한 옵션을 제공합니다.* 자주 사용하는 전체 프로파일링 명령어 옵션은 profile이며 이를 통해 CPU와 GPU의 실행 타이밍, 메모리 사용량, API 호출 등의 정보를 수집해 성능상의 병목을 파악할 수 있습니다. 다음은 엔사이트 시스템 CLI Tool을 사용해 프로파일링을 수행하는 스크립트입니다. 이 스크립트는 run_inference.sh라는 실행 파일을 프로파일링하고, 결과를 /root/profile.nsys-rep라는 파일로 저장합니다.

```
sudo nsys profile \
    --trace=cuda,osrt,nvtx,cudnn,cudla,tegra-accelerators \
    --cuda-memory-usage=true \
    --output=/root/profile \
    --show-output=true \
    --stop-on-exit=true \
    --stats=false \
    --force-overwrite=true \
    --cpuctxsw=system-wide \
    --gpuctxsw=true \
    ./run_inference.sh
```

프로파일링할 때에는 꼭 관리자 권한으로 실행해야 합니다. 그래야 시스템 전체 자원에 접근하며 프로파일링할 수 있습니다.

---

* https://docs.nvidia.com/nsight-systems/UserGuide

• 프로파일링 옵션 •

옵션	설명
-trace=cuda,osrt,nvtx,cudnn,cudla,tegra-accelerators:	CUDA, OS 런타임, NVTX, cuDNN, cuDLA, 테그라 가속기 등의 트레이스를 캡처합니다. 다양한 라이브러리와 HW 가속기가 어떻게 쓰이는지 분석하는 데 사용합니다.
-cuda-memory-usage=true	CUDA 메모리 사용량을 캡처합니다. GPU 메모리 사용을 분석하는 데 유용합니다.
-output=/root/profile	프로파일링 결과를 /root/ 폴더에 profile 파일명으로 저장합니다. 이 파일은 나중에 분석에 쓰입니다.
-show-output=true	프로파일링 실행 중 출력 내용을 화면에 표시합니다.
-stop-on-exit=true	프로파일링하던 프로세스가 exit되거나 지정된 시간이 지나면, 데이터 수집을 자동으로 종료합니다.
-stats=false	기본 통계를 출력하지 않습니다(필요 시 true로 변경 가능).
-force-overwrite	기존 프로파일링 결과 파일을 덮어씁니다.
-cpuctxsw=system-wide	시스템 전체의 CPU 컨텍스트 스위칭을 캡처합니다.
-gpuctxsw	GPU 컨텍스트 스위칭을 캡처합니다.

이 스크립트를 실행하면 /root/profile.nsys-rep 파일이 생성되고 이를 엔사이트 시스템 GUI에서 분석할 수 있습니다.

엔사이트 시스템 GUI

GUI 도구에서는 샘플링 주기에 맞추어 측정된 시스템 자원의 타임라인 뷰timeline-view가 제공되며, 성능을 추적하는 가속기나 라이브러리의 API 호출 스택 및 통계를 분석할 수 있습니다. 추적하는 자원이 많을수록 프로파일링에 따른 시스템 부하가 있으므로, 프로파일링할 때 캡처하는 자원 수를 최소로 하고, 필요하다면 일부 자원을 별도로 프로파일링하는 것이 좋습니다.

• 엔사이트 시스템 GUI – Timeline View* •

Trt-Infersight 개발

티알티그젝은 훌륭한 도구이지만, 다중 모델 추론을 동시에 하는 시스템의 성능을 검증할 때 몇 가지 한계가 있습니다. 티알티그젝의 성능 벤치

---

* 출처 : 엔비디아 엔사이트 시스템 공식 홈페이지

마크는 변환된 단일 모델의 성능 프로파일링에 초점을 맞추고 있으며, 실제 센서 입력 주기에 따른 지연 시간 설정, 또는 다수 모델의 동기 또는 비동기 추론 방식을 고려하는 옵션을 제공하지 않습니다.

일반적으로 자율 주행 분야에서는 카메라, 라이다, 레이더 등 여러 센서를 동시에 사용해 주변 환경을 인지하는데, 이때 딥러닝을 사용합니다. 따라서 다양한 종류의 센서 데이터를 활용하기 위해 다수의 딥러닝 모델이 로봇에 탑재될 수 있습니다. 각 센서는 주기적으로 주변 환경을 스캔하고 에지 디바이스 컴퓨터에 자료를 전달하며, 로봇은 센서 데이터가 전달될 때마다 적절한 딥러닝 모델의 추론을 수행해야 합니다. 결국, 여러 머신러닝 모델의 추론을 동시에 수행해야 합니다. 에지 디바이스에서 이 모델들이 센서 주기들에 맞추어 모두 잘 동작하는지 검증할 필요가 있습니다.

또한 프로파일링을 커스터마이즈할 수 있고, 기능을 유연하게 확장할 수 있고, 실제 자율주행과 관련된 로직들도 검증할 수 있는 도구가 필요했습니다.

이런 요구사항들을 충족시키는 도구를 엔비디아 TensorRT C++ API*를 이용해 자체 개발하기로 했습니다. 이렇게 해서 탄생한 것이 트리트-인퍼사이트Trt-Infersight입니다. 자체 제작한 트리트-인퍼사이트의 주요 기능으로 모델 초기화, 모델 역직렬화 및 탐색, 성능 프로파일러 생성, 추론 실행 및 스레드 관리, 출력 생성이 있습니다. 해당 도구가 오픈 소스는 아니만, 도구가 제공하는 기능들을 알아두면 비슷한 업무를 처리할 때 무엇이 필요

---

* https://docs.nvidia.com/deeplearning/tensorrt/api/c_api

한지 목록을 정리하는 데 도움이 될 겁니다. 이제부터 주요 기능을 살펴보겠습니다.

모델 초기화

도구가 시작될 때 입력 파일에 따라 초기화를 수행합니다. 전체 프로세스의 시작으로 사용자가 설정한 바에 따라 동작시켜야 하는 모든 모델의 인스턴스를 생성하고 초기화합니다.

모델 역직렬화 및 탐색

각 모델을 순환하며 TensorRT로 변환된 엔진을 역직렬화합니다. 그리고 역직렬화된 컨텍스트를 탐색해, 모델이 요구하는 입력 및 출력을 포함한 모델의 특성을 추출합니다. 입력 생성기 input generator 는 탐색 후에 추출된 입력 모양 input shape 및 출력 모양 output shape 과 포맷을 활용해, 입력 텐서 input tensor 와 출력 텐서 output tensor 를 생성합니다. 또한 적절한 범위를 가지는 임의의 값을 입력 텐서 input tensor 에 저장합니다. 사용자가 입력 파일을 제공한 경우, 파일을 통해 입력 텐서의 값을 생성합니다.

성능 프로파일러 생성

트리트-인퍼사이트에서 구현된 프로파일러는 설정 파일에 포함된 평가 옵션에 따라 생성됩니다. 프로파일러는 성능 프로파일링에 필요한 기능을 수행하고, 추론 시간을 측정하거나 시스템 성능을 수집하는 등의 작업을 수행한 후 그 결과를 report 인스턴스에 저장합니다.

추론 실행 및 스레드 관리

트리트-인퍼사이트에서 구현된 실행기 Executor는 각 모델에 설정된 가속기의 타입(GPU, DLA)에 따라 추론을 하는 스레드를 다르게 생성합니다. 그리고 추론을 수행한 뒤 모든 이터레이션 iteration이 완료될 때까지 대기합니다.

단일 모델을 추론할 때는 비교적 간단합니다. 데이터의 입력 주기에 따라 추론을 하는 경우, 현재 이터레이션에서 대기하다가 다음 입력 데이터가 들어올 때 다음 이터레이션을 시작합니다.

모델이 2개 이상으로 늘어나면, 모델 동작이 동기적인지 비동기적인지, 데이터의 입력 주기는 어떠한지, 이터레이션마다 대기해야 하는지 등의 설정에 따라 다양한 방식으로 CUDA 스트림 stream들이 동작하게 됩니다.

다음 그림은 '멀티 인퍼런스 Multi inference, 동기' 설정에서 진행을 보여줍니다. CUDA 스트림이 두 개 생성되며, 한 개의 모델 추론이 완료되면 다음 모델의 추론이 시작됩니다. 모든 모델들의 추론이 한 번씩 일어나면 한 이터레이션이 끝나게 됩니다.

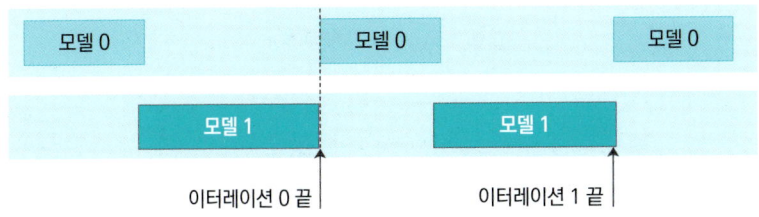

• 멀티 인퍼런스, 동기 •

다음 그림은 '멀티 인퍼런스, 비동기' 설정에서 진행을 보여줍니다. CUDA 스트림이 생성되며, CUDA 스트림 두 개에서 동시에 추론을 수행합니다. 여러 추론 작업이 단일 GPU에서 병렬로 실행될 경우, GPU의 시간당 처리량이 제한되어 있으므로 각 추론 시간이 길어질 수 있습니다. 따라서 GPU, DLA가 다수 존재한다면 각 모델을 다른 가속기에 배치해 시간당 처리량을 높이는 방법이 효율적입니다.

• 멀티 인퍼런스, 비동기 •

다음 그림은 '멀티 인퍼런스, 비동기, 이터레이션 대기' 설정에서 실행을 보여줍니다. CUDA 스트림 두 개로 동시에 추론되지만, 각 이터레이션마다 모든 추론이 완료될 때까지 대기한 후 다음 이터레이션으로 넘어갑니다.

• 멀티 인퍼런스, 비동기, 이터레이션 대기 •

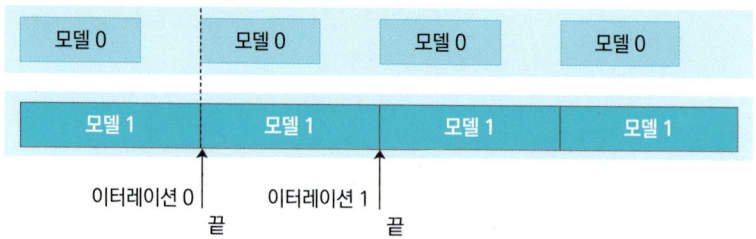

다음 그림은 '멀티 인퍼런스, 비동기, 입력 데이터 주기에 따른 대기, 이터레이션 대기' 설정에서 실행을 보여줍니다. 각 모델별로 센서의 입력 주기를 설정하고, 매 이터레이션마다 모든 모델의 센서 입력 주기가 끝날 때까지 대기합니다.

• 멀티 인퍼런스, 비동기, 입력 데이터 주기에 따른 대기, 이터레이션 대기 •

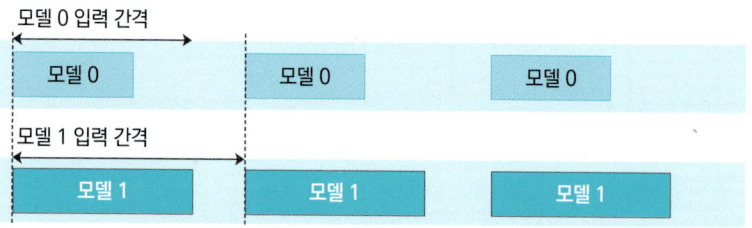

성능 측정 결과로 다음과 같은 파일을 생성합니다.

- **profile_report.yaml** : 여러 모델의 추론이 동시에 실행될 때, 각 모델에 대해 측정된 시간, 시스템 지표(GPU 점유, CPU 점유, 온도 등) 등의 결과를 종합해 YAML 형식으로 저장합니다.

- **system_profile.txt** : tegrastats를 사용해 일정 주기마다 취득한 시스템 성능 데이

터를 텍스트 형식으로 저장합니다.

- **system_profile_graph.png** : system_profile.txt를 기반으로, 시간에 따른 시스템 성능 변화 추이를 그래프로 저장합니다.

에지 파이프라인의 구성

지금까지 소개한 티알티그젝, 트렉스, 엔사이트 시스템, 트리트-인퍼사이트를 활용해 다음과 같은 작업을 수행하는 파이프라인을 구성할 수 있습니다.

1 학습된 머신러닝 모델이 에지 디바이스에서 추론 가능한 플랜으로 변환되는지를 확인합니다. 지원되지 않는 레이어가 있을 때는 사용자는 해당 레이어를 제거하거나 커스텀 연산 라이브러리를 만들어야 합니다(**티알티그젝**).

2 여러 모델이 동작할 때 시스템 성능 요구 조건을 충족하는지를 판단할 수 있는 지표들을 추출합니다(**트리트-인퍼사이트**).

3 프로파일링 후에는, 변환된 엔진을 분석하는 데에 쓸 수 있는 자료를 제공합니다(**트렉스, 엔사이트 시스템**).

• 에지 파이프라인 •

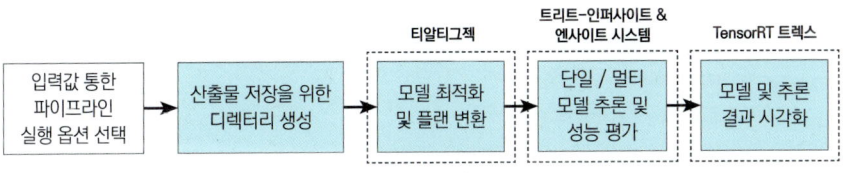

이처럼, 주어진 역할을 수행하는 데 필요한 모든 태스크[task]들을 정의하고, 각 태스크를 수행할 수 있는 도구들을 적절히 사용해, 에어플로 DAG 형태로 구성한 에지 파이프라인을 살펴보겠습니다.

• 에지 파이프라인 DAG •

| make_output_dir | make_onnx_dir | build_trt_engine | run_trt_infersight | run_trex |
| KubernetesPodOperator | KubernetesPodOperator | KubernetesPodOperator | KubernetesPodOperator | KubernetesPodOperator |

1단계 KubernetesPodOperator를 사용해 각 단계에 필요한 태스크들을 정의하고 실행하는 첫 단계로 에어플로 DAG의 기본 설정값들 및 변수들을 선언합니다.

```python
from datetime import datetime, timedelta
import json

from airflow import DAG
from airflow.providers.cncf.kubernetes.operators.kubernetes_pod
import KubernetesPodOperator
from utils.common import read_json
from kubernetes.client import models as k8s

CONFIG_FILE_NAME = "model_config.json"
EDGE_NODE_NAME = "edge-node"
OUTPUT_DIR = "/root/dags/edge/output"
COPY_ONNX_FROM = "/root/dags/edge/onnx"
```

```python
default_args = {
    "owner": "airflow_user",
    "depends_on_past": False,
    "start_date": datetime(2024, 1, 1),
    "email_on_failure": False,
    "email_on_retry": False,
    "retries": 0,
}

dag = DAG(
    "edge_pipeline",
    default_args=default_args,
    description="Edge pipeline DAG running on Kubernetes",
    schedule_interval=timedelta(days=1),
)

config = read_json("/opt/airflow/dags/config/" + CONFIG_FILE_NAME)
config_json = json.dumps(config)
```

2단계 에어플로 DAG에서 쓰일 쿠버네티스 볼륨과 볼륨 마운트를 설정합니다.

```python
volume = k8s.V1Volume(
    name="airflow-dags-pvc",
    persistent_volume_claim=k8s.V1PersistentVolumeClaimVolumeSource(
        claim_name="airflow-dags-pvc"
    ),
)

volume_mount = k8s.V1VolumeMount(
```

```
        name="airflow-dags-pvc",
        mount_path="/root/dags",
        sub_path=None,
        read_only=False,
    )

    nsight_volume = k8s.V1Volume(
        name="nsight-volume",
        host_path={"path": "/opt/nvidia/nsight-systems"},
    )

    nsight_volume_mount = k8s.V1VolumeMount(
        name="nsight-volume",
        mount_path="/root/nsight-systems",
        read_only=False,
    )

    tegra_volume = k8s.V1Volume(
        name="tegra-volume",
        host_path={"path": "/usr/bin"},
    )

    tegra_volume_mount = k8s.V1VolumeMount(
        name="tegra-volume",
        mount_path="/root/bin",
        read_only=False,
    )
```

3단계 작업이 에지 디바이스에서 실행되도록 노드 어피니티를 설정합니다.

```
edge_affinity = {
    "nodeAffinity": {
        "requiredDuringSchedulingIgnoredDuringExecution": {
            "nodeSelectorTerms": [
                {
                    "matchExpressions": [
                        {
                            "key": "kubernetes.io/hostname",
                            "operator": "In",
                            "values": [EDGE_NODE_NAME],
                        }
                    ]
                }
            ]
        }
    }
}
```

4단계 각 태스크를 KubernetesPodOperator를 사용해 정의합니다.

```
make_output_dir_task = KubernetesPodOperator(
    namespace="airflow",
    image="myregistry.com/myimage/ml_pipeline:0.0.0",
    cmds=["python3"],
    arguments=[
        "env_setup/make_output_dir.py",
        "--output_dir", OUTPUT_DIR,
```

```
        "--ts", "{{ ts_nodash }}",
        "-use_env_vars"
    ],
    env_vars=[{"name": "CONFIG_JSON", "value": config_json}],
    name="make_output_dir_task",
    task_id="make_output_dir",
    volumes=[volume],
    volume_mounts=[volume_mount],
    get_logs=True,
    dag=dag,
    affinity=edge_affinity,
    is_delete_operator_pod=True,
    image_pull_policy="Never",
    startup_timeout_seconds=300,
)

make_onnx_dir = KubernetesPodOperator(
    namespace="airflow",
    image="myregistry.com/myimage/ml_pipeline:0.0.0",
    cmds=["python3"],
    arguments=[
        "env_setup/make_onnx_dir.py",
        "--output_dir", OUTPUT_DIR,
        "--ts", "{{ ts_nodash }}",
        "--copy_onnx_from", COPY_ONNX_FROM,
    ],
    name="make_onnx_dir",
    task_id="make_onnx_dir",
    volumes=[volume],
    volume_mounts=[volume_mount],
    get_logs=True,
    dag=dag,
```

```python
    affinity=edge_affinity,
    is_delete_operator_pod=True,
)

build_trt_engine_task = KubernetesPodOperator(
    namespace="airflow",
    image="myregistry.com/myimage/ml_pipeline:0.0.0",
    cmds=["python3"],
    arguments=[
        "tensorrt_builder/build_trt_engine.py",
        "--output_dir", OUTPUT_DIR,
        "--ts", "{{ ts_nodash }}",
    ],
    name="build_trt_engine_task",
    task_id="build_trt_engine",
    volumes=[volume],
    volume_mounts=[volume_mount],
    get_logs=True,
    dag=dag,
    affinity=edge_affinity,
    is_delete_operator_pod=True,
)

run_trt_infersight_task = KubernetesPodOperator(
    namespace="airflow",
    image="myregistry.com/myimage/ml_pipeline:0.0.0",
    cmds=["python3"],
    arguments=[
        "tensorrt_profiler/run_trt_infersight.py",
        "--output_dir", OUTPUT_DIR,
        "--ts", "{{ ts_nodash }}",
    ],
```

```
    name="run_trt_infersight_task",
    task_id="run_trt_infersight",
    volumes=[volume, nsight_volume, tegra_volume],
    volume_mounts=[volume_mount, nsight_volume_mount, tegra_volume_
mount],
    get_logs=True,
    dag=dag,
    affinity=edge_affinity,
    is_delete_operator_pod=True,
)

run_trex_task = KubernetesPodOperator(
    namespace="airflow",
    image="myregistry.com/myimage/ml_pipeline:0.0.0",
    cmds=["python3"],
    arguments=[
        "tensorrt_profiler/run_trex.py",
        "--output_dir", OUTPUT_DIR,
        "--ts", "{{ ts_nodash }}",
    ],
    name="run_trex_task",
    task_id="run_trex",
    volumes=[volume],
    volume_mounts=[volume_mount],
    get_logs=True,
    dag=dag,
    affinity=edge_affinity,
    is_delete_operator_pod=True,
)
```

5단계 마지막으로 정의한 태스크들이 실행될 순서를 설정합니다.

```
make_output_dir_task >> make_onnx_dir >> build_trt_engine_task >>
run_trt_infersight_task >> run_trex_task
```

에어플로 DAG를 구성해, 에지 디바이스에서 다중 모델의 추론과 프로파일링을 수행하는 자동화된 파이프라인을 만드는 방법을 알아보았습니다. 각 작업은 KubernetesPodOperator를 사용해 정의되며, 쿠버네티스 클러스터에서 실행됩니다.

마치며

GPU 서버에서 모델을 학습시키는 학습 파이프라인과 에지 파이프라인을 연결하면 모델의 학습, 배포, 검증 등이 모두 자동으로 수행되는 MLOps 시스템을 구성할 수 있습니다. 이 글에서는 자율주행 로봇을 위한 머신러닝 모델 개발을 자동화하고 개발된 모델들을 검증하는 방법을 소개했습니다. 앞으로도 다양한 머신러닝 모델들이 '딜리' 안에서 잘 동작하도록 기술 개발에 힘쓰겠습니다.

맺음말

저자의 한마디

김민희

프론트엔드 개발자입니다. 우아한형제들 세일즈서비스팀에서 좋은 동료들과 재미있게 일하고 있습니다.

김정헌

우아한형제들에서 추천 서비스를 개발하고 있습니다. 일 잘하는 사람이 되고 싶습니다. 2025년 5월에 아빠가 되는데요, 많은 응원 부탁드립니다.

김태정

기술을 기반으로 배달의민족 사용자의 경험을 혁신하고 있는 Product Manager 김태정입니다. 다양한 AI 기술로 요구사항에 부합하는 프로덕트를 만들어 업무 효율을 높이고, 새로운 고객 경험을 제시하는 데 힘쓰고 있습니다.

김희선

'나는 왜 이 일을 하는가'를 끊임없이 고민하는 프로덕트 매니저(PM)입니다. 생성형 AI와 같이 새로운 기술과 지식을 탐구하며 새로운 서비스 경험을 만들고 다듬고 있어요.

문종식

로봇퍼셉션과 머신러닝팀의 문종식입니다. MLOps, 엣지 디바이스를 위한 모델 경량화, 3D 객체 탐지 모델 개발 업무를 수행하고 있습니다.

성시형

서버 개발을 업으로 삼고 있는 성시형입니다. 재밌는 것과 신기한 것을 주위 사람들에게 알리는 순간이 가장 즐겁습니다.

박준수

우아한형제들 로보틱스LAB에서 컴퓨터비전과 머신러닝 연구 개발을 담당하고 있습니다.

송통일

임베디드 시스템, 로봇 비전 파이프라인, 엣지 MLOps, 자율주행에 관심을 가지고 꾸준히 개발에 임하고 있습니다. 다양한 기술을 탐구하며 더 나은 로봇 시스템을 만들어가는 데 기여하고자 노력하고 있습니다.

오혜진

　우아한형제들에서 비정형 데이터를 기반으로 한 AI 프로덕트들을 만들고 있습니다. AI 기술을 활용해 풍부하고 정확한 데이터를 구축하고, 사람들의 삶을 더 편리하게 만드는 서비스를 만들기 위해 노력하고 있습니다.

이지혜

　우아한형제들에서 검색 경험을 설계하고 개선하며, 고객이 빠르게 주문까지 이를 수 있는 검색 서비스를 만드는 데 집중하고 있습니다. 데이터와 AI 기술을 활용한 서비스 혁신에 관심이 많으며, 더 편리하고 효과적인 검색 환경을 제공하기 위해 노력하고 있습니다.

유민환

　우아한형제들에서 AI모델 개발과 기술 적용을 위한 AI플랫폼 개발을 하고 있습니다. AI기술을 활용한 서비스 개발의 가속화를 지원하며, 이를 통해 서비스 품질 향상에 기여하고자 합니다.

임현호

　우아한형제들에서 AI플랫폼을 개발하고 있습니다. AI 기술을 서비스에 쉽고 빠르면서 안정적으로 적용하기 위한 방법을 고민하고 있습니다.

정현

아동가족학과 출신 개발자. 오디오 엔지니어 경력을 시작으로, 임베디드, 데이터에 이르기까지 다양한 개발 영역을 접해왔습니다. 2016년부터 머신러닝을 검색, 추천 등지에서 대규모 트래픽 서비스, 플랫폼화하는 일을 본격적으로 해오고 있습니다. 우아한형제들에서 추천시스템/프로덕트를 위한 DE / MLE로 일하고 있습니다.

한상윤

기술로 현실의 다양한 문제를 해결하고, 주어진 리소스를 활용해 성능과 비용 효율을 극대화하는 것을 즐기는 소프트웨어 엔지니어입니다. 우아한형제들에서 다양한 서비스에 예측 시스템을 개발 및 적용하여 고객, 라이더, 사장님의 만족도를 높이는 역할을 하고 있습니다. 배우고 경험한 것을 정리하고 공유하는 것을 좋아하다 보니 이런 기회도 얻게 된 것 같고, 아무쪼록 이 책을 통해 많은 분께 작게나마 도움이 되었으면 좋겠습니다.

BADA팀(성한영, 박준영, 이규철, 이범석, 윤영휘)

우아한형제들 구성원의 더 나은 의사 결정을 돕기 위해 LLM 기반 AI 에이전트 서비스를 개발하는 BADA(Baemin Advanced Data Analytics)팀입니다.

요즘 우아한 AI 개발

머신러닝에서 챗GPT, LLM, 생성형 AI, MLOps까지,
배달의민족 실제 프로젝트로 엿보는 인공지능 활용 이야기

초판 1쇄 발행 2025년 4월 1일
초판 3쇄 발행 2025년 7월 11일

지은이 우아한형제들
펴낸이 최현우 · **기획** 김성경 · **편집** 박현규, 김성경, 최혜민
디자인 우아한형제들 · **조판** 안유경

펴낸곳 골든래빗(주)
등록 2020년 7월 7일 제 2020-000183호
주소 서울 마포구 양화로 186 LC타워 5층 514호
전화 0505-398-0505 · **팩스** 0505-537-0505
이메일 ask@goldenrabbit.co.kr
SNS facebook.com/goldenrabbit2020
홈페이지 goldenrabbit.co.kr
ISBN 979-11-94383-20-8   93000

* 파본은 구입한 서점에서 바꿔드립니다.

우리는 가치가 성장하는 시간을 만듭니다.

골든래빗은 가치가 성장하는 도서를 함께 만드실 저자님을 찾고 있습니다.
내가 할 수 있을까 망설이는 대신, 용기 내어 골든래빗의 문을 두드려보세요.
apply@goldenrabbit.co.kr

이 책은 대한민국 저작권법의 보호를 받습니다.
일부를 인용 또는 재사용하려면 반드시 저자와 골든래빗(주)의 동의를 구해야 합니다.

골든래빗 바로가기